Classroom Management for Elementary Teachers

(Ninth Edition)

透视小学生课堂行为

——小学教师的课堂管理指南

（第九版）

【美】Carolyn M. Evertson，Edmund T. Emmer 著

赵琴 译

中国轻工业出版社

图书在版编目（CIP）数据

透视小学生课堂行为：小学教师的课堂管理指南：第9版／（美）埃弗森（Evertson, C. M.），（美）埃默（Emmer, E. T.）著；赵琴译．—北京：中国轻工业出版社，2016.1

ISBN 978-7-5184-0673-9

Ⅰ．①透… Ⅱ．①埃… ②埃… ③赵… Ⅲ．①课堂教学－教学管理－小学－指南 Ⅳ．①G622.421-62

中国版本图书馆CIP数据核字（2015）第253179号

总 策 划：石　铁
策划编辑：吴　红　　　　　　　责任终审：滕炎福
责任编辑：吴　红　王慧超　　　责任监印：吴维斌

出版发行：中国轻工业出版社（北京东长安街6号，邮编：100740）
印　　刷：三河市鑫金马印装有限公司
经　　销：各地新华书店
版　　次：2016年1月第1版第1次印刷
开　　本：710×1000　1/16　印张：21.50
字　　数：230千字
书　　号：ISBN 978-7-5184-0673-9　定价：48.00元
著作权合同登记　图字：01-2015-1091
读者服务部邮购热线电话：400-698-1619　010-65125990　传真：010-65262933
发行电话：010-65128898　传真：010-85113293
网　　址：http://www.wqedu.com
电子信箱：wanqianedu1998@aliyun.com
如发现图书残缺请直接与我社读者服务部（邮购）联系调换
150764Y1X101ZYW

译 者 序

作为译者，我有义务向读者介绍一下本书的作者及其背景，主要是想从侧面说明翻译这本书的价值和意义。本书是由美国范德堡大学皮博迪教育学院（Peabody College of Vanderbilt Univevsity）的 Carolyn M. Evertson 教授以及美国得克萨斯大学奥斯汀分校（University of Texas，Austin）的 Edmund T. Emmer 教授合著而成。这里我想着重介绍一下范德堡大学皮博迪教育学院。范德堡大学，简称 Vandy，又名范德比尔特大学，是位于美国田纳西州纳什维尔市的一所著名的国家级私立研究型大学。学校创立于 1873 年，是美国南方少数顶级名校之一，也是闻名世界的顶级大学，隶属于 25 所新常春藤盟校。2015 年，范德堡大学位列全美大学综合排名第 16 位，以其出色的教育质量和强大的科研实力，享有“南方哈佛”的美誉。作为一所精英学府，范德堡大学在商、法、医、教四大学术领域稳居北美顶尖行列，其中，教育学院处于全美顶尖地位，故而皮博迪教育学院成为范德堡大学最为著名的学院，它也是美国首屈一指的教育学院之一。

Carolyn M. Evertson 教授于 1984 年开始任职于皮博迪教育学院。作为课堂管理方面的专家，她的研究主要集中于如何帮助教师从开学第一天起便做好课堂管理方面的工作。除了本书之外，她还撰写了同系列的专著《透视中学生课堂行为——中学教师的课堂管理指南》(该书第九版的中文版与本书同时在中国轻工业出版社出版)，至今已修订至第九版，并被美国国会图书馆收录，足见其重要性。

本书的目的是为建立和完善全面的课堂管理方案提供指导，书中介绍了针对不同问题情境的解决策略，而不是简单地传授一些课堂管理的秘籍。我们都知道，课堂是个复杂的环境，多样的学生群体、不同的问题情境，给我们的教学工作带来很大的挑战，尤其是对于新手教师来说，要想做到得心应手实在不是一件容易的事情。本书作者将众多研究人员和学者累积的科研成果精练为广大教师的实用指南，对实际的教学工作具有很大的指导价值。当你翻开这本书，认真阅读内容后，你会惊奇地发现，书中介绍的策略好比“葵花宝典”，能够帮助你解决教学中遇到的一些棘手问题。这些策略是基于作者几十年来开展的广泛的研究项目，并在不同类型的学校的几百个班级中进行观察和研究，以及参考了其他课堂教学领域学者的研究和著作所总结出的一些经验和成果，很值得借鉴。

如果只是简单地认为这本书是在传授一些教学实践经验，那就太片面了。在整个翻译和修改的过程中，我发现作者介绍每个策略之前都有可靠而坚实的理论基础，同时还会给出一些具体的案例，充分体现了作者在编写本书时的用心细致和严谨治学的态度。我想，作者也是为了让读者（尤其是一线教师）在借鉴、运用这些策略时学会思考、分析、总结，这正贴合了当今教师专业化发展的时代需求。新时代的教师除了要具备专业化的教学技能之外，还要具有研究意识，即要向着研究型教师的目标努力奋进，而不再只是简单地担负教书匠的职责。因此，新时代的教师更应该成为具有一定研究能力的新型教师，以适应时代发展的需要。本书除了能够帮助一线教师解决实际教学中的问题之外，还是一本很好的学术专著，具有严谨的理论根基。另外，本书的主题是有关美国小学课堂管理，对小学课堂管理感兴趣的研究者也能够从中获益。

本书共分为 11 章。第一章是课堂管理简介，主要讲课堂是个复杂的环境，介绍了学习课堂管理的必要性，以及课堂管理与其他教学因素的关系。第二、三、四章详细介绍了课堂环境的特征，文中提及课堂环境必须提前设计，为学生的第一次到来做好准备。第五章介绍了开学初课堂管理实施方面的基本特征。第六章和第七章介绍了在促进学生学习时需要用到的重要概念和技能。第八章和第九章是关于维持学生的恰当行为和促进有效交流的内容，这两章强调如何营造积极的课堂氛围以及培养良好的沟通技巧。第十章描述了大量用于应对不当行为和破坏行为的策略。最后一章介绍了针对学生个体差异的管理措施，这一章信息量很大，值得我们耐心研读。

可以说，翻译的过程既有收获和心得，也有困难和挑战。由于语言文化的差异，再加上没有亲身体验过美国小学的实际课堂，所以我对原文案例中所描述的具体课堂情境会存有疑惑，尤其是一些俚语的使用，放在教学情境中让我找不到贴切的中文词汇来表达。当遇到上述困惑时，我就向我们学校的美籍外教老师请教，他们详细而生动地为我呈现了真实的课堂情境，对我的理解大有裨益，在此向他们表示真挚的感谢！

另外，还要感谢在翻译修改本书过程中帮助过我的同学、朋友，感谢他们愿意腾出时间与我一起讨论和思考，帮我指出翻译中存在的错误，纠正不恰当的表述。就这样，在反复的修改与校对中，我终于能够为本书画上一个完美的句号。我很珍惜这次翻译机会，感谢中国轻工业出版社“万千教育”编辑部主任吴红先生，感谢我的导师——华东师范大学教育学部国际与比较教育研究所的王斌华教授，感谢他们的信任与支持。

因本人水平有限，译文中肯定存在许多不足，望大家不吝赐教、批评指正。

赵　琴

2015 年 6 月于华东师范大学

原 著 序

这本书旨在为建立和完善全面的课堂管理方案提供指导。刚开始形成课堂管理方案时会花费一些时间和精力，但是在接下来的整个学年中，它会给你带来很大的回报。因为有效的课堂管理方案能让学生更好地参与课堂学习，配合教学，教师会拥有更多的教学时间，并且能为学生营造一个更好的学习氛围。

你也许听说过一些成为好教师的简单秘诀，比如，“教学时要严肃”“对学生要一视同仁”“专注于你自己的学科，其他的都顺其自然”。这些“格言”的问题在于用简单的方法完成复杂的任务，这种过于简化的做法给人带来一种期望：只要带着美好的教学意图，不用考虑如何组织和管理学生的行为，就能够管理好整个教室里的孩子了。忽视对教学空间、学生行为、教学活动的有效组织与管理，这样做意味着你必须承担由此造成的不良后果。不幸的是，学生也会受到这种影响。

这本书基于我们几十年来广泛开展的研究项目。在研究过程中，我们在不同类型的学校的数百个班级进行观察和研究，进而去发现什么样的技巧、方式和策略有助于课堂的有效管理。我们还参考了其他课堂教学领域学者的研究和著作。《课堂管理手册：研究、实践和当代问题》(*Handbook of Classroom Management: Research, Practice, and Contemporary Issues*)(Evertson & Weinstein，2006）这本书对课堂管理的基础研究成果进行了很好的总结。在《透视小学生课堂行为》(包括它的同系列图书《透视中学生课堂行为》)

中，我们尝试将研究人员和学者累积的科研成果精练为广大教师的实用指南。我们希望本书能为您制订自己的课堂管理方案提供帮助。

新版说明

这个版本包含多项修改和补充：

- 更新了引言部分，为接下来学习课堂管理提供了基础平台。
- 许多章节新增的插图起到了提示作用，有利于引发讨论和深化学习。
- 每一章节新增了总结部分，用于汇集章节中出现的概念。
- 每一章节中新式的活动和与时俱进的阅读材料能够激发学生主动思考，拓宽其知识面。
- 更加重视多种技术手段对课堂管理的影响，如更多地使用通信技术等。
- 介绍了干预反应法（RTI）、积极行为的干预和支持法（PBIS）。
- 更新了研究和拓展阅读的材料。
- 所有的图表都给予读者更多的应答和互动的机会。
- 扩充了附录部分，为第一至第十一章的活动提供了参考答案。

致谢

我们诚挚地感谢范德堡大学皮博迪教育学院的 Inge R. Poole 博士，她给我们提供了课堂案例和深刻的建议；感谢得克萨斯大学的 Andrea Flower 博士，她对特殊群体小组管理提出了建设性的建议；感谢 Mary Claire Gerwels 博士，她对课堂教学中如何运用现代技术提供了很多有益的建议。

在这里，我们感谢本书的审稿人，他们分别是：中央密苏里州立大学的 Terrell Brown 教授、密歇根大学迪尔伯恩分校的 Judith M. Geary 教授、布利基沃特学院的 Jean Roth Hawk 教授、纽约州立大学波茨坦分校的 Kathleen Morris Kortz 教授，以及弗吉尼亚大学的 Eleanor Wilson，感谢他们为我们的书稿提供了深刻的见解和评论。

目　录

第一章　课堂管理简介

课堂是个复杂的场所……2
学习课堂管理……3
课堂管理和其他教学因素的关系……7
本章小结……9
拓展阅读……9
本章活动……10

第二章　教室的布置和教学材料的组织

合理布置教室的五项原则……12
布置教室的建议……14
　墙壁和天花板区域……14
　地面……16
　教学材料和学生物品的存储……22
本章小结……24
拓展阅读……25
本章活动……27
检查表：关于教室布置……30

第三章 建立班级规则及教学程序

什么是有效管理的课堂 …… 33

首先要考虑的事 …… 35

关键术语的界定 …… 35

明确学校的规则和程序 …… 36

制定班级规则 …… 38

学生参与规则的制定 …… 40

制定课堂程序 …… 40

教室使用的程序 …… 41

独立作业及教师引导活动的程序 …… 42

出入教室的程序 …… 45

小组教学的程序 …… 47

一般程序 …… 49

本章小结 …… 51

拓展阅读 …… 52

本章活动 …… 53

案例研究 …… 54

检查表：班级规则和教学程序 …… 57

第四章 学生作业的管理

明确作业任务及作业要求 …… 61

作业要求 …… 61

作业格式、整洁度及截止日期的标准 …… 63

对缺课学生的处理 …… 63

监督作业进度及完成情况 …… 64

监督作业的进度 …… 64

监督作业的完成情况 …… 65

学生作业的记录 …… 66

学生档案的管理 …… 67
书面作业的管理 …… 68
作业反馈 …… 68
本章小结 …… 70
拓展阅读 …… 71
本章活动 …… 73
案例研究 …… 74
检查表：学生作业的管理 …… 78

第五章　学期的良好开端

营造积极的课堂氛围 …… 82
教授班级规则和教学程序 …… 83
教师权威 …… 85
为良好的开端做准备 …… 86
开学计划 …… 87
开学初的一些常规活动 …… 87
与父母和监护人沟通交流 …… 93
特殊问题 …… 97
为代课教师所做的准备 …… 100
本章小结 …… 101
拓展阅读 …… 102
本章活动 …… 104
案例研究 …… 105
检查表：开学初的准备工作 …… 122

第六章　教学计划与教学实施

设计教学活动 …… 124
教学计划的类型 …… 125

教学活动的类型 …… 125
理清教学计划 …… 135
课堂中多媒体的使用 …… 136
库宁的班级教学管理理念 …… 138
预防学生的不当行为 …… 139
活动转换的管理 …… 141
维持团体的注意力 …… 141
教学实施过程中的活动转换问题 …… 142
本章小结 …… 144
拓展阅读 …… 144
本章活动 …… 146
情景6.1 …… 147
案例研究 …… 148

第七章 小组合作学习的管理

关于合作学习的相关研究 …… 152
小组活动的相关案例 …… 153
促进合作学习的策略 …… 154
首次使用合作学习小组 …… 154
小组集中注意力的信号 …… 158
促进小组成员之间的合作与互动 …… 160
个体职责 …… 160
小组任务 …… 161
初始的小组任务 …… 162
教授小组活动技能 …… 163
学生作业及行为的监督 …… 166
小组学习的干预 …… 167

小组任务目标及学生参与 …… 169
本章小结 …… 170
拓展阅读 …… 170
本章活动 …… 171
检查表：合作小组教学的准备计划 …… 173

第八章　学生行为的管理

监督学生的行为 …… 177
始终如一地贯彻制定的程序及行为后果 …… 179
处理学生的不当行为 …… 181
营造积极的课堂氛围 …… 182
通过激励与奖励改善课堂氛围 …… 184
　表彰奖励 …… 185
　活动奖励 …… 185
　符号奖励 …… 186
　物质奖励 …… 187
　谨慎地使用奖励 …… 187
本章小结 …… 189
拓展阅读 …… 190
本章活动 …… 192
案例研究 …… 193

第九章　教学沟通的技巧

坚定的立场 …… 199
　清晰地陈述问题或要求 …… 201
　肢体语言 …… 202
　坚持要求恰当的行为 …… 202

换位思考 …… 203
倾听的技巧 …… 205
信息处理的技巧 …… 205
问题解决 …… 207
明确问题 …… 209
商讨可行的解决方案 …… 210
要求学生承诺尝试做出改变 …… 211
与家长沟通 …… 212
本章小结 …… 213
拓展阅读 …… 214
本章活动 …… 216
坚定的立场评估量表 …… 224

第十章　问题行为的管理

什么是问题行为 …… 228
非问题行为 …… 228
轻微的问题行为 …… 228
范围和影响有限的问题行为 …… 229
正在升级或传播的问题 …… 229
问题行为管理的目标 …… 229
管理策略 …… 230
简单干预 …… 231
适度干预 …… 233
更广泛的干预 …… 237
特殊问题 …… 244
欺凌 …… 245
打小报告 …… 247

长期逃避作业……248
打架斗殴……250
挑战教师权威……251
最后的提醒：积极地思考与行动……252
本章小结……253
拓展阅读……254
本章活动……257

第十一章 特殊学生群体的管理

评估学生的入学成绩……260
识别特殊学生群体……261
个体差异的应对策略……262
团队教学……262
调整班级教学……264
补充教学……265
个别化教学……270
其他策略……273
针对特殊需要学生的教学……275
有学习障碍的学生……275
有情绪障碍或行为障碍的学生……276
有严重社交障碍的学生（自闭症谱系障碍）……278
注意力不集中和患有多动症的学生……280
有听力障碍的学生……281
有视觉障碍的学生……283
英语水平有限的学生……284
家庭经济困难的学生……285
针对低学业成就学生的教学……288

给予积极的指导 …… 288
组织和调整教学 …… 288
补救教学 …… 289
建立积极的学习态度 …… 289
针对高学业成就学生的教学 …… 291
特殊群体的认定模式 …… 292
本章小结 …… 293
拓展阅读 …… 294
本章活动 …… 297
案例研究 …… 298
情景片段 …… 301

附录　所选章节活动的参考答案 …… 303

参考文献 …… 319

第一章

课堂管理简介

“课堂管理”是个宽泛的概念，它包含教师为指导课堂中的学生而采取的一系列行为和策略，其目的在于培养学生的课堂参与和合作意识，以保证教学的顺利进行。课堂管理包括计划和互动两个方面，其中计划方面包括：布置教室的环境，鉴别对学生行为的期望是否合理，制定激励措施以鼓励所期望的行为，制定惩罚措施以阻止不当的行为，组织能够促进学生参与的教学活动。课堂管理同样包括一系列实时互动的教师行为和策略，包括对学生进行监督并与之互动，以及对学生的行为提供支持与反馈，重塑学生的行为，与学生一起合作，激发他们的学习兴趣，鼓励他们参与合作。

我们人生中长期当学生的经历，让我们对课堂环境有种熟悉的感觉，以至于让人觉得从学生身份转变成教师身份似乎很简单。但是，教一个有 25 名甚至更多学生的班级所承担的责任，跟当一名学生所承担的责任是完全不同的。作为学生，我们只专注于听老师讲课，无须参与老师的决定及教学计划。通常，学生都是在不知道“内幕”的情况下进入已安排好的环境，参与设计好的活动，和老师、同学进行互动。例如，作为学生，我们可能看到教师在课堂上处理行为表现不好的学生，一般来说，我们不会考虑处理问题行为时要采取的另一种策略，或者去思考决定做一件事时会涉及的因素。这本书其中的一个目的就是拓宽教学场景背后的视野，以便让你更好地胜任教师这份工作。

一个好的教师需要具备很多技能、品质和能力。其中，能够设计激发学生兴趣和促进学生学习的课程是非常重要的能力之一，另外一个重要的能力就是与学生沟通和交流，让学生感受到你的支持并有动力去学习。一个好的教师需要有出色的沟通技巧，以便能够和各种各样的学生以及家长进行沟通。在教师必备的能力中，我们认为还要加上课堂管理能力，因为它不仅对培养学生的行为规范有重要作用，而且还能促进教师各方面技能的提高。所有这些有利的教师品质将会完善学生的日常行为规范，进而促进课堂管理。

课堂是个复杂的场所

为了简化课堂这个复杂的环境，我们有必要学习课堂管理。人们对“课堂是个复杂的工作环境”（Jackson，1968）这一观点很早就达成了共识，而且这一观点由来已久（Brophy，2006；Doyle，1986，2006）。观察和研究课堂的研究人员注意到课堂中有着不同的角色，这些角色有着不同的任务，因此教师需要设计不同类型的活动并快速做出多种决定。遇到突发或不可避免的状况，教师只有有限的时间来满足学生的需要和诉求。另外，教师和学生的言行都是公开的，课堂上的每个人都会持续不断地关注事件的发生，并对教学事件做出潜在的反应。而对于更为复杂的状况，教师没有大量时间去考虑他们在做什么，因为事情往往发生得太快，来不及当场做出反馈。

教师通过制定各种策略来放慢教学的节奏，以减少不必要的问题的发生。例如，通过布置教室环境来改善活动效果或者预防问题行为；制定、实施规章制度来引导和规范自身及学生的行为；倡导合作并鼓励学生对自己的行为负责，让学生来承担部分管理行为的责任，等等。在如何回应学生方面，教师之间努力达成共识，这样学生知道从教师那里能得到什么样的答案，教师也不用去仔细考虑每个行为和决定。教师设计课堂活动让学生参与其中，并身体力行影响学生遵守课堂秩序。所有这些措施都将改善课堂秩序，从而让教师有更多精力去关注教学，帮助学生学习。

学习课堂管理

你可能有过在正常环境中尝试应用一套新技能的经历。理想的情况是，你可以在有限的条件下，慢慢适应新的环境。随着技能的提高，你有机会将这些技能运用于更具挑战性的复杂情境中。例如，当第一次学习驾驶时，不会要求你高峰时间在一条陌生的路上高速行驶。相反，你有（或者你应该有）机会遇到不同的路况，并逐渐形成对简单的路况的自动反应，这样，随着时间的推移，你才能应付更为复杂的情况。

当然，学会教学与学会驾驶是不同的，但是，它们确实有着一些共同的特点。刚开始时都需要帮助，才能把握任务的基本特征。随着时间的推移和实践的深入，一些基本的技能会变成条件反射，那样你就能更好地对更复杂的环境做出反应。随着不断进步，你综合了这些技能，完成任务会越来越轻松，你也变得更加专业。

阅读一本课堂管理的书，你会获得课堂管理方面的基本信息，并对课堂管理有更全面和完善的认识。但是要想成为课堂管理方面的专家，光靠阅读是不够的。你需要在课堂观察中、在做助教的过程中、在做实习教师的过程中或者在课堂教学过程中，实际运用课堂管理的方法。如果你在实际教学时认真地去运用这些方法，不久你就会像有经验的课堂管理者那样去思考，同时你也在逐步地成为一名好教师。

为了阐明主要观点并让书中的内容具体化，我们将展示真实课堂中的一些片段（为了保护隐私，我们改变了其中一些不重要的特点）。首先我们通过两位教师的教学片段，来阐述各种管理理念及它们是如何影响课堂行为的。这两个片段同样会展示出，随着时间的推移，好的和差的做法将如何加剧这种影响。当你读这两个片段时，尽量把自己设想为一位教师，并思考你会在教学实践中补充或回避什么内容。

【片段1】约翰逊老师所带的四年级班上共有26名学生，学生围坐在6张圆桌上，4～5人为一桌。在教室前面靠近讲台的位置，设置了计算机区域。教室后面设立了一个科学活动中心和图书展架。几个装饰过的公告栏上展示着学生的作品及任务清单。有一个公告栏上写着班级规则，还贴着一张品德教育相关概念和技能的图表。约翰逊老师在开学初与学生一起商讨并制定了这些规则，但在之后的教学中很少参考它们。同样，虽然她试图强调一些行为品质的重要性，如诚信、正直、努力，但是来自完成课程教学内容以及帮助学生准备应对考试的压力，让她减少了对这方面的管理，这给全体学生的行为带来了伤害。在对该班级的几次观察中，我们发现了很多显而易见的问题。

（1）在阅读活动中，当老师与学生进行小组学习时，很多本应独立学习的学生在教室中到处溜达或讲话。有时，约翰逊老师不得不中断与小组的讨论，让这些问题学生回到座位上继续学习。

（2）有好几次，当老师在搜索材料时，活动之间有很长的过渡。这些时候，学生无事可做，老师要想重新吸引他们的注意力，进入下一个活动往往很难。

（3）在进行小组学习时，固执己见往往会影响小组成员之间的合作。当吵闹声大到产生困扰时，约翰逊老师就让这些学生停止讨论或者在他们的行为记录上扣分，但是这样做并不能帮助学生解决问题。

（4）在一节书写等值分数的课堂上，约翰逊老师发现学生的注意力不集中。她通过拍手的方式希望学生能够做出反应，但是很少有学生给予回应。

（5）随后，她给学生分发解决问题的作业纸，让学生两人一组合作完成。10分钟后却发现，很多小组没有取得任何进展，因为他们根本不知道解决问题的步骤。约翰逊老师只能重教这门课，但是学生已用完了完成作业的时间，午餐时间到了。

（6）当两个学生从厕所里吵吵闹闹地出来时，其他学生大笑着并大声叫他们。约翰逊老师让他们安静，但是这两位学生却慢吞吞地回到座位上，与其他同学继续嬉笑、玩闹。

【讨论】这个班上的很多问题是显而易见的。学生应该更多地参与到课堂或小组活动中。整节课有太多的停顿，而没有足够多的时间让学生静下心来学习。学生好像不知道在课堂上或活动中应该有什么样的行为，或者他们知道却不愿意按老师期望的去做。虽然约翰逊老师很爱学生，而且真心希望能给学生营造一个温暖的、互帮互助的课堂氛围，但她发现自己一直在为学生的行为而感到烦恼。这导致了她与一些不合作的学生的冲突，也让约翰逊老师变得更加敏感。这些干扰教学活动的无序行为让约翰逊老师既失望又生气，也让她与学生的互动受挫，一些学生因此说她尖酸刻薄。可以采取的用以避免这种情况恶化的方法是，从一开始就多强调期望的行为，确保学生都能清楚它们的重要性，并在整个学年中始终如一地强化使用制定的规则，还要运用更加积极的语气说话。她应该利用有效的程序去组织不同的活动，并确保学生能够理解这些程序。她也需要调整好自己的状态并备好课程，以免浪费课堂时间，从而让学生最大化地学习课堂内容。

【片段2】当学生进入卡特老师的三年级课堂时，他们发现这是一个受人欢迎、组织有序的环境。学生的课桌被分成6个小组，每组4~5名学生。教室的周边和角落是讲台，供学生个体交流或与老师进行小组交流的区域，以及使用计算机，查阅图书或其他资料的区域。教室的前面摆放着装有投影仪、计算机及其他设备的多媒体移动车。教室前面的一个公告板上有五个标牌，上面写着常规教学活动的名称（如班级讨论、独立作业、小组学习）、行为模式（如安静作业、课堂讨论）以及可移动的核查标记，卡特老师用它来提示学生注意当前课堂活动的规范和要求。公告栏及墙上贴有各种各样的展示：一个写着五条行为规范的清单、学生的照片、每个学生想与班级同学分享的信息、一张有关职业主题的海报（这个月的主题是介绍护理人员和急救专家的工作内容）以及一些关于数学、科学及其他主题内容的图片和表格。

卡特老师在开学初就花费时间和精力去引导并规范学生的行为，她采用了各种各样的方法，包括班级讨论、讲解、反馈、表扬与鼓励，并始终如一地贯彻她的班级规则及教学程序。她强调所有学生与她一起共同创造班级共同体的重要性，这个班级共同体有助于每个学生的成长。为了维持课堂秩序，虽然偶尔也需要提醒，但随着时间的推移，学生慢慢步入正轨，卡特老师很少需要再重温班级规则。通过对卡特老师和她的学生的观察，我们看到了一个学生积极参与的有效的课堂。

（1）在阅读活动中，学生两人一组轮流阅读，没有同伴的学生到讲台前读给老师听，完成小组阅读的学生则开始完成独立阅读的任务。虽然也会有个别学生在完成任务前打个小岔，但不会对其他学生继续完成任务造成影响。

（2）在阅读活动的最后环节，卡特老师在展示板上写上“活动3”，提示学生以小组的形式去完成活动表中的不同任务。活动表中共罗列了六项活动，每个小组一项活动（最终每个小组都能轮流做完所有的活动）。每个小组指派一名学生领取活动所需要的提示和材料。活动包括：通过作业纸和钱币教具进行数钱认钱练习、基于计算机操作的活动、单词复习以及辨识有磁性物体的科学活动。当学生以小组形式进行活动时，课堂讨论是其主要的学习模式。卡特老师负责监控小组、答疑以及提供建议。当小组产生分歧意见时，她会让小组成员想出一个能让所有人接受的解决办法。

（3）卡特老师通过宣布“活动结束的同学请举手”，示意进入下一项活动。当大多数学生举手时，卡特老师便指导学生收拾好他们的活动区域，并为下一项活动做好准备。

（4）在随后的时间里，学生独立完成算数作业，卡特老师则在办公桌上做一些行政工作。许多学生的课桌上布置了一个三面的硬纸板，将课桌变成一个小的“办公室”，这样能让他们在独立作业时间不分心。当老师宣布“时间快到了，让我知道你们明白要做什么”时，学生便迅速放好物品。老师让学生换铅笔，各小组负责管理物品的学生就从他们小组的物品盒中取出红色铅笔。

（5）在之后的检查环节，老师和学生一起回顾问题答案以及解决问题的过程。卡特老师请很多学生回答问题，并经常具体地表扬学生（如“很好，你识别了这些硬币和它们的面值”），并且询问学生解决问题的策略。

（6）检查环节之后，卡特老师带领全班学生一起学习以10、100、1000为间隔进行数数。口头练习之后，学生独立完成作业。“准备好笔，进行书写练习。”在展示板上，卡特老师写道：“从500开始，以10为间隔书写。”学生便开始书写。过了一会儿，卡特老师说道：“请大家找一个搭档，互相检查作业。”

（7）在这天的课堂上，很多时候卡特老师都会表扬全班学生做得很好。

她提到，大家是如何负责任地准时完成任务、如何集中注意力倾听他人说话以及如何尊重自己和他人。

【讨论】学生能够积极地参与卡特老师的课堂，其中有很多原因。她采用了各种各样精心设计的活动和学生易于理解的活动程序。她显然是花时间认真考虑过组织这些活动所需要的程序，并事先将这些程序告知了学生。例如，卡特老师训练学生如何对她用来吸引注意力和重新引导注意力的信号做出反应，这有利于控制活动之间的过渡。因为学生知道应该按照什么程序进行活动，所以卡特老师可以在课堂上组织各种活动，采用各种教学形式，而不需要花费大量的时间向学生解释他们应该做什么。另外，不当的行为也很少出现，而且都能妥善地得到处理。由于很少有不当的行为，所以活动很少受阻，从而有利于课堂的顺利进行，这也减少了问题行为的发生。而卡特老师的反馈也让学生将注意力集中在那些恰当的行为上。学生对程序和规则的了解与遵守，使得卡特老师能够监督学生的行为，同时他们很少违背规则也使得解决问题变得更容易。

课堂管理和其他教学因素的关系

良好的课堂管理本身并不是目的。它之所以重要，是因为良好的课堂管理能为学生更好地学习创造条件，而低效的课堂管理则会影响期待中的教育目标的实现。过去几十年的研究已经有大量证据表明，良好的课堂管理与学生学习之间存在密切关系。这些证据显示，良好的课堂管理预示着理想的学生行为（见 Hattie，2009；Wang，Haertel，& Walberg，1993）。因此，这是一个值得我们关注的主题。

我们认为，关注如何运用课堂管理技巧也很重要。虽然所有学生都能专注于学习的有序课堂是最理想的，但我们不提倡用死板、僵硬的方法去实施教学计划。如果某个程序行不通，就需要去修改。如果学生无法对一些干预做出积极的反应，就应该去寻找新的干预措施。坚持要求学生做出恰当的行为很重要，但有时“教师说了算”的态度并不起作用。这时，作为教师，我们要学会退一步，给学生时间去思考和调整。我们应该强调合作，而不仅仅是要学生顺从。

要想与学生进行有效的合作，就要弄清楚他们的动机及兴趣。研究学生动机的学者强调，教师需要创设一个能满足学生自主性需求、能力发展需求、人际交往需求的课堂体系（Reeve，2006；Ryna & Deci，2000）。与该动机理论相一致的课堂管理策略包括：提供给学生自主选择的机会、商讨规则的合理性、让学生承担更多的责任、鼓励学生进行自我调节、对学生技能和能力的提高做出积极的反馈、弱化学生之间的比较，以及多组织能促进学生合作的活动，等等。在设计课堂管理体系时要考虑学生的动机，这一点很重要。

建立良好的师生关系是有效课堂管理的另一个重要策略。研究表明，学生对学校的情感是保持学生学习动力（Battistich，Solomon，Watson，& Schaps，1997；Pianta，2006）、促使学生学业优异（Hattie，2009）的重要因素。此外，还存在相互作用的关系：教师对学生的支持会激发学生的参与，学生的积极参与反过来也会得到教师更多的支持（Skinner & Belmont，1993）。因此，在与学生建立积极的关系时，作为教师，要有意识地去欣赏、表扬那些积极参与的学生。在师生关系的发展过程中，教师也需要设置“界限”：教师应该是学生学习的支持者，而不是同伴或朋友。

良好的课堂管理能为学生参与学习活动、增长知识和掌握重要技能提供有利的环境。在创设教学环境时，教师需要了解学生的兴趣，并将其融入到学生的学习内容和作业任务中。通常，对很多的课程主题及目标，学生并不是真正地感兴趣（Brophy，2009；Renninger，2009）。而适合学生特定年龄及不同兴趣的课程内容、活动及作业更可能激发学生参与的积极性，也会使课堂管理变得更容易。同样，拥有一个组织有序的课堂会让教学变得更容易，会让教师有信心去尝试不同的引发学生兴趣的活动及教学方法。换句话说，与其他的教学能力一样，设计有趣的课堂秩序与制定有效的课堂管理策略之间也相互补充、相辅相成。

本书是关于教师如何进行课堂管理的。在开始上课之前，教师要布置教室，明确课堂管理体系的主要特征，包括对学生行为的期望、制定班级规则及教学程序、制定相应的惩罚措施以阻止不当的行为、布置教室环境以及设计主要的学习活动。在开学初的几周，教师要建立他们的课堂体系，并且要帮助学生习得正确的行为。随着时间的推移，教师在教学过程中会与学生教学相长，对问题做出回应，协助学生学习，并且要营造积极的课堂氛围。本书的第二、三、四章详细介绍了课堂环境的特征，对于这些细节问题，教师必须提前进行设计，为学生的第一次到来做好准备。第五章介绍了开学初实施课堂管理的基本特征，第六章和第七章介绍了当你让学生参与教学活动时，需要用到的重要概念和技能。第八章和第九章主要讨论了如何维持学生恰当的行为，促进有效沟通，这两章强调如何营造积极的课堂氛围，以及培养良好的沟通技巧。如果前面章节的预防策略和简单明了的方法不够的话，第十章描述了大量用于应对不当行为和破坏行为的策略。第十一章介绍了针对学生个体差异的管理措施，将其作为最后一章并不意味着应对个体差异是教师最后才需要考虑的事情，相反，前几章介绍的策略也适用于个体差异的行为管理，但这一章补充了一些应对特殊情况或个体差异的具体信息。

本章小结

课堂管理包括预防和互动两个方面，也就是说，教师不仅要组织课堂环境，引导学生做出正确的行为，还要积极地与学生互动，并在必要时做出回应，重新引导学生的行为。教学是一项复杂的任务，它需要不断地反省和学习，目的是为了促进教师尽快从学生的角色转变为教师的角色。本章的两个教学片段阐述了课堂管理的一些特点，以及低效的课堂管理会带来的问题。良好的课堂管理与有效的教学、健康的师生关系的发展、良好的沟通交流以及积极的课堂氛围之间是相互促进、相辅相成的。

拓展阅读

Le Maistre, C., & Paré, A. (2010). Whatever it takes: How beginning teachers learn to survive. *Teaching and Teacher Education*, *26*, 559-564.

在这篇文章中，作者讨论了新手教师和其他三个领域的新手面对的共同问题。不同之处在于，新手教师面对的挑战更大。作者建议，学校的资深教师要帮助新手教师更有效地处理问题。

McNally, J., I'Anson, J., Whewell, C., & Wilson, G. (2005). "They think that swearing is okay": First lessons in behaviour management. *Journal of Education for Teaching*, *3*(3), 169-185.

这篇文章介绍了新手教师和实习教师遇到的学生行为问题。作者主要关注的是新手教师遇到的共同问题、处理方法以及他们的经历的意义。

本章活动

（1）讨论本章中约翰逊老师与卡特老师的两个教学片段，思考以下问题：她们在管理教学活动与组织学生的策略上有什么显著的不同？一学期或一学年下来，班上的学生会对这些不同的措施做出怎样的反应？这些不同的措施会对学生的学习、动机和态度造成什么样的影响？为什么会产生这样的影响？

（2）简要写出你印象中学生时期的课堂情境的一些细节（如野外旅行、日常活动、学生的不当行为等）。和搭档一起，从教师的角度去讨论还有哪些方面可以被包含进去。

（3）描述一个你之前接触过的你认为拥有良好课堂管理能力的教师。你认为哪些技能和策略帮助该教师取得了成功？

我的网络教育实验室

请登录网址 www.myeducationlab.com：

（1）进行小测试，检测你对本章内容的掌握情况。

（2）根据个人学习计划来学习本章内容。

（3）加深你对课堂管理策略相关概念及原则的理解。

（4）将本章学到的知识运用于你的教学工作中，以提高教学技能。

第二章

教室的布置和教学材料的组织

布置教室的物理环境是课堂管理的第一步，因为这是所有教师在开学之前必须面对的任务。很多教师发现，一旦他们知道了该如何恰当地布置教室，课堂管理其他方面的设计和安排就会变得轻而易举。

布置一个典型的小学教室需要考虑大量的因素。当然，首先是教学器具的摆放，包括教师和学生的课桌、书架、文件柜、椅子及一两张桌子，另外还有许多电子设备，比如，投影仪、计算机、CD/DVD 播放机及电视机。还应准备直观教具（如公告板），供展示的图表、地图以及提供教学材料的存储区。此外，教师还会把一些私人物品带到教室，如盆栽花卉、鱼缸或宠物笼等。当你在布置教室的时候，一定要进行合理的规划。课桌该如何摆放？讲桌该放在哪里？插座和互联网接入线应放在哪里？小组交流、活动的区域该如何安排？教室的哪块区域用于学生展示？你和学生如何获取教学材料及学习用品？

本章我们讨论如何布置一个有助于教学的课堂环境。你将会学习布置教室的五个关键要领，并获得大量关于教室空间管理方面的建议。下面有一个教室布置的案例需要分析。本章会以一个教室布置的检查清单作为结束。

在开始布置教室之前，请思考以下问题。答案会帮助你决定哪些方面值得特别关注。在对照自己的教室之前，请思考你期待什么样的学习场景。

（1）主要的教学活动类型是什么？例如，小组学习、全班讨论、教师讲解、学生展示、独立完成任务或者小组项目。什么样的环境布置能最大程度地促进这些活动的开展？

（2）学生能否最大限度地利用教学设备（如显微镜、计算机）和教学材料（如数理运算工具）？这些教学设备或教学材料能否在学生个体或小组之间共享？

（3）班上是否有特殊需要的学生值得你关注？

（4）可能会导致注意力分散的区域有哪些？例如，走廊、动物角、小组中心地带。学生应该如何做才能规避或远离这些区域？

（5）一天当中在教室里需要开展多少活动？会使用到教室的哪些区域？学习材料是学生自己携带还是教师分发？

（6）学生学习是否需要借助参考书、研究工具或者普及版图书？

（7）布置教室的可变性或持久性如何？你是否根据每天的教学需要改变教室布局，每个学习单元改变一次，还是几个月都保持不变？你和其他教师共享你的教室吗？

教室布置会影响你一整天的课堂教学的顺利与否。例如，如果物品储存区域安排不当，当学生拿取学习用品或返还物品时就会遇到障碍，这将会减缓教学活动的节奏或者推迟活动的开始。你和学生个体或者小组讨论的地点必须慎重选择，否则你在顾及班级其他学生方面会遇到困难。课桌的摆放也很重要，因为不合理的安排会干预学生上课时的视线，增加学生分散注意力的机会，或者会给你和学生在教室里的走动带来困难。

教室布置体现出你对学生如何参与课堂的期待，而教学理念也会影响你的教室布置。将课桌按组布置意味着一些活动需要学生之间的互动与合作，将课桌按排布置意味着课堂的主体是教师、展示板或者其他教学中心。

如何安排教室、教学设备及其他一些基本设施，关于教室布置的方方面面本章都有描述，下面的指南和案例会帮助你去实施这件事情。

合理布置教室的五项原则

请切记，教室是你和学生共同的学习环境，它并不只是一个能容纳 30 多人，每天进行长达 7 小时互动的大场所。此外，你和学生会利用教室的不同区域，参与到各种各样的活动中。如果教室布置能够保证活动有序进行，减少学生注意力的分散，并能充分利用教室空间，那么，你的教学活动就能顺利开展。从教学方式来说，不同的教学形式（如全班教学、小组教学，详见第六章）可能需要不同的教室布置。在考虑布置教室时请参考以下五项指导原则。

1. 教室布置要与教学目标及教学活动相协调

你需要考虑课堂中主要的教学活动类型，然后合理地安排座位、教学材料和教学设备。如果你的主要教学活动包括全班学习、教师引导的小组学习以及以学习中心为主的学习，那么教室的布置就应该满足多样化的教学需要。例如，进行全班教学的区域（如按组摆放的课桌或者能够容纳所有学生的小地毯）应该让所有学生都能够看到教学展示，并且要为教学材料提供一个存放空间。小组教学区可能需要设置一张特定的桌子或几张学生课桌，让你在顾及全班学生的同时，还能够给小组学生提供教学指导与学习材料。学习中心则需要在教室里设置几个区域，在这些区域，学生能够独立地探索和学习。在一个教室中布置这几种教学区域需要认真地做好计划。

2. 保证人流密集区域的畅通

学生聚集和一直使用的区域会成为分散学生注意力、容易搞破坏的场所。人流密集区域包括小组合作学习的区域，卷笔刀、垃圾桶、饮水机、书架及物品存放的区域以及计算机摆放处、学生课桌和讲台处。这些区域应该被完全隔开，以腾出足够的空间，让人能够轻易地走动。如果在一节课中，学生需要通过计算机或者在教室的不同区域进行学习，要确保他们能够来去自如。教室中有多台计算机时，要使用分机线和电压保护器。要警惕这些电器可能带来的危险，并严格遵守当地消防系统的规章制度。

3. 确保教师能够很容易看到所有的学生

对学生的监督是课堂管理的主要任务。成功的监督取决于你能随时随地关注到班级所有学生。因此，要确保教学区域、教师讲桌、学生课桌以及学生作品区域之间有清晰的视线。尤其要注意书架、文件柜及其他家具和设备的摆放，因为这些可能会阻碍你的视线。请站在教室的不同区域检查是否存在视线盲区。

4. 经常使用的教学材料及学习用品要随手可得

保证这些教学物品的随手可得，不仅能够减少准备和收拾的时间，还有助于避免教学进度的减缓以及教学程序的中断。如果你或学生不得不停下来去获取所需要的教学材料及学习用品，那么你将会承担降低学生的关注与参与度、浪费教学时间、打乱教学节奏的风险（详见第六章）。

5. 确保所有学生能够轻松地看到教学演示

当你在设计全班展示或讨论的区域时，确保座位的安排能够让所有学生在不需要移动座位、调整课桌或伸长脖子的情况下，看到教室前面的投影仪屏幕或者展示板。另外，不要在远离大部分学生的教室区域组织全班性的活动。这样的一些做法无法吸引学生的注意力，也会使得你在组织所有学生参与活动方面变得更加困难。你可以在教室中找不同的座位坐下来感受一下，以检查学生坐在这些座位上的视线情况。

运用上述五项原则能够帮助你设计可行的教室布置方案。下面将介绍可行的关于教室布置的具体内容。通过以下内容的学习，你能够了解教室布置中的一些重要问题。

布置教室的建议

墙壁和天花板区域

墙壁和公告栏可以用来展示学生作品、与教学相关的材料、装饰品、任务表、班级规则、课程安排、挂钟以及其他学生感兴趣的东西。天花板也可以用来悬挂教学设备、装饰品以及学生作品。在布置这些区域时要考虑以下几个方面。

（1）在学期开始，你至少要在墙壁和展示板上布置如下的东西。

- 班级规则（详见第三章）。
- 每日任务或每日课程安排。
- 能够激发学生兴趣的装饰品，比如，写着“欢迎回到学校”的公告板，或者写有班上每个学生姓名的展示栏。
- 一台日历。
- 紧急逃生路线图（通常贴在门附近）。

（2）其他一些教师认为有用的展示还包括：正确作业格式的示例、与教学内容相关的展示（如介绍即将要讲的主题）。很多教师还会张贴一些介绍学习策略的海报，比如，教授学生阅读的技巧以及具体的写作步骤。

（3）展示品可以用来帮助记录学生的行踪。你可以为每个学生制作一个口袋式的海报栏。这些口袋可以用图书馆借书卡的卡套或者压印的半截信封来制作。在每个口袋上标注学生的名字。无论学生何时离开教室，他/她都需要在口袋上插上表明目的地的冰棍棒或者条形纸。这种做法也同样适用于记录学生的班级工作情况或特殊身份的权利，例如当小队长或物品管理员。

（4）你可以用彩纸、粗麻布或织物来装饰公告板。这种彩纸一般都是大卷，通常存放在学校办公室或者储物间。你可以为公告栏镶边或者加边框。（如果在储物间找不到这些材料，学校会给你提供经费，你可以在学校物品供应中心或官网上购买）。请确保墙壁上或天花板上使用的物品的材质和数量不会造成安全或火灾隐患。

（5）要想为新学期做好准备，你还有很多重要的事情要做，因此不要在装饰教室上花费太多时间。请准备一些空白的公告板用于日后的展示。可以让学生装饰一个空白区域，用来展示艺术作品，或者作为科学或社会学习成果展示的板块。切忌过分装饰，因为过于修饰以致凌乱的墙壁会分散学生的注意力，并让教室空间显得狭小。另外，在天花板上悬挂电子设备及装饰品也会显得过于拥挤。当全班 25~30 个学生都在教室里时，教室会显得特别局促。

（6）如果你有装饰教室或陈列物品等方面的想法，可以咨询其他老师、参观别的教室、浏览相关网页以及翻阅教学杂志（如 *The Mailbox*）。

（7）正如下面这幅漫画所表达的，不管你采用什么样的方法对教室进行装饰或物品展示，都必须与班上学生的年龄相吻合。

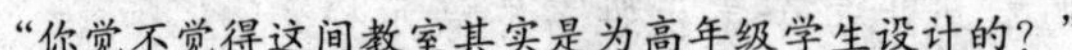
“你觉不觉得这间教室其实是为高年级学生设计的？”

地面

在布置地面时，首先要考虑的是你会站在哪里实施班级教学，即要明确你在面向全班学生进行教学指导时的位置。通常你可以根据展示板或投影仪屏幕的地点来确定这个位置。该位置可能还需要安排一个区域，用来摆放演示物品以及一个实物投影仪插座。如果你喜欢让学生围坐在地板上讲课，那么你可能就需要在该区域布置一个大地毯。

制作一张教室的比例图，其中要包含各种器具（如学生课桌、教师讲桌、书架、计算机台）的样板，这样可以减少你搬移这些重物品的次数，同时还能节约时间。当你开始摆放课桌时，可随手准备一些插座，在安置一个沉重的书橱之前插上它们会更容易。再次强调，请注意电源延长线可能存在的安全隐患。

在阅读下面的章节时，请参考图 2.1 和图 2.2，这是两个小学教室地面有效布局的方案。请注意图中每一件物品具体的摆放位置。这只是众多可行的教室布置中的两个案例。当然，你需要去考虑教室中存在的限制因素（如教室规模、教室形状、可使用的桌椅等）。如果教室空间小，请搬走多余的学生课桌、使用不到的各种物品及设备。如果教室里的存储空间不足，你可以放置额外的文件柜或储物柜。

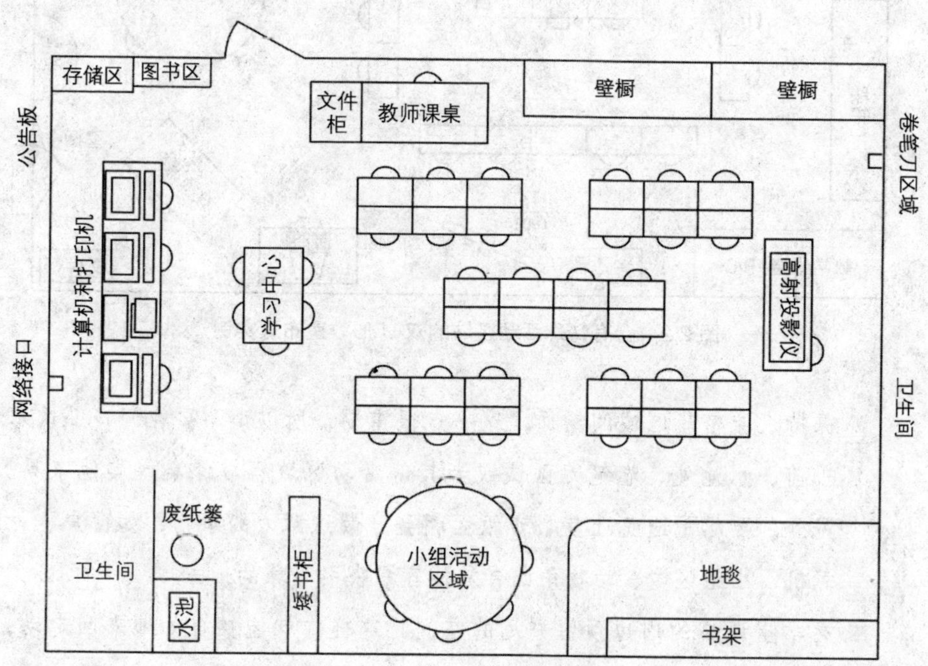

图 2.1　一个可行的教室布置实例

1. 学生课桌的摆放

请事先考虑好学生座位的安排，是要随着课堂活动类型而相应改变，还是保持永久不变。接下来，请考虑是由你来分配学生的座位，还是让学生自己选择座位。图 2.1 中，学生的课桌按组而不是按排摆放，但是并没有学生背对着主要教学区。当教师在投影仪上做演示时，所有的学生只需在座位上稍微地转过身便能够看到演示内容。

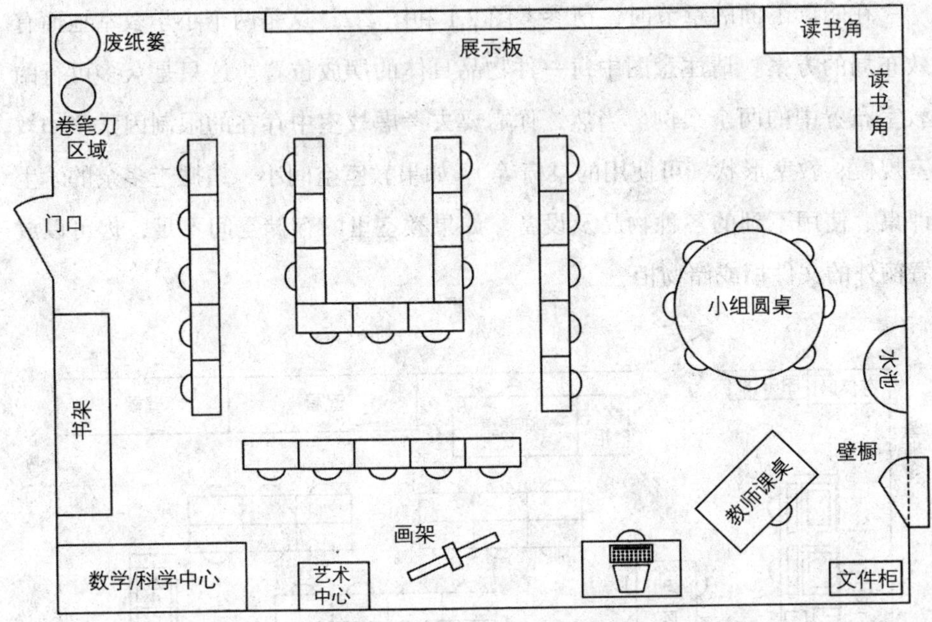

图 2.2　含有特殊活动区域的双 U 形教室布置实例

- 保持人流密集区域的畅通，这一点很重要，所以请不要在门口、饮水机前、水池处、卷笔刀区域或者其他走动区域摆放课桌或其他家具。另外，要尽量避免让整个班级面朝会分散注意力的事物，如窗户、计算机、小组区域、动物角或者其他容易吸引眼球的地方。
- 在学生课桌的周边预留充足的空间，这样你就能够自如地来回走动，监督学生或在课堂活动中给予学生帮助。
- 有的教室为学生配备的是圆桌和椅子而不是课桌。圆桌提供了小组独立活动的机会。为避免学生背对教学区，学生只坐在圆桌的三边。但这样的教室布置会带来另外一个问题，即学生的学习用品（如作业纸、笔记本、教材、蜡笔、剪刀等）的存储问题。可以考虑使用可摆放在课桌下的牛奶箱、组装的托盘、闲置的书架、放置公用物品的盒子，这些都是可行的储物选择。请认真规划存储区域，因为这些物品经常被使用，并且每次都是很多学生同时使用。请仔细考虑存储区域周边的畅通问题。

- 清点桌椅，确保拥有足够的数量。
- 在一学年中，你可能会考虑改变教室的布局。如果开学初课桌是按排摆放，你可能会在之后把它安排成如图 2.2 所示的 U 形模式。改变常规的教室布置会激发学生的学习兴趣，新的座位安排也可能会增加学生合作学习的机会。当然，新的教室布置或许需要新的教学程序（详见第三章）。

2. 小组教学区域

你需要一个可以与小组学生一起学习课堂内容、组织小组项目以及进行教学辅导的区域，安排这样一个区域可以让你在指导小组活动的同时，顾及到班级其他学生。将你的椅子安排在能够面对全班学生的地方。注意观察图 2.2 中小组区域的位置。如果你的座位面向整个班级，那么即使是在小组活动中，你也可以监督到整个班级。相反，如果你的座位背对学生，那么你只有转过身才能看到整个班级。

另外，可以在小组区域安排一张圆桌让学生进行一些活动，比如，写作、手工制作等。当桌子或椅子数量不够时，可以让学生搬来自己的椅子围坐成一圈（或者坐在地毯上）进行小组学习。另一种做法是由教师分配座位，学生可以待在自己的座位上，教师在小组之间流动指导。

如果很多小组同时开展学习活动（如研究小组、文献讨论组、写作小组），你需要提供小组互相交流的地方，例如，可以在地板上、学生课桌或者小组圆桌旁进行小组交流。有关合作学习小组的相关信息请参考本书第七章。

3. 计算机工作台

现在大多数教室都配备了计算机。虽然计算机的使用增加了学生的学习机会，但是必须要合理地对其加以管理。计算机位置的选择可能会受墙上插头、互联网接口的限制，所以要事先安置好计算机，再安排其他的学习中心及活动区域。有的学校采用移动小车，不同教室之间共用计算机设备。如果采取这种办法，你就得考虑计算机的搬进搬出及充电问题。另外，请让计算机远离粉笔灰、液体及磁铁。

在布置教室时，请确保安装计算机监视器，这样通过快速的浏览，你便能够知道班上学生的学习情况，特别是在学生使用网络时，这一点就显得尤为重要。另外，在学生使用计算机之前，请检查所有的设备，并准备必要的分机线、电线、打印纸、打印机墨盒、耳机以及其他的配套设备。

许多学生围在一台计算机周围，会引起混乱以及部分学生心不在焉的情况，所以要限制学生的数量。一台计算机最多安排四名学生，并要制定规则，确保每个学生都有任务目标和使用时间限制，以使计算机资源得到公平的利用。另外，还要教学生保存他们的作品，这样即使学生在规定的时间内没有完成任务，也不会导致做完的内容丢失。闪存盘就是一种很方便的存储工具。

4. 讲桌、文件柜、投影仪及其他设备的摆放

如果你打算在教学活动（如组织学生会议、示范文稿写作）中使用讲桌，请按照安排小组区域时应遵循的监督原则来摆放，即面朝学生而坐，确保能在座位上看到整个班级的学生。另外，要考虑到讲桌周边是否拥挤的问题。例如，学生课桌不能离讲桌太近，避免有学生走近或者向你寻求指导和帮助时，分散旁边学生的注意力。如果你不打算使用讲桌，可以考虑将其放到教室的后面。与讲桌比起来，有些教师更喜欢使用可以锁定的滚轮车。

请思考学生拿取讲桌上的教学物品的途径。如果学生可以使用讲桌上的教学物品，如订书机、钢笔或者额外的蜡笔，要经过哪些程序才能拿到？例如，学生是可以自行拿取所需的物品，还是必须征求教师的同意？

其他一些用具，如文件柜、储物柜应该放在最能发挥它们作用的地方。很少使用到的物品可以收藏到一个角落里或者干脆收起来，而存放一些经常使用的物品的家具则必须放在较近的位置。

教师的计算机通常会放在讲桌上或者讲桌附近。如果每天早晨要用计算机来记录出勤和迟到情况，就要保证计算机能够被访问。当使用计算机时，要保持视野开阔，这样你就能够轻松地监督学生。切记：所有的学生信息都是机密，不可向他人泄露。

5. 书架及其他储物柜

书架必须摆放在既不妨碍教师的监督，又不妨碍学生看黑板或相关展示的位置。垂直于墙面的高书架会成为学生的隐匿之处，让教师看不到被遮挡的学生。当书架里放有常用的物品（如字典、图书）时，就要保证书架使用的便利及易于管理。不常使用的物品应该放在闲置的书架上或橱柜里。如果学生需要使用储物柜里的物品，可以在柜门上贴上标签（文字说明或图片都可以）。请把物品放在学生能够够得着的高度。可以考虑使用滚轮车，装一些需要在小组之间流通的物品，例如，某一特定研究主题所需的学习资料。

"马普尔老师，我想跟你谈一下你们班的座位安排问题。"

6. 学习中心

学习中心是学生进行特殊活动或主题研究的场所。学习中心一般会在进行科学、社会学科专题研究或者进行算法、写作技能训练时使用。小学课堂中的学习中心包括读书角、听力中心、写作中心、科学探索中心、计算机工作区、数学中心、艺术中心以及戏剧表演中心等。根据年级和课程的不同，学习中心的数量和类型也会有所不同。

如果在教室里需要设置学习中心，请认真考虑每个学习中心的位置。例如，如果某个中心是独立的学习区域，如读书角，可以考虑用一个矮书柜或者圆桌将它与教室其他区域分隔开，这样你仍然能够监督全班学生。另外，如果你觉得某个学习中心会产生噪声，请将它安排在不会干扰其他学生的区域。如果有的学习中心需要使用插座，请提前布置好。最后，请确保每个学习中心所有必要的物品及设备都可以使用且能正常运行，并贴上设备使用说明以及中心清理注意事项。

有些教师喜欢在教室中设置一块自由区域，如小地毯、书架、小圆桌或者舒适的桌椅。这样一块区域给教室增添了一个舒适的、隐秘的私人空间。学生可以在这里进行特殊的活动项目、小组学习或者自由阅读（具体程序见第三章）。如果你要使用这块区域，请认真设计它的位置，以免干扰其他活动或受其他活动的影响。另外，因为这种类型的区域会占用大片地面空间，也可能会减少其他的活动空间以及造成可能的拥挤问题，所以请衡量一下这样做是否值得。

7. 宠物、盆栽花卉、鱼缸及一些特殊的物品

这些东西会加深学生对教室的情感，为学生提供学习体验的机会。然而，开学第一周已经让学生感到足够兴奋了，所以没必要立即向他们呈现这些独特的事物。如果你确实带了这些物品，请把它们放在不会分散学生注意力的地方，尤其是在进行全班性的活动时，它们应该被放在既不妨碍走路，又不干扰学生活动的地方。另外，要检查一下班里是否有学生对宠物过敏，并选择无毒的植物。你也许还会考虑给学生安排照顾这些宠物和植物的任务，如给鱼喂食、给花浇水等。

教学材料和学生物品的存储

当你确定好墙壁和公告栏的装饰，并安排好教室的空间布置后，接下来就该考虑教学物品的获取和存储问题。一些经常使用的物品应该放在随手可得的地方，而那些偶尔使用或者很少用到的物品则可以收拾到储物柜里。

1. 课本及其他教学材料

确认你的班级所要使用的课本及其他教学材料，如字典、百科全书、杂志、报纸、地图、地球仪、数学教具等，并且确保这些教学材料的数量足够每个学生使用。规定好哪些书本可以在课桌上看或者借回家看，哪些书本必须放在教室里供大家翻阅。为每天需要使用并且无须放在学生课桌里的书本和教材准备一个易于拿取的书架。如果你不知道可以使用什么教学材料以及学校对它们有哪些使用规定，请咨询校长、相关专家或者其他教师。

2. 学生作品

如果学生没有存储空间用来放置他们的文件夹、期刊杂志等，或者你更喜欢将它们集中放在一个区域，那么请确保这个区域易于管理。例如，可以在牛奶箱里悬挂一个文件夹，用来放置每个学生的作品、杂志以及学习资料。有些教师选择在每个主题区域用文件筐来盛放学生的作品。学生通过计算机完成的作业可以刻录成 CD 或者存盘以供日后使用（详见第六章）。

如果你的学生有档案袋，并且安排了特定的存储区域，那么对于你和学生来说，保管它们就更容易。所安排的存储区域要便于学生拿取他们的档案袋，将作品贴到档案袋上，然后再将档案袋集中放到该区域。此外，还可以考虑能否采用数字存储的方式来收集学生的作品，如将学生的作品拍成照片、进行扫描或者录制成视频来存储。

3. 经常使用的学习用品

一套基本的学习用品包括不同规格和颜色的彩纸、水溶性的记号笔、直尺、进行艺术创作使用的彩笔和粉笔套装、透明胶、双面胶、订书机以及固体胶。以上这些及其他一些日常学习中会使用到的物品（例如，科学实验材料、数学教具、计算器）应该被放在随手可得的位置，比如，工作台或书架上。学生需要自己准备一些学习用品，如铅笔、橡皮、蜡笔、剪刀、笔记本或便笺等。但是你不能指望所有学生都能在开学初便带齐这些学习用品，所以你得有所准备。另外，给家长列一份学生所需的物品清单。有些教师甚至还要求学生带洗手液、纸巾以及拉链式的存储袋。

4. 教师用品

你可以从学校办公室获取你需要使用的教学用品，这些用品包括铅笔、钢笔、纸、一个大的写字板、记号笔、剪刀、透明胶带、教尺、订书机、回形针、图钉等。另外，你还需要有年级册、教案、所有学科的教师用书以及一些相关主题资源、数学或科学等学科标准的教辅书。这些物品通常放在你的讲桌里。有些学校出于节约经费的目的会限制用纸（尤其限制复印用纸），所以请注意遵守学校的相关要求。

5. 其他的必需品

教室里还需要有钟表和日历，如果你的教室没有，请准备一个。这两种物品要足够大，这样站在教室的任何角落都能看到。你还可以买个铃铛或者计时器用来提示活动开始或结束。以下的这些物品也必须随手可得：例如，纸巾、肥皂、绷带、塑料手套、额外的应急零钱。有些教师还准备了一些基本的维修工具，如锤子、钳子、螺丝刀等。

6. 学生的私人物品

除了放在课桌或托盘里的学习用品之外，你还需要为餐盒、书包、室外衣物、遗失物品以及演讲展示的材料准备存储区域。在你布置教室环境时，请预留好存放这些物品的空间（可以给这些区域贴上标签说明）。如果学生所带的物品太大（如乐器）而无法放进课桌里，或者这些物品会分散学生的注意力，让教室变得拥挤不堪，则可以在教室的其他区域指定一个存放地点。规划好物品的存储可以让你的教室远离杂乱，也可以避免因错误摆放而带来的问题。有些教室有专门存放学生物品的小房间，可以考虑在每个物品上标注学生的名字。

7. 偶尔使用或不常使用的物品

节假日的装饰品、公告牌上的展示品以及一些特殊的活动项目材料（例如，计算器、量角器、模板、特殊的艺术活动材料以及科学实验设备等）只在一些特定场合用得到。因为你不需要经常使用这些物品，所以可以将它们存放在壁橱里或橱柜上面的盒子里。如果教室外有储物间，也可以放在室外的储物间里。

本章最后的检查表对你计划教室布置、准备教学设备和教学用品都很有帮助。检查表上罗列了教室布置各个方面的内容，并提供了做备注以及检查教室布置情况的区域。

本章小结

教学的首要任务是布置教室里的桌椅、设备、教学材料以及其他学习物品。这些物品的摆放要遵循以下五项原则。

（1）教室布置要与教学目标及教学活动相协调。

（2）保证人流密集区域的畅通。

（3）确保教师能很容易看到所有的学生。

（4）经常使用的教学材料及学习用品要随手可得。

（5）确保所有学生能够轻松地看到教学演示和教学展示。

教室布置会受多方面因素（如学生数量、年级水平、可用的桌椅等）的限制，不同的教室布置可以满足不同的教学目标（有关教学形式的介绍，详见第六章）。建立一个安全、实用、具有指导性的教室物理环境是实施课堂管理计划的一个重要方面。

拓展阅读

Bitter, G. G., & Legacy, J. (2008). *Using technology in the classroom* (7th ed.). New York: Pearson Education.

这本书阐述了课堂技术以及它在课堂中的应用，前面几章主要是写给技术新手的，后面几章对熟悉课堂技术的教师很有帮助。

Butin, D. (2000). *Classrooms*. Washington, DC: National Center for Educational Facilities (ERIC Report No. ED446421). Available at www.edfacilities.org/ir/irpubs.html

作者在本文探讨了布置教室的问题，概括了在布置教室时应该遵循的原则和合理使用教室空间的几个关键点。网站还提供了一些关于布置教室方面的文章以及其他相关网站的链接。

Diller, D. (2008). *Designing classrooms for literacy: Spaces and places*. Portland, ME: Stenhouse.

小学教师如何促进学生读写能力的发展？如何营造教室的学习环境？这本书对此都给出了中肯的建议。

Evertson, C. M., & Poole, I. R. (2004). *Effective room arrangement*. Nashville, TN: Vanderbilt University, Peabody College, IRIS Center (iris.peabody.

vanderbilt.edu). Click on "Resources," then on "Accommodations" (left column), and then on "Case Studies" (middle column) to link to this case study set.

本网站提供了很多活动和案例，这些活动和案例是为常规班级中有特殊需要的学生准备的。

Fraser, B. J., & Walberg, H. J. (Eds.). (1991). *Educational environments: Evaluation, antecedents and consequences*. Oxford, England: Pergamon.

教室环境不仅包括物理环境，它还涉及有组织的、教学指导的、人际之间的多个维度。"教室环境如何"在很大程度上是由学生的感受和体验决定的。这本书主要探究了学习环境的多样性，并将其与社会的、制度的、个人的等几个因素结合起来。

Huffman, H., Jernstedt, G., Reed, V., Reber, E., Burns, M., Oostenink, R., et al. (2003). Optimizing the design of computer classrooms: The physical environment. *Educational Technology*, *43*(4), 913.

这篇文章为有效布置教室提供了两项指导性原则和完整的框架，其中包括提高学生的注意力，以及学习者在各个活动之间周期性地转换。

Jones, R. A. (1995). *The child-school interface: Environment and behavior*. London: Cassell.

作者在这本书中主要分析了学校环境的多样性如何影响儿童的行为和表现。作者认为，教室的生态因素和物理因素共同影响并塑造了儿童的行为，除此之外，孩子的行为还受到社会及学校各层组织的影响。

Meager, J. (1996). Classroom design that works every time. *Instructor*, *106*, 70-73.

本文作者是一位资深教师，文中提供了布置教室所需要的一系列图表、公告栏以及可以描述学生积极行为的表格。《教师指南》这本杂志中的观点常常可以应用到布置教室上。

Weinstein, C. S., & David, T. G. (Eds.). (1987). *Spaces for children: The built environment and child development*. New York: Plenum Press.

这本书的部分章节指出了教室布置的特点如何影响儿童的行为和发展。本书在教育和发展研究的基础上，提出了布置教室环境的若干准则。此外，还提出了让儿童参与布置教室环境的构想。

teacher.scholastic.com/tools/

这个网站提供了很多布置教室所需要的工具，在“教室资源”下拉菜单中选择“工具”，然后选择“布置教室的工具”即可。

本章活动

下面的活动将帮助你计划和组织你的教室空间。

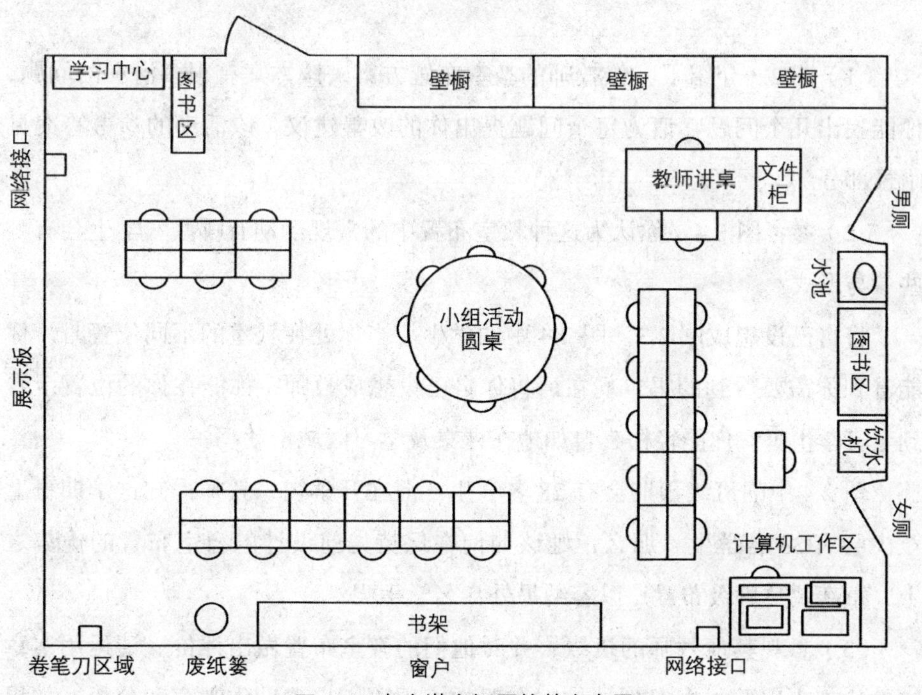

图 2.3 存在潜在问题的教室布置

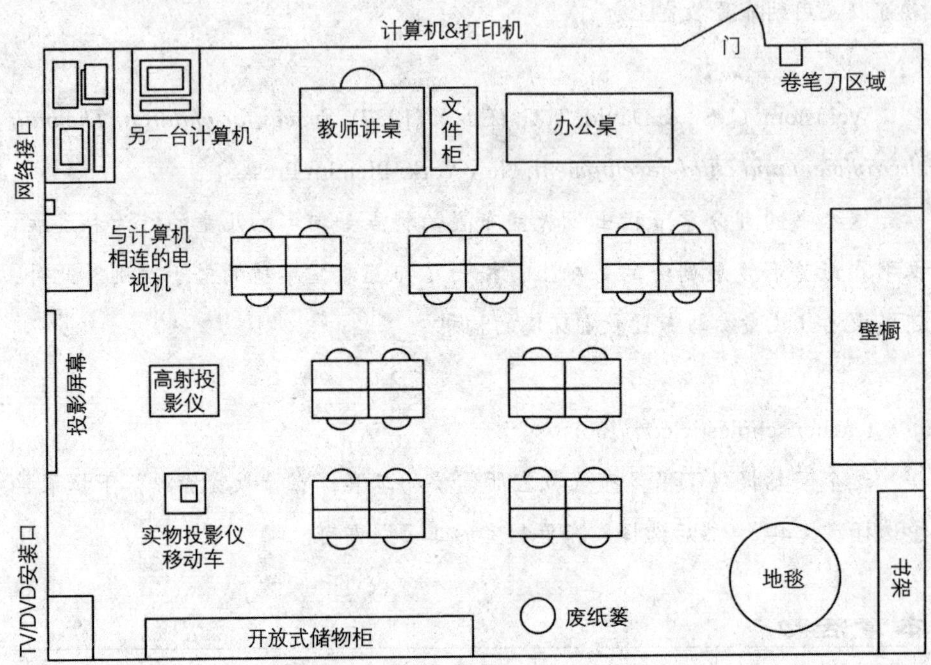

图 2.4 某位教师计划的教室布置

（1）图 2.3 介绍了一位教师的教室布置方案，该方案有很多潜在的问题，你能找出几个问题？请为每个问题提出你的改善建议（该活动的参考答案见附录部分）。

（2）参考图 2.4，你认为这种教室布置中的常规活动有哪些？学生会有哪些参与形式？

将自己设想成图 2.3、图 2.4 中的学生。当你处在教室的不同位置时，你能看到你需要看到的吗？现在请将你自己设想成教师，你能在你的位置上看到全班学生吗？你能轻松、自如地在课桌及学习区域走动吗？

图 2.4 中的班级预期会有 28 名学生。但在开学初，教师得知这学期班上至少会有 33 名学生。那么，她该如何在保持先前设计的教室布置的优势之上，重新调整班级布置，以容纳另外 5 名学生呢？

（3）参观其他教师的班级，并对他们的教室布置做出评价。请运用本章末的检查表以及本书提到的教室布置的五项原则来帮助你观察和分析。如果你在教室布置方面遇到具体的问题，请多征求几位教师的建议，看看他们是如何处理类似问题的。

（4）谢里是一年级的复读生，因为身体原因，她落下了很多一年级的课程。她得了脆骨综合征，因此，轻微的推挤或碰撞都会导致其骨头断裂。她走路时需要依靠脚支架，并经常要使用步行器。出于保护的目的，谢里被安排在教师讲桌旁边，与班上的其他同学分隔开。坐在这个位置，谢里能够轻松地用上步行器。她的学业成绩正在不断进步，并赶上了班级同学，但是她的社交能力却低于一般水平。鉴于这种情况，你会如何安排谢里的座位，从而帮助她增进与同学之间的积极交流，同时又能够保证她的安全？在图 2.5 中的 A、B、C 三处选择你认为最适合的位置，并说明理由。

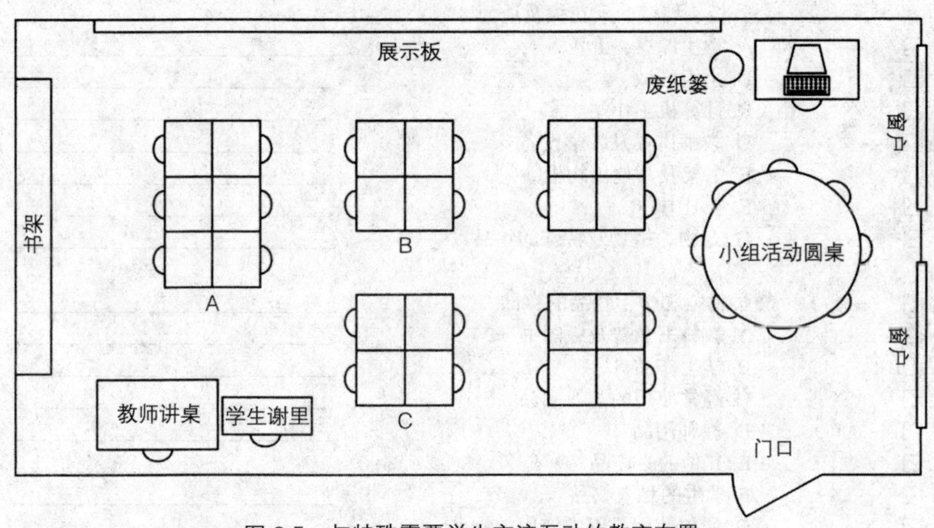

图 2.5　与特殊需要学生交流互动的教室布置

（5）北卡罗来纳州立大学的网站（www.learnnc.org）提供了很多关于小学（K—12）教室布置和教室设计的文章及案例。在搜索框中输入“教室布置”或“教室设计”，你便能够获得相关信息。从这个网站找出三条你打算借鉴的教室布置方面的建议。

（6）在本章末的检查表上，增加五种甚至更多你在布置教室时需要使用到的物品，并记录下获取这些物品的地址。

（7）作为教师，你所做的决定（比如，你希望学生如何与你交流、与同伴交流、与学习内容交流）反映了你对教学的看法，即你的教育理念。你的决定会对教学活动的成败带来重要影响。因此，要提前考虑好你的教育理念，这样当问题出现时，你才能够做出周密的布署而不是被动地回应。教室布置会如何影响一个班级的教学呢？请描绘出两个或两个以上与你的教育理念相契合的教室布置的构想。

检查表：关于教室布置

完成后请打√	事项	备注
	公告板、墙壁、天花板及地面区域	
□	A. 学生课桌 / 圆桌	
□	B. 小组区域	
□	C. 计算机工作站	
□	D. 教师讲桌及教学设备	
□	E. 书架及其他储物柜	
□	F. 学习中心	
□	G. 宠物、植物及特殊的物品	
□	教学材料和学生物品的存储	
□	A. 教科书及普及版图书	
□	B. 学生作品	
□	C. 经常使用的学习用品	
□	D. 教师用品	
□	E. 其他的必需品	
□	F. 学生的私人物品	
□	G. 偶尔使用或不常使用的物品	
	布置教室的五项原则	
□	A. 教室布置要与教学目标及教学活动相	
□	协调	
□	B. 人流密集区域要畅通无阻	
□	C. 教师能够轻松地监督学生	
□	D. 经常使用的物品要随手可得	
□	E. 学生可以看到所有的教学展示	

我的网络教育实验室

请登录网址 www.myeducationlab.com：

（1）进行小测试，检测你对本章内容的掌握情况。

（2）根据个人学习计划来学习本章内容。

（3）加深你对课堂管理策略相关概念及原则的理解。

（4）将本章学到的知识运用于你的教学工作中，以提高教学技能。

第三章

建立班级规则及教学程序

教室的物理环境布置好后，接下来你应该考虑如何构建学生的学习环境。一个积极有效的课堂需要具备良好的课堂模式和教学秩序，从而使得师生之间的互动和教学活动能够顺利地组织和进行。学生要想成功地融入课堂，他们必须能够理解和表现出教师所期待的行为。作为教师，应该将标准的行为规范确定为班级的准则，所以一定要思考如何让学生领悟这些行为，并在实践过程中始终如一地加以贯彻。一套精心制定的班级规则及教学程序能够让教师更轻松地向学生传达自己的期望和要求，同时还有利于教学的顺利进行。

在准备制定班级规则及教学程序之前，首先要提出的问题是：这些规则、程序是什么？你会如何制定、传授并强化它们？本章的目的就是帮助你回答这些问题，最终建立良好的班级规则和教学程序。

什么是有效管理的课堂

一个有效管理的课堂要能够保证教学程序的顺利进行，且只有很少的混乱、停顿，并能最大化地促进学生的学习。如果缺乏相关的准则用以规范学生在课堂中的行为举止、何时可以在教室内走动、何时可以发言以及讲话音量等，教师就无法开展教学活动，学生也无法进行有效的学习。接下来，请思考与下面案例有关的问题。

早上 8:00，当学校的上课铃声响起时，史密斯老师所带的四年级班上，26 名学生当中只有 21 名学生在教室里，且大多数都不在座位上，而是在教室里到处溜达、大声喧哗。史密斯老师大声呵斥，要求学生坐下，大部分学生这才回到座位上，但仍有 3 名学生站着聊天。史密斯老师走到教室前面，试图组织讨论前天的野炊活动，但很少有学生认真听她讲话。到了 8:06，有几名学生散漫地进入教室，还有两名学生离开了座位。史密斯老师问大家对野炊的看法，只有少数学生回应她。一系列迹象表明，学生注意力不集中：一些学生不注意听讲，还有些学生在座位上窃窃私语。于是史密斯老师让一位女生分发作业纸。到 8:09 的时候，史密斯老师与走到讲台前的学生进行交谈，其他学生坐在座位上无事可做。到了 8:10，史密斯老师走到教室前面，宣布今天要学习的新内容。这时下面有两名学生在大声讲话，但是史密斯老师却忽视了他们。另外，还有 3 名学生离开了座位，一位跑到饮水机处喝水，一位跑到卷笔刀处削铅笔，还有一位跑去与别的学生交谈。接着，史密斯老师让学生准备开始写日记。话音刚落，两名学生就立即离开座位去借作业纸，教室里一下子炸开了锅。大约有一半的学生离开座位去拿笔记本。教室后排的学生相对比较安静，但是他们根本就没注意史密斯老师的讲话。这时，有一名学生跑到壁橱区，还有一名学生跑到卷笔刀摆放处。看着混乱的场面，史密斯老师大喝一声："保持安静，请每个人拿出自己的日记本。"然而，一些学生却反问道："为什么？"

【思考】和搭档一起回答下面的问题（也可以把答案写下来）：

（1）你会如何描述这个班级的课堂环境（从师生互动、生生互动的角度描述）？

（2）你认为可以从哪些方面进行调整，从而改善这个班级的课堂环境？

（3）设想你是这个班级的一名学生，从下面的角色中任选一个：准时上课的学生、认真完成任务的学生、上课迟到的学生、需要日记稿纸的学生。描述周围的环境以及环境给你及你的学习带来的影响。

该班级的课堂观察员可能会认为史密斯老师纵容学生的不规范行为，并因此责怪她。他们可能会建议史密斯老师应该严厉一些，处罚不遵守规范的学生，组织有趣的课堂活动，激发学生的学习兴趣，等等。有些还会建议她建立奖励机制，以鼓励良好、有序的行为。虽然这些建议在一定情况下对改善史密斯老师的课堂教学秩序会有所帮助，但它们都无法解决这个班级最本质的问题：学生没有规范的学习行为，老师也没有制定相关程序去引导学生的行为，导致很多问题显而易见，如上课迟到、带私人物品进入课堂、老师讲课时学生在下面讲话、随便离开座位、打断老师的讲课、不及时回答提问，等等。

当然，即使学生知道什么是规范的行为，他们也不一定会严格遵守行为规范（本书后面的内容会进行详细介绍）。然而，让学生明白什么是规范的行为，是建立积极的课堂环境的重要环节。

请记住：小学的独特性要求其必须拥有一个良好的课堂秩序。你每天要与 25~30 名学生打交道。学生会在午餐时间、休息时间或者其他一些教学活动中离开教室，而你通常被限制在一个有限的空间及放满教学物品的房间里。作为教师，你有责任向多元化的学生传授各种认知技能。与此同时，你还需要处理一些复杂而烦冗的行政工作、合理安排学习材料和学习用品以及对学生进行评价。为了做好这些工作，就需要建立有序的课堂环境，在这个环境中教学秩序很少被打断，课堂时间能得到充分利用，每一名学生都能专注于学习。你和学生共同制定的这些班级规则和教学程序，将会反映你对自己及学生的期望与目标。

首先要考虑的事

关键术语的界定

目标是指宏观的教育期望，区别于每天都去实现的短期目标。然而，长远的目标决定了我们每天的教育行为。作为教师，你需要认真思考你的个人目标以及你对学生这一学年的期望。与学生一起讨论制订目标是建立班级共同价值观的重要举措。请记住，你的教育理念和制订的目标将会影响你对学生的期望。

期望是指期待的行为或结果。在一个班级中，教师可以直接向学生传达他/她的期望，也可以让学生猜测教师的期望。对于学生来讲，了解了教师的期望之后，才能更容易表现出教师所期望的行为。教师可以通过直接向学生传授班级规则及教学程序，给学生实践和锻炼的机会，并对学生的行为做出相应的反馈来传达自己的期望。相应的反馈既包括正强化正确的行为，又包括负强化错误的行为。

规则和程序是指对有关行为的成文规范及要求。规则通常指对学生行为的基本期望或准则。例如，“尊重他人及他人的私有财产”这一规则就包含了一系列的行为规范。规则既表明禁止的行为，也表明期望的正确行为，但教师通常只以肯定的形式来表述规则（比如，在课堂中，发言之前要先征得同意）。除了一些基本规则之外，很多教师也会制定一两项具体的规则，来约束一些被禁止的特定行为（比如，上课禁止嚼口香糖）。

程序也传达了教师对学生行为的期望，它有助于学生在特定的情境下做出符合规则的期望行为。程序旨在引导学生如何表现，而不是为了制约学生的行为或者规定一个行为标准。例如，你可以和学生一起制定一些具体的行为程序，比如，如何收集作业、如何上交没有按时完成的作业、如何参与班级讨论、如何使用卫生间等。有些程序（比如，如何使用中心设备）很复杂，也很重要，你可以标注使用说明，并带领学生进行示范操作。然而，对于那些简单的程序或者学生接触之后很快就能掌握的程序，则无须以书面形式标注。

规则和程序的制定取决于你想要构建的班级共同体的类型。例如，一个以教师引导为主体的课堂，与一个以学生自主学习或小组学习为主导的课堂就需要不同的规则和程序，制定程序尤其要谨慎。

明确学校的规则和程序

大多数学校的教师都需要执行学校的一套规则。学校规则通常是一套行为准则（如学校手册），明确规定了学生的期望性行为和禁止性行为。这些行为准则一般是为了告诉学生禁止性行为可能会带来的后果。在所有的班级始终如一地贯彻这些规则有助于你的教学，学生掌握起来也更容易。在一些学生眼中，这些规则就代表权威，因为每个学生都要去遵守。除了用以规范学生行为的规则和程序之外，所有学校还制定了相关的行政管理程序，每位教师都要严格遵守（如出勤考核）。作为教师，在开学之前就要弄清学校的相关规则及程序，这样才能把它们融入到自己的班级体系中。相关的学生规则及教师的行政管理规定，可以从学校的指导会议、教师手册、教学行政人员以及其他教师那里了解到。在学习学校的规则和程序时，要重点注意以下内容。

（1）学校规则中明确禁止（比如，禁止在走廊里乱跑，禁止带违禁品到学校）或明确要求的行为（比如，上课期间离开教室需要得到允许，缺勤或迟到要递交请假条）。

（2）违反规则的后果。要特别注意在处理学生不当行为的过程中应承担的责任，比如，将违反规则的学生移交学校办公室。如果学校没有相关的规定用来处理学生的某一不当行为，那么你就要自己想办法处理。

（3）在课堂上必须处理的行政工作中，有些行政任务是不常出现的（如开学初分发教材），有些行政任务则是日常工作，例如，记录班级出勤率、跟缺课的学生交流、填写办公室的考勤报告，等等。另外，还有其他一些常规性任务，比如，管理学校午餐卡或者出入通行证，所以你需要准备一个记录系统和一个安全的地方来保管某些经手的费用。你还需要制定一个程序允许学生离开教室，或者去教学楼的其他地方。有些老师准备了出勤表，用来记录学生每天的出勤情况，这样只需看一眼便知道哪位学生缺席，而且不会打断正在进行的活动。

以上各方面的程序通常早已制定好，并且全校师生都要贯彻执行。如果在某些问题上学校没有相关的标准程序，你可以请教一些有经验的老师，这对你解决问题会很有帮助。

明确了学校的相关细则和规定后，你可以着手规划自己班级的规则和程序。接下来，本书将介绍班级规则的有关内容，然后介绍课堂组织的相关程序。

制定班级规则

一般来说，在制定各种规则时，4~8 条规则就足以涵盖所有重要的行为。下面列出的四条基本规则包括了许多课堂行为。

（1）尊重他人，礼貌待人。这是一条基本规则，要确保通过大量案例及详细的讲解，让你和学生都能清楚地理解它的含义。另外，你需要定义“礼貌”的含义，可以将不许发生碰撞、不许打架、不许谩骂等行为要求纳入“礼貌”的具体定义中。你还需要向学生强调礼貌对待“所有人”，其中包括教师。

（2）迅速及时，准备有序。这条规则包含强调学校作业重要性的指导原则。“迅速及时”主要是针对开学报到、提交作业及进行个人活动。“准备有序”强调准备好所需的学习物品，做好努力学习的精神准备的重要性。

（3）别人发言时要安静聆听。这条规则旨在防止课堂中的大声喧哗及其他干扰行为。你可以和学生就这条规则进行讨论，让学生明白发表意见或提问的程序，比如，举手示意。

（4）遵守学校的所有规章制度。制定这条规则有利于规范学生在教室外（如操场上、学生餐厅里）的行为，它提醒学生不管在教室里还是在教室外都要遵守学校规则。这也意味着你需要监督学校规章制度所涵盖的所有的学生行为。

“那是克拉默老师，她非常严厉。”

管理有序的班级也需要这样或类似的一些规则。但是，构建一个管理有序的班级不仅需要制定规则，更重要的是如何向学生教授这些规则并始终如一地加以贯彻和落实。以上的这些规则不是金科玉律，你可以制定其他一些规则（如禁止某一具体行为的规则）或者采用不同的表述方式。有些教师会觉得上述四条规则太过笼统，他们更倾向于制定一些具体的细化的规则。

在向学生介绍基本规则时，要向学生提出你的具体期望和要求。另外，要强调规则的积极方面而不是只介绍其消极方面，从而帮助学生知道该如何做到举止得体。你必须清楚一些不规范的行为何时会频繁发生，例如，什么情况下学生容易随便离开座位、大声讲话等。这些具体的行为可以被纳入制定的规则中，或者在你介绍具体的活动程序时带领全班学生进行讨论。请确保在介绍规则时要结合具体的案例，并对学生不懂的规则予以详细讲解。另外，通过模拟特定的情境，让学生进行角色扮演，对学生掌握规则将会很有帮助。

规则一旦制定，就要不间断地加以贯彻和执行。你可以在开学的前一两节课与学生一起商量如何制定规则，在接下来的几周加以强调，并在之后的教学中不断地强化、巩固。将规则张贴出来以及让学生将规则的副本带回家让父母签名，有助于向学生传达你对他们的恰当行为的期望和要求。必要时，你可以借助这些具体的规则，提醒学生注意自己的行为。但是，你所张贴的规则不需要事无巨细地囊括行为的方方面面。

当学生遵守已建立的课堂程序时，你制定、教授并强化的规则才真正落到实处。在教授规则的过程中，要向学生阐明与之相对应的程序。例如，"尊重他人，礼貌待人"这条规则就包含了一系列与之相对应的程序，这些程序有助于学生遵守规则，按规则行事。尊重他人及有礼貌体现在排队接水、使用礼貌用语、遵守教师指令、认真聆听他人发言、穿过走廊时保持安静以免打扰其他班级等方面。每一个行为都可以作为具体的程序标准，用来帮助学生遵守班级规则（下一节具体讨论课堂程序）。规则和程序同等重要，在你独自制定或与班上学生共同商定规则时要将两者联系起来。

学生参与规则的制定

学生参与规则的制定可以采取多种形式。在每一个班级，学生都应该参与讨论制定规则的原因，弄清它的必要性以及意义。为某一特殊的规则背后的行为提供具体的案例，有利于学生掌握该规则。但是在介绍案例时，教师必须能够提供一些正面案例（如爱护公物指将多余的学习用品妥善放置，以供他人使用），以对学生倾向于提供的反面案例进行补充（如爱护公物指不许在课桌上乱涂乱画）。

你可以让学生参与到班级规则的制定和讨论中，征求学生的意见，让他们提出每个人都必须遵守的具体行为，从而创造一个良好的学习氛围，在这个氛围中学生都能够感到舒适自在，乐于参与。很多老师使用相应的儿童文学作品作为讨论活动的开始。

学生可能会提出“认真听讲”“不许打断别人”“不许骂人”“互相鼓励”之类的建议。收集到大量的建议后，可以将这些建议罗列到一起或者概括成一般的规则，如“尊重他人”。如果想制定一条鼓励学生认真努力和坚持不懈的规则，可以问问学生什么样的行为能够带来成功并促进学习。如果学生给出诸如“按时提交作业”“专心听讲”“遇到问题要寻求帮助”“做好自己的工作”之类的答案，可以将它们归纳为一句概括性的指导方针，如“任何时候都要尽自己最大的努力”。学生参与讨论规则的制定很有意义，因为这样制定出的规则才更合理，更易被学生接受。在低年级（K—3）班级中，与学生一起商讨制定规则这一过程可能需要花费几天的时间。在很多班级中，进行角色扮演对于学生掌握规则很有必要。

很多经验丰富的课堂管理者在制定规则时不让学生做选择。相反，他们能够清晰地向学生解释相应的规则及程序要求，并说明制定这些规则和程序的必要性。其实，只要教师制定的规则和程序是合理的，能够给出可理解的解释并始终如一地加以贯彻和执行，大部分学生都会遵守这些规则和程序。

制定课堂程序

如果你从未分析过一个典型的小学课堂中学生表现出的具体行为，你可能会对以下内容的复杂和细节的琐碎而感到吃惊。请不要匆匆浏览本节内容，尽管有些内容显得琐碎，但这些零碎的内容整合到一起，将会形成整个课堂的管理体系。我们把这些内容分为五大类：教室使用的程序、独立作业及教师引导活动的程序、出入教室的程序、小组教学的程序以及课堂活动的一般程序。第六个方面是关于学生作业管理，这部分内容参见第四章。有关合作小组活动的具体程序，这部分内容参见第七章。

值得注意的是，程序可能会需要做出更改或者随着教学内容的推进而增加一些新程序。另外，还要将程序教授给学生并让学生加以练习，之后的章节会对此做相关介绍。在阅读下面的内容时，请留意本章末“检查表：班级规则和教学程序”中的程序建议。

教室使用的程序

针对教室里的特定区域、桌椅及设备也需要制定具体的程序，以便规范它们的使用。

（1）教师讲桌及存储区域的使用程序。最好的程序是规定学生没有经你的允许，不许移动讲桌或存储区域的任何物品。

（2）学生课桌及存储区域的使用程序。正如不许学生弄乱你的讲桌一样，学生也不可以随意翻动其他同学的课桌或存储空间。每周你可以腾出点时间让学生整理、收拾他们的课桌以及学习物品，从而帮助他们养成一个良好的学习和生活习惯（这可以作为周五放学时的活动）。

（3）日常物品存储区域的使用程序。要制定程序来规范学生对日常学习用品（如剪刀、记号笔、便笺纸、直尺等）及学习资料（如教辅书、课本、百科全书、字典等）的使用。有些教师指派了轮值的值日生负责拿取所需的物品；另外一些教师在学生同时拿取物品时，会沿着橱柜或书架标记一条过道；还有一些教师发现，在橱柜门上贴张物品清单或者图片说明也很有帮助。当学生需要使用这些物品时，应告诉学生使用之前是否需要征得同意，以及如何获取和归还这些物品。

（4）饮水机、盥洗池、卷笔刀的使用程序。常规的使用程序是每次只能一个学生使用，并且要在教师没有授课或与全班学生交流的情况下使用。有些老师要求在特定的休息时间之外，使用饮水机或者盥洗池都必须征得他/她的同意。还有些老师给学生提供特定的削铅笔时间，并为在这个时间之外铅笔断了的学生提供已削好的铅笔。

（5）卫生间的使用程序。当卫生间随时可以使用或者离教室很近的时候，很多教师允许学生无须征得同意就可以使用，当然前提是在老师没有上课的情况下，并且每次只能一个人使用。为了让学生合理地使用卫生间，你需要制定一个使用程序，以便让学生知道卫生间是否已被使用（如在门上挂个可翻转的红绿灯；如果有人在使用，请敲门，然后耐心等待）。定期重温卫生间的使用程序是个很好的做法，比如，上完厕所要冲马桶、洗手、清理水池及废纸巾等。如果卫生间离教室较远，那么就要制定午餐前、休息后的小组排队上厕所及独自去厕所的程序。

（6）学习中心及设备区域的使用程序。使用学习中心或设备区域之前，事先要制定好相关的程序，明确规定该区域的使用时间，使用之前是否需要征得同意以及一次可供多少人使用。另外，你还需要制定程序，用来规定学生自由选择使用哪个学习中心，还是由你来安排。如果是学生自己选择学习中心，就需要制定程序以规范学生在中心之间的走动。这些学习中心通常允许低声交谈，只要不打扰其他同学即可。如果某个学习中心允许讨论，那么就要把该中心安排在远离学生安静学习的区域。此外，还要在每个区域贴上设备的使用规则、人数限制及清理要求。尤其是计算机的使用，学生需要遵守以下几条特定的规则。

①用指定的计算机。

②保存数据（存盘或者在桌面创建个人文件夹）。

③访问网页（要在指定的时间内或者完成任务后）。

④共享计算机的使用（规定由谁操作键盘以及使用时限）。

独立作业及教师引导活动的程序

该部分介绍的程序重点关注如何保持学生的注意力，如何调动学生参与活动的积极性，以及如何在学生需要时提供帮助。好的活动程序能够防止或减少对教学活动内容及学生学习的干扰。

1. 学生在演讲时的注意力

请思考当你或其他学生在进行班级演示时，或者在你组织讨论或朗诵活动时，学生该如何表现。通常，学生需要注视演讲者并要认真地倾听。实际上，教师通常会把这一要求转化成一条基本的班级规则，如当老师或其他同学在讲话时要认真倾听。另外，老师也希望学生能够在他人演讲、演示的过程中不离开座位，保持安静，以及课桌上只摆放课堂中使用的书本或其他学习材料。

2. 学生的参与

你需要制定一个能让学生提问及讨论的程序。在演讲、演示及讨论环节，最简单的程序就是让学生坐在座位上举手，等待老师点名。要求举手发言能够给所有的学生提供参与的机会，并且能让你去注意那些不举手的学生。有些老师会让学生选择下一位发言者，这样可以避免一直是老师在与学生互动。在大多数情况下，允许学生在不征得同意的情况下就说出自己的答案或者发表见解会导致不良的后果，比如，只有少部分学生参与，得出不正确的见解以及给讨论和演示带来干扰。以下两种情况中，学生无须举手回答。

（1）当希望学生齐声回答问题时，你可以在活动开始之前告知学生回答问题无须举手。或者在要求回答时给学生一个齐声回答的提示，比如，将一只手放到耳朵后边、给予口头提示或者以“同学们……”进行提问。

（2）在举手可能会减缓或干扰讨论的活动中。真正的讨论无须举手，相反，你需要教授学生交流的技巧，例如，耐心倾听、依次轮流发言、发言要切合交流主题等。

在学年初，最好遵循标准的举手程序，通常不要去尝试变换不同的程序，相反，一个简单的流程应持续遵循数周，直到确定班上的学生都掌握为止。之后，如果你打算更改程序，一定要在活动刚开始就清晰地告诉学生新旧程序的差异。

3. 学生之间的交谈

在很多活动中，安静交谈是解决问题的一个重要方法。但是，学生必须知道，何时以及以多大音量进行交谈。所以，你必须明确你的要求并将其告诉学生。“禁止交谈”的原则很容易被打破，这一原则无法贴切地反映以学习为导向的课堂。

对于学生可以通过相互交流、共同合作完成的个人作业活动，你需要制定具体的活动要求。例如，你可以告诉学生，在一些活动中可以轻声讨论，但如果讨论声音太大，该讨论特权就会被取消。另外，最好先示范一下什么叫作“轻声讨论”，并让学生实际练习，确保他们能够达到你的期望和要求。

如果学生是以学习中心或者小组的形式进行学习，那么必须跟学生明确可接受的音量。很多老师发现当他们想要获得小组学生的注意时，采用“零噪声暗示”会很有帮助。“零噪声暗示”可以是举手示意或者突然熄灯。

4. 寻求帮助

当学生在座位上学习遇到困难需要帮助时，可让他们举手示意。允许学生大声喊叫或者随意跑去找你不是一个好的解决办法，因为这样会干扰其他学生，造成课堂秩序混乱，还会打断你的教学工作。而通过举手示意的方式，你可以去学生座位旁或者让学生过来找你，但前提是每次只限一名学生。另外一种做法是：当你坐在座位上（或者其他一些指定区域）并且没有指导其他学生时，学生可以过来寻求帮助。以上这些做法避免了一群学生围在你的桌边七嘴八舌说个没完，也有利于你控制个人指导的那块区域。如果你想在学生的课桌之外找个地方进行辅导，请选择一个能让你监督到班级其他学生的地方。此外，有些老师会通过让学生反问自己的方式来帮助他们思考问题，比如，让学生思考“其他同学能否回答这个问题”，如果答案是肯定的，老师就让该学生去寻求其他同学的帮助。

如果鼓励学生互相帮助，那么你就需要制定相关的程序，比如，以什么形式互相帮助以及在什么情况下可以互相帮助。有些老师制定了“C3B4Me”

程序，该程序是指在寻求老师帮助之前先寻求三位同学的帮助。在实施该程序之前，你需要教会学生如何正确地提问，如何在没有参考答案的前提下帮助同伴。至于如何教授这些重要的技能请参考第七章。

5. 当学生完成作业时

当课堂中要求完成课堂作业时，有些学生在下一个活动开始之前便能够完成。通常这种情况的解决办法是给这些学生布置些额外的拓展性任务，或者允许他们利用剩下的时间进行自由阅读，或者在学习中心自主学习，或者帮助老师处理班级日常事务。除此之外，你还可以让提前完成作业的学生帮助和指导班上的其他学生。有一点值得注意，如果拓展性活动需要用到学生没有的物品，你必须要事先说明使用这些物品的规则和程序，包括何时需要使用、物品放在何处以及如何归还。另外需注意的是，如果很多学生都能够提前完成作业，那么，很有可能是你布置的作业任务太简单，或者安排做作业的时间太长。

出入教室的程序

1. 开始一天的学校生活

如何让学生开始每一天的学校生活也需要一套相应的程序。在开学初，你需要引导并强化这一程序，它才能够得以有效地运行，班上的学生也才能渐渐适应班级环境。在学年中，学生会慢慢掌握这些程序，不再需要你的指导。另外，该程序不要太复杂或太耗时。很多老师会以一些社会事项开始一天的学习生活，例如，让学生猜谜语、讨论当天的午餐菜单、带领学生宣誓、询问当天有无过生日的同学、讨论学校活动或者做一些其他有趣的事情。有些老师会组织班会或计划会议，让学生设定当天的学习目标。这些活动对于班级共同体的建立具有重要作用。

此外，你还可以利用早晨时间收取必要的费用（比如，午餐费、活动费等），收齐家长同意书或者其他一些学生从家里带到学校的物品。但是，如果晨间的这些管理工作需要耗费很长时间，那么你可以让学生先进行与学习内容有关的活动，让他们先进入学习状态，确保他们有事可做。

2. 离开教室

学生一天当中会有好几次集体离开教室的时刻，如，休息时间、午餐时间、集体去图书馆、上音乐课、去机房或者进行其他一些教学活动。通常的做法是：先将桌椅排好，将需要用到的物品摆放好，然后再让学生排队前往。在此之前要事先规定好队伍中的行为规范。有些老师，尤其是低年级的老师，会规定排队时手和脚的具体位置。一些老师会要求学生将双手放到背后，另外一些老师会要求学生将手放在身体两侧。在排队时指派一名学生担任队长会很有帮助，学生都很珍惜这一特权。因为噪声会影响到别的班级，所以当队伍经过走廊时，通常禁止讲话。此外，对于在别的班级接受演讲指导、特殊教育或者同伴辅导的个别学生，你还需要制定程序帮助他们了解离开教室的规则和程序。

3. 返回教室

制定关于返回教室的程序很重要，尤其要规定好午餐之后返回教室的程序。当学生知道回教室的程序后，他们就可以自行按照程序回教室而不需要等待你的指导。常规的程序是安静地回教室、坐回自己的座位、依次去卫生间、洗手、削铅笔或者喝水。值得注意的是，这些程序是为了让学生为下午的活动做好准备。

当学生有说有笑地从室外回到教室，或者当他们刚休息完或用完餐还处于很兴奋的状态时，这时你要安排一个过渡活动，以便让他们平静下来，然后再开始接下来的教学工作。例如，你可以通过大声朗读使他们逐渐安静下来并为下一个活动做好准备。一些研究发现，通过这种过渡活动，学生的注意力会比老师强制要求安静并立即进入教学活动时更加集中。但是有一点需要注意，不要让学生聊天时间过长，并且要确保在开始下一个活动时，能够集中学生的注意力。此外，在这一过程中，你要监督学生，这样“安静”时间才不会变成“风暴”时间。

4. 一天的结束

在结束一天的学校生活时，要确保让学生清理好自己的课桌及学习区域，准备好要带回家的物品，并让学生准时离开教室。提前让学生做好放学的准备可以避免学生手忙脚乱、遗忘作业以及混乱、嘈杂的状况出现。下面介绍一个可行的放学流程：喂食班级宠物、整理书架、收拾课桌、捡拾废纸、将椅子叠放到课桌上。其他一些重要的放学工作还包括：简要回顾当天所学的重要内容、预习接下来将要学习的内容以及检查需要带回家的物品。如果有学生需要提前离开赶去乘公交车，你可以先向这部分学生交代一些重要的注意事项，等他们走后再接着完成剩下的事宜。

小组教学的程序

小组教学的复杂之处在于：老师通常只能对一个小组的学生进行教学指导，而其他的学生只能独立学习。教师既要组织小组教学又要照顾到个体学生，这对其开展的监督工作、给学生提供帮助以及处理突发状况都是一项巨大的挑战。如果想要顺利地开展小组教学，那么就要精心地设计相关程序。

（1）让学生做好活动准备。要让非小组教学活动的学生知道他们该做什么。因此，要事先按组分配好任务，并与全班学生一起讨论完成任务的要求。另外，要提醒学生准备好小组教学所需的学习材料。

（2）学生进入小组及离开小组。学生在小组间的走动要做到迅速、及时、安静有序以及不会对他人造成干扰。在实施小组教学之前，要事先跟学生说明所期望的行为：轻声走路、不许讲话、带好所需的学习物品。另外，还要事先教授学生一个暗示语，让他们知道何时可以去小组教学区域。学生不可以在看到其他同学离开后便自行去找你，因为在指导下一小组之前，你可能还要检查上一小组学生的进展情况。一些老师会以铃铛或者定时器作为提示，还有些老师会直接给予口头提示。

（3）小组中学生的期望行为。班级教学中的注意力要求及举手要求也可以运用到小组教学中。但是，由于小组教学中的学生数量较少，所以必须改变一些程序，并且要将这些程序教授给学生。比如，一些老师会让每位回答问题的学生选择下一位发言的学生。有时候可以更加随意地组织小组学生之间的交流。

（4）小组外学生的期望行为。虽然在组织小组教学之前，你已经给非小组教学活动中的学生提供了相应的指导，并为他们布置好课堂作业。但是，学生在做作业的过程中可能还会需要帮助。允许学生打断小组教学，这种做法并不可取，因此，有必要制定相应的程序来规范这一行为。一种做法是让学生之间互相帮助，另一种做法是指派特定的学生来协助辅导。只要需要帮助的学生举手，小帮手便可过去给予帮助。只有当小帮手无法解决问题且不得不寻求老师的帮助时才可以打断老师。通常，老师还可以让学生将不懂的问题先搁置，待小组教学活动结束之后再去给予指导和帮助。值得注意的是，即使是在进行小组教学指导时，你也需要检查学生的作业进展情况，可以时不时地抬头环视整个班级，看看是否有学生遇到困难。另外，在更换小组之前，要在教室里巡视一下，看看有无需要帮助的学生。需要帮助的学生可以在你更换小组的间隙举手示意，或者在展示板上写上名字，等你有空了再给他们提供帮助。

（5）教学材料和学习物品的使用。小组活动经常会使用到一些材料和设备。为了避免拥挤，要设计不同的途径来分发这些物品，如果有必要，可以设置几个物品分发区。有时，你可以在上课开始之前就将所需要的物品摆放到学生课桌或工作台上，这样可以节省时间。在上课之前，要检查设备，确保其可以运行，为了以防万一，最好还要准备一套备用设备。可以安排学生助手负责分发物品和材料、监督物品供应区并清理活动区。如果一些小组活动或项目活动需要学生带些特殊物品，一定要提前通知，好让他们有足够的时间去准备。另外，你还需要安排一些安全的区域来存放他们活动过程中使用的物品。如果需要使用的设备会对学生造成潜在的危险，或者很容易损坏，那么在使用之前一定要向学生说清楚安全事项并亲自示范。

（6）使用多元学习小组。有些老师会将多元学习小组广泛地运用于各类教学活动中。例如，合作完成一些短期或长期任务、同伴之间相互辅导以及复习所学的内容。另外，还可以让学生合作开展科学实验、以小组的形式准备社会研究调查报告，以及成立学习小组共同完成特定的学习任务，等等。虽然使用了小组教学的模式，但是制定一个能够促进教学目标实现的程序仍然很重要。

通常，在第一次组织小组学习活动时，要向学生介绍相关的程序和规则，并让他们加以实践，直到该小组学习活动能够顺利开展。要让学生学习正确的小组行为，尤其是在你打算广泛地开展小组学习活动的情况下。虽然你可以监督小组活动，但事实上，可能会有六七个小组同时进行活动，它们会有不同的活动节奏、使用不同的活动材料，这将使你无法监督到所有的小组活动。因此必须要认真制定小组活动的程序，以鼓励学生独立学习，完成学习目标，促进小组成员之间互相帮助并让时间得到充分、合理的使用。如果要经常使用小组学习的教学模式，还要让小组成员向全班同学进行成果汇报，那么在小组汇报过程中，如何让座位上的学生集中注意力就显得尤为重要。有利于小组合作学习顺利进行的具体程序将会在第七章做介绍。

一般程序

（1）分发物品。开学初，需要给学生分发书本及其他学习用品，因此，你要制定相关的程序来记录书本数量、留意损坏的物品或者处理其他方面的一些问题。第五章详细介绍了这些程序，此外，还介绍了其他一些新学年伊始的程序。除了开学初分发物品之外，你还需要考虑每天所需的学习用品、作业纸及书本的分发情况。如果在这方面没有制定有效的程序，那么就有可能浪费大量时间。很多老师会在一些开放性的课堂活动中，安排学生助手帮忙分发所需物品，比如，教具、计算器、作业纸等，每组可安排一名学生助手负责分发书本或学习用品。如果你是按照小组或者一排学生为单位收集作业纸，并按照这样的顺序检查作业，你可以以同样的方式将修改后的作业纸分发给学生。采取这种方式会让物品发放变得更加容易。

（2）课堂被中断或干扰。上课过程中难免会遇到需要暂停教学的情况，有些情况会比较紧急，需要立马处理，但大部分情况可以进行调整，等方便的时候再处理也可以。如果在学生学习的过程中必须要去处理一些紧急事务，在此之前一定要吩咐学生继续学习。另外，要向学生强调如果授课被来访者或者电话打断，他们也应该要有耐心，并向学生说明你会尽快回来。如果你需要离开很久，一定要在离开教室之前给学生布置些任务，以免他们在你回来之前显得无事可干。不到万不得已的情况，尽量不要离开教室。你必须时刻记住自己的责任。在不得不离开教室的情况下，要确保同事知道你离开并帮你照看班级。

（3）卫生间。如果卫生间离教室很远，则需要制定一个卫生间使用程序，监督去卫生间的学生数量以及让学生知道在什么情况下可以去卫生间。你可以在走廊门口挂一张卫生间通行证，学生可以挂在脖子上，或者在去卫生间的途中拿在手上。留意一下学校是否有这方面的相关程序。此外，让学生在签到表上标明去卫生间及回来的时间，可以帮助他们迅速、及时地回到教室。

（4）图书馆、资料室、办公室。当有学生需要去学校的其他教学区时，一般情况下，你需要待在教室里陪伴其他学生。例如，进行项目研究的小组学生可能需要去图书馆查阅资料。通常学校会制定相关程序来应对这类情况。要弄清楚学校是否有走廊规则或者其他一些程序，用来规范学生在走廊上的活动。另外，你要带领班上学生回顾一下学校关于经过走廊或者在走廊上的相关行为准则，确保学生都能够理解和明白。此外，还要确保学生即将要去的教学区已安排了相关老师（如图书管理员等）。

（5）学生餐厅。回顾一下学校关于餐厅使用的相关规定，并在学生去餐厅就餐之前向他们解释清楚。如果有必要，等学生用完餐回到教室后再加以强调。如果你打算或者需要与学生一起用餐，请事先想好是指定学生坐在你旁边（可采取随机的方式，也可将其定为学生的特权），还是分配固定的座位。如果学生在就餐过程中大吵大闹或者有不规范行为，你可以制定激励措施来引导学生规范就餐，或者将学生的就餐行为记录到班级奖励体系中。

（6）操场。操场活动中的安全规则是必不可少的，此外，你还要禁止一切过激的行为及危险的活动。如果操场上存在一些危险设施，一定要事先跟学生讲清楚，并向学生介绍操场上的哪块区域可以用来休息。你还需要给出一些信号来吸引学生的注意力，让他们知道何时该排队回教室，这个信号可以是吹口哨或者举手示意。如果你打算在操场上进行游戏活动，在学生离开教室之前就要事先宣布，让学生知道到达操场后应该去哪里。

（7）火灾和灾难演习。你需要知道学校制定的关于保证学生和教师安全的相关规定和程序。提前将这些程序教授给学生，这样在每一次演习之前学生都可以进行回顾。另外，你要随身携带一个紧急呼叫号码的花名册。

（8）班级小助手。老师经常会让学生帮助处理一些班级杂务，如擦黑板、分发物品、传达信息、浇花、打扫教室及给班级宠物喂食等。老师还经常任命学生为小组长，将其作为表现好的学生的特权或奖励，或者用来鼓励学生承担更多的责任。有些老师会确保每名学生每周都有自己的班级工作，这样所有的学生都能为班级共同体的建设做出自己的贡献。

有些老师采用带有狭槽凹口的图表或者公告栏，用来记录近期担任班干部或者班级助手的学生名字。班上每位学生都有一张卡片，当某位学生负责特定的班级工作时，就将他/她的卡片插到相应的凹槽内。有些老师会让学生自愿参与班级事务，还有一些老师会让学生轮流负责班级事务，或者将担任班级职务作为奖励。通常在每周刚开始时便要分配任务，且任命时间需要持续一到两周。

本章小结

班级规则及教学程序构成了整个班级的学习环境。为了使该环境有利于学生的学习，教师有必要将制定的规则和程序教授给学生，让他们进行练习并不断加以强化。小学生可以参与到班级规则的制定过程中，并能从积极地参与规则制定（如角色扮演）及建设性的反馈中获益。为了便于学生达到班级规则的期望和要求，应该将概括了具体行为规范的课堂程序变成日常行为惯例。此外，课堂的诸多方面都需要程序，包括如何使用教室及教室里的设施、如何参与教学活动、如何转换活动、如何进出教室、如何完成指定的作业，以及满足学校其他方面的一些要求（如图书馆的使用、火灾演习等）。一个有效管理的课堂需要一个遵守规则和程序且顺利运转的学习环境，这样的学习环境能够最大程度地促进学生的学习。

拓展阅读

Castle, K., & Rogers, K. (1994). Rule-creating in a constructivist classroom community. *Childhood Education*, *70*(2), 77-80.

对于学生和教师来说，富有创造力的课堂规则是非常有意义的，它有助于形成积极的课堂环境。学生参与规则的制定有助于调动他们参与课堂的积极性，使他们更加自觉地遵守课堂规则。此外，还可以提升学生的集体意识、主人翁意识以及通过协调解决问题的能力、合作能力、逻辑推理能力。

Evertson, C. M., & Poole, I. R. (2004). *Norms and expectations*. Nashville, TN: Vanderbilt University, Peabody College, IRIS Center (iris.peabody.vanderbilt.edu). Click on "Resources," then "Behavior and Classroom Management" (left column), and then "Case Studies" (middle column) to link to these case study sets.

这个网站提供了许多活动和案例，这些活动和案例是为常规班级中有特殊需要的学生准备的。

Evertson, C. M., & Poole, I. R. (2008). Proactive classroom management. In T. L. Good (Ed.), *21st century education: A reference handbook* (Vol. 1, pp. 131-139). Los Angeles: Sage.

这篇文章讲述了教师可以采取的预防措施，用于有效地进行课堂管理，其中包括课堂规则和程序的讨论。

Fenning, P. A., & Bohanon, H. (2006). Schoolwide discipline policies: An analysis of discipline codes of conduct. In C. Evertson & C. Weinstein (Eds.), *Handbook of research on classroom management: Research, practice, and contemporary issues* (pp. 1021-1039). Mahwah, NJ：Erlbaum.

本书作者介绍了校规的历史、目的和作用，揭示了借助行为守则鼓励积极的行为，比一味地采取措施惩罚消极行为更加奏效，因为使用惩罚手段会导致退学率和休学率的上升。

Good, T. L., & Brophy, J. E. (2008). *Looking in classrooms* (10th ed.). Boston: Allyn & Bacon.

对于想要获得专业化发展的教师来说，这本书将为其指明实现理想的方法和道路。本书全面阐述了教学的基础知识，概括了基于研究的、较易掌握的一系列有效的课堂管理实践方法。其中，对教师特别有帮助的是一些课堂观察方法和丰富的课堂实践案例，这些都有助于教师的专业发展。

本章活动

（1）到当地的一所小学询问他们的校规，或者在网上搜索一所小学的校规。和搭档一起讨论：假如你们是这所学校的老师，那么这些规则会如何影响你们的教学？

（2）教学目标是指对学生成长的期望和要求，包括学习的进步、行为的塑造和情感的培养。据此写下你对学生及自身的要求，并思考这些目标将如何反映你的教育理念。

（3）在考虑制定规则和程序时，思考学生在选择和执行这些规则、程序时所需扮演的角色。有些教师倾向于让学生参与规则的制定、商讨规则的合理性以及分角色扮演遵守规则和不遵守规则的行为；有些教师倾向于较传统的教师主导的规则和程序；还有些教师倾向于师生共同协商制定规则和程序。请回答以下几个问题，并将答案写下来：以上几种做法中，你更倾向于哪种做法？为什么？这种做法如何反映你的教学理念？

（4）请重新思考本章开头有关史密斯老师的案例。和搭档一起介绍五条可以使史密斯老师的上课流程变得更顺利、更有学习导向的程序（参考答案见附录部分）。

（5）阅读案例 3.1。此案例介绍了课堂中重要领域的相关程序和规则，并能够帮助你去设置课堂管理体系。请列出艾布拉姆斯老师的课堂教学能够顺利进行的原因，他的课堂与你设想的课堂有什么不同？

（6）案例 3.2 介绍了一个更为复杂的课堂组织形式，在该课堂中需要使用不同的教学区域及学习中心开展课堂活动。请列出米勒老师事先所做的一些计划和决定。她创建了什么样的课堂程序，如何对其加以教授及监督？你期待她的班级规则是什么？

（7）罗列出四至八条一般的班级规则，并确保这些规则涵盖了有利于你的教学管理及课堂运转方面的行为要求。与学校行政管理人员或其他教师讨论你所制定的这些规则。

（8）复印本章末的检查表。观看一段30分钟的小学课堂视频（或者在网上观看一段相同时间长度的课堂观察视频）。在检查表的第三部分尽可能地填上你所观察到的班级课堂程序。请思考以下问题：哪些程序有利于课堂教学的进行？是否存在值得你借鉴并且能够更好地促进学生学习的程序？思考该检查表可以在哪些方面帮助你制定课堂程序，并帮助学生达到你的期望和要求。如果有疑问，请寻求其他老师的帮助。

（9）回顾第二章的第四条活动，并思考可以制定哪些程序来为学生的教室活动创造一个安全的环境？

案例研究

案例3.1　一个二年级班级的班级规则及教学程序

艾布拉姆斯老师班上的学生需要遵守四条班级规则：轻声讲话；努力学习；懂礼貌、乐于助人；遵守校规。开学初，艾布拉姆斯老师便与班上的学生讨论“轻声讲话”的含义，并且在不同的教学活动中进行练习，学生还对轻声讲话和不轻声讲话的情境进行角色扮演。通过这样的方式，艾布拉姆斯老师帮助学生将课堂讲话程序和与之相对应的班级规则联系起来。当艾布拉姆斯老师想要吸引学生的注意力时，他通常会通过摇铃给予提示，他会事先跟学生练习这个提示。一听到摇铃声音，学生就要停止讲话并看向老师。他向学生解释，使用铃铛是节约时间的最佳方式，他只会摇一次铃铛，所以希望学生听到铃声后能够快速地做出反应。他自始至终都用铃铛给学生做提示，并对学生的配合给予积极的反馈。

学生认为“努力学习”包括以下几个方面：老师讲课时要认真听讲，积极参与课堂讨论，认真完成所有的任务，作业要干净整齐，合理地利用课堂时间。艾布拉姆斯老师通过简短的案例让学生进行角色扮演，以便使他们了解这一规则及相应的行为程序。

与“懂礼貌、乐于助人”这一规则有关的程序包括：当老师或其他同学在演讲、演示时要安静聆听，在小组学习中要与其他同学相互合作，分享学习材料和学习用品，以及尊重他人的意见。艾布拉姆斯老师要求学生在讨论的过程中要学会举手等待发言，这使得每个学生都有发言及倾听的机会。该程序的信号是举起他的右手，艾布拉姆斯老师与学生进行了多次练习。有些时候讨论问题也可以不用举手，这一程序的信号是将右手放在耳边，他也与学生多次练习了这一程序。关心并尊重身边的同学、老师及学校里的其他工作人员也包含在这条规则中。另外，校规第四条对走廊、餐厅及其他公共场所里的行为也做了相关的规定。艾布拉姆斯老师将这些程序教授给学生，并自始至终地加以贯彻。

除此之外，艾布拉姆斯老师还制定了其他一些重要的课堂程序。比如，在老师讲课的过程中，所有学生都要坐在自己的座位上，其余的时间里，则可以离开座位去拿取学习用品、上交作业、削铅笔，以及在无须征得同意的情况下去卫生间，只要不影响其他的同学即可。例如，除了在老师讲课或者其他同学发言的情况下，学生无须征得同意都可以跑到卷笔刀处去削铅笔，但要求一次不超过两名学生，一名学生在削铅笔时，另一名学生要在旁边等候。当老师在进行小组教学或者辅导学生时，其他学生不可以打断老师。如果需要帮助，可以坐在座位上举手示意，等待老师的帮助。提前完成作业的学生可以选择去读书角进行自由阅读，去学习中心进行研究学习或者玩课堂教学游戏。他们可以轻声地讲话，但不可以打扰其他仍在做作业的学生。艾布拉姆斯老师在向学生传达这些班级规则时，将其与对应的程序联系起来，当学生遗忘或者违背了某一程序时，他便会给予提醒。

案例 3.2　多重任务课堂中学习中心的使用

米勒老师所布置的教室含有听力中心、阅读中心、写作中心和创作中心。

每个月米勒老师的班级都会组织一些特殊的、有趣的研究主题，涉及科学、社会研究、数学等领域。虽然每位学生都有一个固定的座位，但学生很少待在自己的座位上，他们通常都是两人一组或者以小组为单位开展各种各样的项目活动。当进行班级教学时，学生围坐在地毯上而不是按照传统的方式按排就座。在11月的某一天，我们或许会看到一个充满活力的、充实而忙碌的甚至有点嘈杂的课堂，同时我们也会发现这个课堂其实安排得井然有序，学生的各项活动也都目标明确。

这样的课堂不是一蹴而就的。开学前六周，米勒老师将大量时间都花费在了培养学生独立学习和合作学习的能力上。开学第一天，米勒老师就教授学生何时聚集到小地毯上，以及何时该坐回到自己的座位上。她告诉学生，他们有互相交流的时间，但是当聚集在小地毯上时，如果想要发言必须举手示意，这样就能保证每次只有一个学生在发言。米勒老师准备了一张海报，上面清晰地写着每天的学习日程安排以及“学习中心时间”，在把海报张贴到一个公告栏上之前，米勒老师带领班上的学生一起温习了海报上的内容。在开学前几周的教学活动中，她都会参考海报上的流程来安排活动，或者让学生告诉她何时该进行哪个活动，何时该结束哪个活动。

因为每次只介绍一个活动中心，所以开学后需要花几周的时间来介绍教室里所有的活动中心。当使用一个新的活动中心时，米勒老师就会向全班学生介绍该中心的相关情况，包括该中心可供利用的资源以及日程表上安排的该中心的使用时间。她还会提示学生注意每个中心的两个标识：一个是关于该中心的使用程序，例如，阅读中心的标识上写着：默读的学生可以离开阅读中心，找一个安静的地方阅读，而需要跟同伴一起大声阅读的学生则必须待在阅读中心。每个中心使用程序的最后一步都是打扫和清理。另外一个标识是关于该中心的使用权限。例如，听力中心只有四个耳机，所以每次只限四人使用。米勒老师规定每天早上学生来学校之后，可选择自己想要去的学习中心登记。每天都有一个“自由学习时间”，学生可以去自己所选择的中心进行学习。在“自由学习时间”，当要离开时，学生需要在签到表上划掉自己的名字，这样别的学生便可进入该中心进行学习。

除“自由学习时间”之外，还有“指定学习时间”，在这段活动时间里，米勒老师指定学生去特定的学习中心。在介绍完每个新的学习中心之后，米勒老师会让每个学生参观该学习中心，并认真监督该学习中心的使用情况，确保所有学生在进入下一个学习中心的介绍之前，都能了解该学习中心的使用流程。介绍完所有的学习中心之后，米勒老师仍然会继续监督，并留意学习中心活动时间会出现的问题，然后在“地毯时间”组织班级讨论。她还需要去平衡这些学习中心，这样当某个学习中心需要给予指导和帮助时，其他学习中心的学生仍旧能够独立地开展活动。

检查表：班级规则和教学程序

向学生介绍完之后请打√	事项	程序
①这一学年我的短期教学目标和长期教学目标是什么？		______
②这一学年我对学生的短期目标和长期目标是什么？		______
③为了实现我的目标，我该如何制定以下内容的相关程序？		______
	教室的使用	
□	A. 教师讲桌及存储区域	______
□	B. 学生课桌及存储区域	______
□	C. 公共物品的存储	______
□	D. 饮水机、水池、卷笔刀处	______
□	E. 卫生间	______
□	F. 学习中心或设备区域	______
□	G. 计算机工作站	______
□	H. 展示板	______
	独立作业和教师引导的活动	
□	A. 演讲、演示过程中的注意力	______
□	B. 活动参与	______
□	C. 学生之间的交流	______
□	D. 寻求帮助	______
□	E. 独立作业完成之后	______

（续表）

向学生介绍完之后请打√	事项	程序
	出入教室的程序	
□	A. 一天学校生活的开始	______
□	B. 离开教室	______
□	C. 返回教室	______
□	D. 一天学校生活的结束	______
	小组教学的程序	
□	A. 全班做好准备	______
□	B. 学生走动	______
□	C. 小组成员的规范行为	______
□	D. 非小组成员的规范行为	______
□	E. 教学材料和学习用品	______
□	F. 使用多元小组	______
	一般程序	
□	A. 分发物品	______
□	B. 打断或干扰课堂	______
□	C. 卫生间	______
□	D. 图书馆、资料室、办公室	______
□	E. 学生餐厅	______
□	F. 操场	______
□	G. 火灾和灾难演习	______
□	H. 班级小助手	______

我的网络教育实验室

请登录网址 www.myeducationlab.com：

（1）进行小测试，检测你对本章内容的掌握情况。

（2）根据个人学习计划来学习本章内容。

（3）加深你对课堂管理策略相关概念及原则的理解。

（4）将本章学到的知识运用于你的教学工作中，以提高教学技能。

第四章

学生作业的管理

在第三章中，我们介绍了一系列建立有序课堂的相关程序，但同时也提出需要制定其他的程序，以此来让学生对其作业及学习负责。问责体系作为一套附加的程序，其目的在于鼓励学生认真完成学习任务，并积极参与其他学习活动。任何问责体系的最终目标都是帮助学生发展成为独立自主的学习者，因此，你所制定的程序要尽可能地让学生承担更多的责任，而不是学生在完成学习任务时对教师或家长形成依赖。

谈到学生的责任，我们很自然地会关注学生的学习成果，比如，完成作业的情况以及考试分数，毕竟，你和学生每天所参与的这些活动的结果是具体的、可量化的。但是作为教师，最重要的是不能忘记自己的目标：促使学生学习，并让学生理解学习的价值。

你所建立的问责体系应该能让你和你的学生检查他们的学习情况及学习过程。如果你每天只是检查学生的书面作业，而没有认真地考查学生从作业中学到了什么，那么很有可能会偏离完成作业的目的。学生如果只是将书面作业看作他们必须完成的任务，而这个任务与他们所学的知识无关的话，在这种情况下，该问责体系就不能像你所设想的那样起到辅助学习的作用。

教师每天都会给学生布置一些课堂作业或家庭作业，这些作业可以是课堂讨论，可以是深入研究，也可以是简单地回顾学习内容。根据作业内容，可以为学生提供探究发现、独立思考、练习运用或者回顾所学内容的机会，而这些经历对于学生的学习来说是至关重要的。因此，你的问责体系要能够激励学生成为积极主动、独立自主的学习者，而你对学生作业的一贯支持和成功参与是实现这一目标的关键。如果学生不关心或者对他们自身的作业和学习不负责，那么就会出现很多问题。请阅读下面的例子，并思考相关问题。

这是开学后的第二个月，保罗老师所带的三年级的学生正在完成童话故事单元的学习。最后要完成的项目是：五组学生要创作他们自己的童话故事。该任务的要求是：小组成员一起合作编写一个童话故事，并在该单元的最后一堂课上向全班同学展示他们的童话故事。

但小组成员之间缺乏合作，这使得保罗老师感到很烦恼。他注意到很多小组都没有认真完成任务。小组成员之间还会因为故事线索、人物角色以及故事场景等发生争吵，这使得一些学生选择独立完成任务。很多学生向保罗老师寻求帮助，然而他希望学生能够寻求同伴的帮助。保罗老师还注意到，一些小组并没有遵守之前制定的活动程序。例如，他要求学生只在作文纸的一面写下他们编的故事并配上插图，但很多学生将作文纸的两面都用上了，并且纸上留下的记号或钢笔笔迹使得故事和配图很难看清楚。

在最后一节课上向班上其他同学展示自己小组的童话故事时，学生没有组织性。有的小组事先没有商量好由谁解读，由谁进行配图展示；有的小组缺乏演示技巧，比如，不知道如何让全班同学清楚地看到他们的配图。

在最后一组学生演示结束后，保罗老师让学生解散休息，他自己也坐到了他的座位上。他想知道自己该如何做才能提高小组学生的技能。从这些学生漫不经心的行为可以明显地看出，他们并没有认真对待这项任务，也不认为活动很重要。

【思考】和搭档一起讨论你们对以下问题的回答：

①在这项活动中，学生都遇到了哪些困难？

②如何用文字来描述该活动?

③有哪些问题使得这项活动没有达到保罗老师的期望?

通过该案例，我们可以看到保罗老师班上的很多学生对自己的任务不负责任。当然，这次任务对他们来说可能太难，或者保罗老师没有向学生解释清楚，但也有可能是因为保罗老师制定的程序没能帮助学生养成良好的学习习惯，也没能让学生意识到合作及有效地向他人传递信息的重要性。

本章着重介绍如何布置学习任务才能让学生理解老师对他们的要求，以及帮助学生承担学习责任的课堂程序。这些程序主要包括明确作业任务及作业要求、监督作业进展（包括自我监督）以及提供反馈（包括自我评价与自我反思）。本章末的“检查表：学生作业的管理”将会帮助你组织、计划相关程序。此外，本章最后还介绍了四个关于小学课堂问责体系的案例研究。

明确作业任务及作业要求

学生需要清楚地知道作业任务及作业要求，这意味着你要向学生解释作业的所有要求及特点。你还需要说明布置此项作业的原因或者让学生明白他们的努力能获得什么：巩固所学知识、发现新的事物、加深理解、自我挑战或者掌握有用的技能。然而，只是口头向学生解释还不够，因为并不是所有学生都能认真听讲，有些学生在讨论作业任务及要求时可能会走神，并且作业本身就很复杂。另外，完成作业不仅仅是追求正确率，单纯地追求正确率并不能反映学习情况，你还需要制定关于作业的整洁度、工整度以及格式的相关标准。虽然你不希望因过度强调作业形式而对学生的学习造成不利影响，但学生需要明白他们应该怎么做。在制定相关标准时要考虑以下三个方面。

作业要求

除了告诉学生作业是什么之外，还要将作业及重要的说明张贴在显眼的位置。此外，让学生将作业内容抄写到自己的笔记本或作业纸的第一行，这样他们就能按照纸上的记录回家完成作业。与学生一起口头复述一遍作业的要求和说明。在适当的时候，可以通过作业示例让学生知道他们的作业情况。在给出相关的说明后，可以让学生用自己的话语进行复述，来检查他们的理解情况，这样你便能知道他们明白要做什么。

当你在为准备进行阅读活动的小组介绍独立作业的要求时，要确保每个小组的任务都清楚地做了标记。尤其是对于低年级的学生，你可以为每个阅读小组分配一种颜色作为本组的标志。可以在提示板上用表示小组颜色的记号笔写上任务，或者使用小组颜色的彩纸作为该组的作业纸。为每个小组的作业安排一个固定的地点，这样即使没有你的帮助，学生也能够找到本小组的作业任务。

在对小组作业加以指导时，首先要让学生到自己的小组中去。要确保在详尽解释你的期望和要求之前，能够让所有学生都集中注意力。至少要在每个小组中提问一名学生来检查他们的掌握情况，比如，可以提问：“你们小组首先要做什么？”对于高年级的学生，可以为每个小组提供书面说明，尤其是在小组任务很复杂的情况下。当学生更善于以小组形式完成任务时，他们可以自己制订任务计划。

“哦，不，不要再有家庭作业了。”

作业格式、整洁度及截止日期的标准

当你制定了一套书面作业的标准后，学生才会知道你对他们的要求，你只需要在特殊情况或发生变动的情况下给予解释。学生需要知道该使用什么样的作业纸，使用什么标题，是否可以写在作业纸的背面，是否需要在某一部分涂色，如何编号，使用钢笔还是铅笔，以及是擦去错误的答案还是用笔划掉错误的答案。

拟定一个由简单文字构成的书面标准，在学生第一次使用这个标准时，可以给学生提供一个样例作为参考，并在学期初的前几周提醒他们，直到学生能够恰当地使用为止。

最后，交作业的截止日期必须要合理、明确，如果没有正当的理由不许逾期。事先向学生说明准时提交作业的要求，并应一直严格按照该要求执行。如果你经常延长交作业的截止日期，学生就会认为他们可以就此跟你讨价还价，从而降低学习效率。一般而言，你要坚持让学生将没能准时完成的作业带回家或者放学后完成。当然，这个做法的前提是学生拥有独立完成作业的必要知识和技能。

对缺课学生的处理

当学生缺课时，他们就会错过教师对于作业的说明与指导，以及在完成作业时可能会需要的帮助。对于缺课的学生，建立补习的惯例会很有帮助，并能够避免正常课堂教学的中断。你可能不会要求学生去完成因缺课而错过的每一次作业，但一些重要的作业是需要补齐的。可以考虑使用以下几种方法，帮助学生赶上进度。

（1）与缺课学生简单地会面，讨论补齐作业事宜。如果你将每门科目每周的作业清单张贴在公告栏上，放在文件夹里或是公布在班级网页上，你就可以直接向该学生指出哪些作业是需要完成的。对于低年级的学生来说，你可能需要将补习作业单独放到一个“初习作业文件夹”里，并且要让学生知道他们有多少时间去完成作业。

（2）确定一个固定的补习时间，比如，放学前后的15分钟，在那段时间你可以为缺席的学生补课。此外，你还可以指定班级小助手在特定的时间帮助那些缺课的学生（通常是在独立活动时间）。

（3）指定一个地点，可以让学生提交补习的作业并拿回修改后的作业（例如，贴有“补习作业”标签的提篮或托盘）。

（4）确定一个让错过小组任务的学生弥补该任务的方法，并帮助小组制订计划以便让缺课的成员尽快跟上学习进度。

（5）对于那些你能够为他们的缺席做好准备的学生（例如，因宗教节日需请假的学生），可以和学生及家长商讨完成作业的办法。

监督作业进度及完成情况

监督作业的进度

监督学生的作业进度有助于你知道哪些学生遇到了困难，并鼓励班级学生继续努力。布置作业后，要认真监督，而不是立马回到你的讲桌开始案头工作或者单独指导学生，要先检查一下是否所有的学生都已开始做作业并能够完成作业。如果你不检查，有些学生可能就不会去做，还有些学生可能刚开始做的时候就错了。有两个简单的方法可以避免这种情况的发生。第一，如果全班学生做的是同一项作业，你可以从集体完成的方式向独立完成作业过渡，也就是让每个学生拿出作业纸或材料，然后一起回答前一两个问题或解答几道题目，就像组织全班朗诵一样。例如，问第一个问题，征求学生的答案，进行讨论，然后让学生将答案写到作业纸上。这样的做法不仅可以保证所有学生都能够完成作业，而且作业中遇到的问题都能马上得到解决。

第二个监督学生完成作业的办法是在教室里来回走动，不时地检查每个学生的作业进展情况。这种办法可以为学生提供修改意见，学生也能够取得进步。在监督过程中，要关注所有学生的进展情况，而不是只关注那些举手求助的学生，并要经常关注那些容易产生困惑或分心的学生。另外，要在小组刚开始做作业时检查，保证他们能正确地完成作业。

如果在指导阅读小组的过程中，有学生在完成独立作业，不要等到阅读活动结束才去检查这些学生的作业情况，而应在阅读活动的过程中给予检查，以保证他们能够准确地完成作业。

一些需要独立完成的持续时间较长的作业可能要耗费几天、一周甚至更长的时间，例如，读书笔记、主题报告以及自然科学或社会科学类的研究项目。在这种情况下，监督作业进度时要特别小心。可以将项目或作业分成几个阶段，给每个阶段确定截止期限及目标，或者让学生制订作业计划，汇报每天的进展情况。教师可以收集并检查每一阶段的作业任务，并提供反馈。这样能帮助学生学会合理安排他们的时间，你也更容易监督和评价他们的进展。如果学生经常参与长期项目，要帮助他们确定自己的短期目标和截止日期，在确定目标和日期时首先应考虑整个小组，其次再考虑个人。

与学生一起讨论评价标准，并征求学生的意见，从而鼓励学生自觉地以高标准要求自己。教师通常会通过这样的讨论方式来制定评价量表，即用以评价重要结果的一套等级量表。学生可以参照这个评价量表来监督他们自己的以及小组的工作进展情况。小组项目特别需要反馈和监督，因此，要确定一个时间表来检查进展的时间节点（如提案、中期项目进展报告、小组展示等），这有助于你和学生按照计划进行学习。本书第七章提供了更多关于小组学生作业管理方面的信息。

监督作业的完成情况

监督作业的完成包括几大部分。首先，要制定一个固定的程序让学生提交完成的作业。其次，要注意哪些学生提交了作业，有很多系统的办法可以解决这个问题。例如，你可以让学生将完成的作业放到个人“信箱”里，然后你看一眼信箱便可知道该学生的作业是否已提交。或者你可以让学生将完成的作业统一放在桌上的某个角落，这样当你在教室内巡视时就能看到。这些方法在你不打算收集作业时非常有用。另外一个办法是让学生根据不同的学科，将完成的作业放到不同的篮筐里，以便你打分、记录以及给予反馈。作为一种额外的辅助，你可以给学生提供个人作业检查清单，帮助他们跟踪自己的作业进展。

一些老师会让学生准备一个记录家庭作业的笔记本。每天，学生将家庭作业记录在笔记本上，晚上完成作业后，让家长在笔记本上签名。教师还可以通过这个笔记本就将要举办的活动或重要事项跟家长沟通，家长也可以将自己的意见及问题写到这个笔记本上。

另外，如何收集作业也是需要考虑的。当所有的学生同时上交作业时，一个高效的办法是让学生按照指定的方向传递作业，直到收齐所有学生的作业为止。像笔记本或者日记本之类的体积比较大的作业材料，可以指定学生助手帮忙收集并存放到一个固定的地点。学生在不同时间段提交的作业可以放到贴有相应标签的篮筐、托盘或者塑料箱里。按照对应的字母顺序来辨别他们的作业，可以更快地整理这些作业且便于记录。存放作业的地方要远离拥挤的人群或者会导致学生注意力分散的区域。要让学生知道你希望他们按照什么样的程序提交作业，一贯地按照同一种程序执行可以节省时间并能避免学生产生困惑。

学生作业的记录

监督体系的一个很重要的作用是记录学生的作业完成情况或者技能掌握情况。你可能会使用纸质成绩单或者电子成绩单来进行记录，也可以两者都使用。纸质成绩单要留有空间，用来记录学生每天的缺席情况，例如，在合适的位置标上“缺席”。在制作成绩单时，可以在每个学生的名字后面设计几条直线，然后在不同的直线上记录不同科目的等级或分数，或者在不同页面上记录各门主要科目的成绩。对不同条目进行颜色编码，有利于计算加权分数（如测试、长期项目等）。

如果有其他班的学生到你班上参与某个科目的学习，请在成绩单上该科目的那一页为这些学生留出记录空间。另外，你需要给其他老师提供成绩评估单，这样便于将所有的信息汇总在一个地方。

电子成绩单的功能与纸质成绩单差不多，它能方便家长了解孩子的成绩、遗漏的作业及出勤情况。电子成绩单的另一个优点在于能够快速地制作每个学生的进步报告。如果你计划用计算机里的文件夹来记录学生的成绩，请确认学校的计算机系统是否能自动备份每个教师的班级计算机里的信息。如果不能，你要自己进行备份，或者保留一份纸质的成绩单。

可以在你的成绩单上记录重要的作业及测验成绩的等级或其他的评价结果（如 E、S+、S、U）。你可能还想评价其他的课堂作业，例如，作业纸和练习册上的习题等。这种做法在低年级阶段不像在中年级阶段那样普遍，因为中年级阶段更重视成绩，对主要科目每天的作业进行详尽记录很有必要。但是，一些学校的低年级阶段会有该学区按年级和学科标准拟定的掌握技能的检查清单。如果班上的学生需要达到这些标准，请在你的成绩单上预留空间以备记录。要注意，学生的成绩及其他的个人信息是需要保密的，因此，请保管好你的成绩单、打印出的总结以及密码以保证数据安全。

评分体系需要仔细考虑。切忌给单个测验或任务分配过高的权重。另外，也要避免给学生落下的作业打零分，否则会使得该学生最终的成绩不及格（Carifio & Carey，2009）。你的评分体系要能够允许学生偶尔地犯错，但最终仍能够弥补并取得好的总成绩。

学生档案的管理

在很多小学课堂中，教导学生保管他们的作业档案已经成为一项标准惯例。例如，学生可以保留他们的写作档案，可以显示他们从第一次写作到最后一次写作之间的进步。让学生使用档案是展示学生进步、教会学生通过选择和反思作业进行自我评价的有效办法。

档案袋也为老师召开家长会以及进行整体评价提供了有力的工具。根据档案袋的目的，学生可以适当参与到档案袋材料的选择以及档案袋最终的评价中。然而，随着时间的推移，应该给予学生更多的自由去选择档案袋中的材料，并引导学生思考选择该材料的理由。电子档案袋（比如，通过扫描上传的信息、数码照片、电子文档等）可以节省存储空间，还能够方便地存储到闪存或 CD 里。

书面作业的管理

保存所有的书面作业是很难实现的。一个能避免将作业堆积如山的办法是快速批改、打分、记录，并将作业返还给学生。这种做法不仅能够及时给予学生作业反馈，还有助于你去关注那些懈怠的学生并从中发现需要解决的全班性问题。对自己批改作业的速度要有把握，如果你不能如期完成六套作业的打分，并将这些任务分配到两天完成的计划也落空，那就请重新思考一下你的计划。请给自己足够的时间来更好地完成这项评分工作，要做到自始至终都认真批改。你可以尝试制定评分日程表，将艰巨的任务细化成可完成的不同部分，而不是辛苦地工作直到筋疲力尽。除了采用收集、检查、打分，然后再将作业分发给学生这一办法之外，你还可以尝试其他的办法：在教室里巡视检查每个学生的作业，走到学生的座位旁给他们的作业打分或者记录完成情况。这种作业检查方式便捷、个人化且高效，尤其是对于需要进行整体评价的写作任务来说更为奏效。

如果你打算让学生将作业传递并上交给你，你可以进行描述、示范以及练习这一流程，以避免出现掉队的学生。如果作业被整理到文件夹中，并根据主题贴上相应的标签，甚至按照组或排整理好，就很容易分发。有时候可能需要学生帮忙分发作业，可以考虑每周安排几名教师助手来帮忙。

作业反馈

良好的监督程序对提供高质量的反馈是十分关键的，频繁、规律的反馈比随意的评价更可取，因为它可以减少学生犯错误的次数。给予反馈的合适时间应在监督学生完成作业的过程中以及作业完成后。反馈要及时、具体，让学生知道如何才能达到你的要求、如何纠正错误以及如何检查改正情况。

即使需要等到作业批改后才能给予作业完成情况的反馈，也应在学生完成作业的当天批改完，这样学生才能从作业的反馈中受益。可以考虑让学生帮助你批改作业。在大多数年级，偶尔可以让学生自己来批改作业。但是这一做法只针对那些自己能够正确批改作业的学生，比如，有具体答案的算数作业、拼写测验等。要将如何标记正确和错误答案统一起来并告诉学生。展示正确答案可以让课堂上的作业批改变得顺利并且准确地进行。

但要记住，让学生批改并不是为了打分。它能为学生提供一些快速反馈，从而让学生知道自己做对了哪些题目，并让你了解他们可能需要哪些帮助。需要记录分数的作业应该由你批改和打分。

在学期开始，你就应该注意作业的完成情况。在学生第一次毫无理由地不提交作业时，你就要找该学生谈话。如果学生在做作业的过程中需要帮助，可以给予他 / 她帮助，但一定要要求该学生完成作业。如果学生连续两次不提交作业或者开始经常性地不做作业，那么你就需要打电话、发短信或者邮件通知家长。在要求学生完成作业时态度要温和，并尽量鼓励他们。不要等到评分结束才注意到作业完成问题，或者认为成绩单可以有效地反映这些信息。在确保学生认真对待作业方面，家长是老师最强大的盟友，所以联系家长时不要犹豫。大多数家长会感谢你对他们孩子的关心，并会给予支持。至于如何与家长通过邮件联系，学校应该会有相关的政策。

你可以采用让学生定期将修改后的作业带回家这种方式，与家长保持沟通。值得注意的是，让学生带回家的作业也应包括做得好的作业，而不仅仅是做得不好的作业。你可以偶尔要求家长在作业上签名并将这些作业收回，以此激励学生继续认真地对待作业。对于需要学生带回家的一些材料，可以集中放到一个大信封或者两面都有口袋的文件夹里，而不是让学生零散地带回家。这个信封或文件夹还可以用来装其他的需要家长签字或者让家长提意见的重要文件。请确保在信封或文件夹上写上学生的名字。在封面上画上签名线，留有空间写上日期和包括的作业数量，方便让家长看到学生的所有作业。为了避免出现问题，可以考虑每周安排固定的一天，与家长交换作业。请将这些收回的、有家长签名的作业纸保留到评分结束，也便于学生选取满意的作业放到自己的档案中。

给予学生反馈的另一个方法是展示优秀作业。不要过于严苛地去定义优秀作业的标准，否则易导致学生一直达不到要求，努力和进步可能是更合适的标准。另外，要对学生的成绩保密。

最后，要让学生知道如何去反思和记录自己的进步。高年级的学生可以利用一张表格来记录考试分数和作业等级。对于低年级的学生来说，爬梯子、每完成一项作业就给毛毛虫上的圆圈涂上颜色或者类似的视觉图案，都是很好的激励方式。自己选择放进档案的材料的学生，可以写下每个作品所代表的学习情况或者它们为什么包含这些材料。请切记，你最终的教学目标是帮助学生发展成为终身的、独立自主的学习者。

本章小结

学生的作业给老师提供了掌握学生学习状况和弄清楚学生是否需要额外指导的机会。管理好学生，让他们明白作业的流程，这要求老师能够清晰地向学生传达作业内容、作业要求、完成作业的时间、上交作业的地点以及如何弥补遗漏的作业。此外，老师需要监督学生的作业进展情况，以便检查学生是否已掌握教学内容，并在此过程中为他们提供帮助。学生完成作业后的管理工作包括对学生的作业保持准确的最新的记录，提供及时的反馈以及教学生学会反思自己的作业。当老师有效地管理学生的作业时，由此便能够持续而稳定地了解学生是否掌握了教学内容。

拓展阅读

Brophy, J. E. (2004). *Motivating students to learn* (2nd ed.). Mahwah, NJ: Erlbaum.

这是一本实用性指南，可以提升教师的课堂实践并由此促进学生在真实课堂中的表现。这本书关于动机原则的阐述引发了关于特殊课堂管理策略的讨论，综合了与教师有关的动机文献。

Burns, M. (1995). The 8 most important lessons I've learned about organizing my teaching year. *Instructor*, *105*(2), 86-88.

这篇文章中的大部分观点主要集中于教学策略。对于刚刚从事教学工作或者经验丰富的教师来说，书中的观点都会带来许多启发。值得一提的是，它可以帮助教师在管理学生的学业中迈出很大一步。

Evertson, C. M., & Poole, I. R. (2004). *Fostering student accountability for classroom work*. Nashville, TN: Vanderbilt University, Peabody College, IRIS Center (iris.peabody. vanderbilt.edu). Click on "Resources," then "Behavior and Classroom Management" (left column), and then "Case Studies" (middle column) to link to this case study set.

本网址为常规课堂教学提供了丰富的活动和案例，也为常规课堂中有特殊需要的学生提供帮助。

Kuhn, D. (2007, June). How to produce a high-achieving child. *Phi Delta Kappan*, *88*(10), 757-763.

在这篇简短的文章中，作者对于学校应该是什么样的，学校应该为学生有意义的学习经历做点什么进行了深入的探讨。作者着重介绍了一些重要的研究，例如，Carol Dweck 的研究项目。此外，围绕教学问题，作者提出了一系列建议，这些建议不仅有助于激励学生了解学习的主旨是什么，更重要的是了解为什么和如何做。

Leahy, S., Lyon, C., Thompson, M., & Wiliam, D. (2005, November). Classroom assessment: Minute by minute, day by day. *Educational Leadership*, *63*(3), 19-24.

这篇文章指出了如何对学生的学习进行评价，并强调了形成性评估的重要性，提出了使用评价以促进学生学习的五项策略。

Mergendoller, J. R., Markham, T., Revitz, J., & Larmer, J. (2006). Pervasive management of project-based learning. In C. Evertson & C. Weinstein (Eds.), *Handbook of research on classroom management: Research, practice, and contemporary issues* (pp. 583-615). Mahwah, NJ：Erlbaum.

这一章讲述了以项目为基础的学习管理研究，其中包括促进学生自我管理、在长期项目中与同伴协作等。作者强调，尽管在诸多项目管理活动中，学生扮演着重要的角色，但是教师的主导作用仍不容忽视。只有这样，才能确保学生理解并承担他们的责任。

Shores, E., & Grace, K. (2005). *The portfolio book: A step-by-step guide for teachers*. Upper Saddle River, NJ: Pearson Prentice Hall.

这本书详细介绍了档案袋评价技术，描述了它的几大具体特征，包括档案袋评价的开展、在实践中的应用、表格的使用、家庭参与以及教师反思等。

rubistra.4teachers.org/index.php

这个网站包括针对各种不同主题的现成的红色模板、不同类别的家庭作业和不同的年级标准。使用这个网站是免费的，并且不需要进行注册，除非你想将网站中的模板下载并保存到自己的计算机中。

www.apa.org/education/kl2/classroom-data.aspx

这个网站分享了一种教学范式，即利用数据对学生做出系统的反馈，以此来提高学习效率。另外，本网站还提供了为了提高学习成绩，在管理学生工作中应该做的和不应该做的。

www.lburkhart.com

这个网站提供了许多技术整合的技巧，可以用在小学、中学以及有特殊需要的班级中。

本章活动

（1）制定一套学生作业的管理程序，可以帮助你创造一个公平的、有记录的学生评价方法，并为学生提供及时的反馈，这些程序也有利于培养学生的组织能力及责任意识。请思考你的教育理念会如何影响你制定的问责体系？

（2）请回顾本章开头介绍的保罗老师的案例。和同伴一起讨论你们的对策，以防出现案例中学生遇到的那些问题。

（3）案例 4.1 至 4.3 介绍了一些问责程序，鼓励学生承担责任。请将可以运用到你班级中的程序列成一个清单。

（4）案例 4.4 介绍了具体的问责程序实施不到位时会出现的一些问题。运用本章及前几章的相关知识，分析安布罗斯老师遇到的问题。安布罗斯老师可以采取哪些措施来改善他的班级状况？将你的想法与附录部分的参考答案进行比对。

（5）在建立问责体系时，请运用本章末的检查表来帮助你制订计划。你还能想出其他可能用到的问责程序吗？

（6）登录网址 www.atozteacherstuff.com/Tips，点击“作业管理”。你能找到哪些建议来防止学生谎称自己已经交了作业这种情况的出现？

（7）采访一名小学在职教师，问他 / 她一些有关他 / 她如何管理学生作业的问题。罗列出五个该老师所使用的并且你能运用到自己课堂中的程序，并说说你认为这些程序有用的理由。

案例研究

案例4.1 学生作业的管理

为了帮助学生检查家庭作业以及鼓励学生互相帮忙，阿尔瓦雷斯老师四年级班上的学生四人一组合作进行学习，并一起探讨家庭作业中的问题。阿尔瓦雷斯老师教授学生如何轮流朗读作业问题、回答问题以及互相鼓励和帮助。每个小组成员轮流大声朗读作业问题，然后再给出自己的答案。小组成员轮流组织问题讨论，直到所有的问题都得到解答。阿尔瓦雷斯老师会不时地组织一些活动与交谈，来加强她一直努力争取实现的班级合作氛围，以及回顾“小组检查”的相关程序。

学生在检查家庭作业时要遵循“小组检查”的流程。当一名小组成员宣读自己的答案时，其他小组成员可以“竖起大拇指”，表示他们有相同的答案。如果有人答案不一样，学生可以轻声说“不同意”，然后每个小组成员一起讨论这个问题，并重新做一遍看看错误在哪里。这个过程一直持续到每个组员对作业问题达成一致意见为止。

在解答一道涉及求圆面积的问题时，杰克所画的圆与小组其他成员画的圆的大小不一样。当小组成员安妮塔给出她的解决办法时，杰克说：“我想我不同意。”于是，杰克和他的小组成员一起讨论圆的面积以及如何按比例进行绘图。他们借助圆规并参考题目中给定的圆的半径重新画了一个圆，结果证明，杰克的答案是正确的，他所画的圆的比例是正确的。杰克和他的小组成员将对他们来说有难度的问题在作业纸上做上标记。当阿尔瓦雷斯老师把全班组织在一起后，她让全班学生一起讨论那些小组成员很难达成一致意见的问题及其他仍存在的问题。

阿尔瓦雷斯老师通过“小组检查”得到的信息，来了解班上大多数学生都无法解决的问题，然后再组织一些额外的班级辅导来解答这些问题。让小组成员先一起互相检查作业，使得阿尔瓦雷斯老师可以自由地在教室里巡视，给需要指导的小组提供帮助，这一程序也使得她无须站在教室前念答案。

在上午活动的最后环节，每个小组会指派一名学生负责收集本小组成员的作业，并将其放到小组成员的档案袋中，再将档案袋统一放到附近的书架上，这样便于每周召开学生会议时使用。如果有学生需要额外的辅导和帮助，阿尔瓦雷斯老师会进行个别或小组辅导。

案例 4.2 让学生积极地参与中心活动

埃弗里老师在展示板上布置了一块区域，用来张贴活动中心的日程安排。今天的日程安排包含以下活动：

	阅读小组	研究小组	数学小组	科学小组
9:00—9:20	斑点猫头鹰	大猩猩	熊猫	黑豹
9:25—9:45	黑豹	斑点猫头鹰	大猩猩	熊猫
9:50—10:10	熊猫	黑豹	斑点猫头鹰	大猩猩
10:15—10:35	大猩猩	熊猫	黑豹	斑点猫头鹰

中心活动通常分为四个活动站，其中一个活动站由教师引导。在中心活动开始时，埃弗里老师向学生介绍了活动的要求以及每个活动所需的材料。

埃弗里老师班上的阅读小组活动形式很灵活。有时候活动的主题围绕学生的兴趣来确定。有时候组织练习某一项技能，比如，学习主要思想、分析因果关系以及进行推断。目前，学生选择了四种濒危动物（斑点猫头鹰、黑豹、熊猫、大猩猩）进行深入研究，阅读小组要去研究每一种动物。除了阅读小组以外，其他一些小组学生也可以针对他们所选择的动物进行项目研究。

在今天的中心活动中，学生因为阅读活动要与埃弗里老师进行交流，此外，他们将利用网络以及老师和学生找到的资源继续他们的研究项目。在数学中心，学生需要在练习纸上完成乘除法练习，这一活动站会提供一些运算工具和其他的辅助教具。对于科学活动，学生需要观察在教室玻璃容器中的动物，并将观察结果记录到他们的科学日志中，最后要与他们研究的动物进行比较。

当埃弗里老师在与每个阅读小组进行互动时，她会坐在能够看到整个班级的位置。她会时不时地观察班上学生的情况，并在必要时提醒学生要专心，她会通过眼神暗示或者温柔地点下学生的名字来制止学生的不当行为。埃弗里老师不希望在她对阅读小组进行指导时被打断，于是她给每个小组安排了一名小助手。为了防止过于依赖小助手，埃弗里老师要求学生只有在活动遇到困难而无法进行下去的时候才可以寻求帮助；如果能跳过某些问题并继续进行，学生可以先继续下去，等待老师的帮助。

定时器一响，埃弗里老师就解散阅读小组，其他小组的学生也开始收拾他们的活动小站，并将自己的作文本、练习本、日记本放到相应的篮筐中，然后移动到下一个活动小站。在学生进行活动的过程中，埃弗里老师在教室里巡视检查学生的进展情况、解答学生遇到的问题并提供帮助。小组检查时间通常不超过 5 分钟，检查完之后就做好叫下一小组的准备。埃弗里老师将监督时间也纳入到了她的日程安排中。

案例 4.3　小学高年级阶段多媒体技术的使用

柯里老师教五年级的科学课，她最近在教班上的学生借助网络资源进行科学研究。之后学生将通过专门为学龄儿童设计的软件进行展示，软件能够容纳小视频和其他图片。在这一学年中，学生将要完成两个多媒体研究项目，但是柯里老师打算限制第一个项目的选择范围，让学生更容易展开研究并专注于知识内容的学习，这样做也便于柯里老师根据学生的能力水平来调节任务的难度。在柯里老师介绍第一个关于细胞的研究项目时，她给学生提供了两份文字材料描述要求：①主题的介绍及计算机展示应包含的幻灯片类型的清单；②项目要求的大纲、检查点的日历、任务的截止日期以及评分细则。

柯里老师首先向学生做了多媒体演示的示范，然后一步一步地回顾相关步骤。她强调了两点主要要求：幻灯片的外观和展示内容的来源。为了说明对外观的要求，她介绍了一些有关背景及主题颜色选择的例子，让学生知道怎样的颜色组合可以看清字体，怎样的组合会导致看不清字体。她对于外观要求的标准还包括字体大小和清晰度等细节。第二个要求主要是关于展示内容的来源（使用可靠的网站）及引用问题（网站、图片或者视频）。展示内容中至少有一张幻灯片上要有图片或视频而不只是文字。柯里老师将她的样本示例打印出来发给学生，并在公告板上张贴了一份，还在班级网站上制作了相关链接。她向学生公布了在机房学习的时间安排，并准备了一个签名表用来记录在课堂作业时间或自修课时间，教室里计算机的使用情况。

在第一个多媒体项目截止之前，柯里老师给学生准备了一张核对表，让他们在提交存储盘之前，检查一下是否达到了所有的任务要求。柯里老师用这个核对表来评价学生的作品并记录每个展示作品的等级，之后她会与每个学生讨论他们的展示情况。

案例 4.4　一个三年级班级糟糕的作业情况和学习习惯

安布罗斯老师所带的三年级班上的学生表现都很好，很少有破坏性的行为。大多数学生都能够遵守安布罗斯老师制定的程序，例如，在全班性的演讲、演示中要坐在自己的座位上，讨论过程中要举手，要有序地使用削铅笔的区域、卫生间以及教室的其他区域。在独立活动时间，学生会进行交流，但不会导致混乱，并在老师提出要求时停止交流。然而，最近学生在完成作业方面有所懈怠，很多学生迟交作业，他们抱怨说不知道作业的截止日期，一些学生干脆不交作业。为了让作业更明确，安布罗斯老师开始将每天的作业任务写到公告板上。由于一些作业的截止日期是第二天，所以，安布罗斯老师会将前一天的作业任务保留在公告板上，因此，学生可以知道这两天作业的准确截止日期。

今天，在一节时长 1 小时的独立作业及小组作业中，很多学生问安布罗斯老师作业任务是什么，尽管安布罗斯老师已将早上的作业任务写到了公告板上，还反复强调了哪里能找到作业，好几个学生仍然在非交作业时间上交了作业，安布罗斯老师向学生解释说："课堂中没完成的作业应该留到第二天继续去完成，即使你今天晚些时候完成了也不要提交，除非我要求你们今天交。如果你在独立作业时间就完成了家庭作业，可以把作业放到作业盒里。"听完安布罗斯老师的解释，学生对交作业的截止日期和如何完成作业仍然充满了疑惑。

在学生独立做作业的时间，安布罗斯老师经常会在他的讲桌上工作，但是他也允许学生在需要帮助的时候一个一个去找他。学生都认真地遵守这一程序，但是一些学业成绩较差的学生很少寻求安布罗斯老师的帮助。另外，一些座位远离安布罗斯老师的学生会私底下说悄悄话，做一些与作业无关的事情。

安布罗斯老师为学生准备了丰富多彩的活动。例如，在最近的1小时内，他给学生布置了一个作业，然后进行了一项小测验（学生被要求先自己保管好作业，直到小测验结束）。他还在展示板上列了一些课外作业，给提前完成常规作业的学生去做。在他分发试卷并做说明时，一些学生还在做作业。作业完成后，他们不得不跑去询问老师测验的要求，很多学生没有足够的时间完成测验。安布罗斯老师告诉学生要努力学习，尽自己最大的努力，否则他们的成绩会很不理想，但是这似乎只对班里学习最积极的学生有效。

请问安布罗斯老师可以采取哪些措施来改善班上的这种状况？

检查表：学生作业的管理

向学生说明后请打√	事项	备注
	介绍作业及任务要求	
□	A. 你会在哪里以及如何张贴作业？	________
□	B. 你的作业格式及整洁度的标准是什么？	________
□	C. 缺席的学生如何补作业？	________
□	D. 迟交或没有完成作业会有什么后果？	________
	作业进展和完成情况的监督	
□	A. 个人作业进展的监督程序是什么？	________
□	B. 小组作业进展的监督程序是什么？	________
□	C. 你如何确定学生是否完成作业？	________
□	D. 你将如何管理已完成的作业？	________
□	E. 学生会有档案袋吗？如果有，该如何选择放入档案袋中的作品？学生如何对这些作品进行反思？	________
□	F. 你会如何记录学生的作业情况？	________
□	G. 你会如何鼓励学生进行自我监督？	________

（续表）

向学生说明后请打√	事项	备注
	作业反馈	
□	A. 你们学校的评分政策和程序是什么？	________
□	B. 你会给予学生何种反馈？何时给予反馈？	________
□	C. 你会如何鼓励学生对他们的进展进行反思？	________
□	D. 当学生不做作业时，你会如何处理？	________
□	E. 你会遵守什么程序与家长分享学生的作品？	________
□	F. 你会如何处理有争议的成绩？	________

我的网络教育实验室

请登录网址 www.myeducationlab.com：

（1）进行小测试，检测你对本章内容的掌握情况。

（2）根据个人学习计划来学习本章内容。

（3）加深你对课堂管理策略相关概念及原则的理解。

（4）将本章学到的知识运用于你的教学工作中，以提高教学技能。

第五章

学期的良好开端

开学初是进行课堂管理的重要时期，因为在这个时期，学生需要习得正确的学习态度、行为规范以及学习习惯，这将会影响他们以后的学习。开学前几周，学生需要学习正确的行为规范以及如何成功地完成学习任务，他们还需要知道这些学习任务对他们的重要性以及追求成功的意义。而学生能够从你开学初对他们的态度以及期望中感受到这些信息。开学初认真制订计划，能够为以后的教学奠定良好的基础。

开学初的主要目标是加强学生的信念，让学生认识到学习的重要性，并帮助他们树立学习的信心。为了实现这一目标，你必须能够在两个关键的方面获得学生的配合，即遵守制定的规则和程序并成功地参与所有的学习活动。这一目标的实现将有助于你营造积极的学习氛围。

重视学生的行为规范并不意味着忽视学生的情感和态度。相反，对行为规范的重视是为了营造一个让学生感到安全和自信，并能预防问题发生的积极的课堂氛围。因此，本章中的一些建议直接关注学生的认知目标，而其他的一些建议则关注学生的需求及其他情感因素。

本章主要讨论开学第一周如何营造积极的课堂氛围、教授班级规则和教学程序以及组织课堂活动。此外，还讨论了与家长的沟通、特殊问题的处理以及为代课教师做准备等方面的问题。本章末的检查表将有助于你制订开学初的工作计划，另外两个关于开学初相关情况的案例研究也会为你做好开学初的工作提供诸多建议。

营造积极的课堂氛围

在学期开始之前制订一个良好的课堂管理计划很有必要，但其在创建班级共同体方面的有效性取决于能否促进积极的课堂氛围的形成。你的目标不是成为整个班级的管理者，而是成为一个积极互动的班级共同体的创建者和推动者。积极的课堂氛围的基础是师生之间、生生之间的积极互动。积极的课堂氛围能够让学生对他们的学校生活和学习感到愉悦。

在整个学年中，除去睡眠，学生有一半时间都是和教师一同度过的，由此可见，教师在学生的生活中会产生重要的影响。大量宝贵时间的付出，加上教师对学生的影响，创建一个积极、安全的课堂环境显得尤为重要。在这样的环境中，学生敢于接受挑战，能够进行自由探索，相互帮助并且构建属于自己的知识体系（具体内容见第八章）。

像所有的成年人一样，孩子也有强烈的归属意识，你可以从很多方面促进学生的这种归属意识（Erwin，2003；Pianta，2006）。

（1）讲话要礼貌而平和。教师在学生面前也应使用礼貌用语，如“请”“谢谢”“打扰一下”等。礼貌用语的使用会变成一种行为规范，学生在日常生活中会加以模仿。平静的声音代表着接纳和自我克制。如果学生感到受威胁或者很沮丧，老师平和的话语会让学生感到安心。

（2）分享信息。尽快记住每个学生的名字，并组织相关活动，帮助学生更多地了解彼此。向学生介绍你自己并分享你的一些业余爱好。另外，还可以与学生单独交流，从而加深对他们的了解。

（3）尽可能多地使用积极的表达方式。通常，消极的行为较积极的行为更易引起人的注意，因此，我们通常会更倾向于关注那些消极的行为。也许我们不得不关注消极的行为，因为我们相信给予关注会改善学生的行为。而事实恰好相反，消极的表达方式不仅让学生感到消极，而且还会给班上的所有学生带来负面影响。

（4）培养集体意识。可以定期召开班会，与学生一起商讨班级建设、班级事务的解决方案以及相关的学习问题等。第一次班级会议可以用来制定班级规则及相关的教学程序（具体内容见第三章）。

与学生个体之间建立良好的师生关系，被认为是促进学生学习成功的一个重要因素。让学生理解教师权威的概念，这对于创建一个健康的班级共同体也很重要。为了让学生感受到班级是安全的，需要让学生知道班上存在威信（Brophy，2004；Hoy & Weinstein，2006）。这种威信主要来自教师，但是如何使用这种力量将会对学习共同体产生重要的影响。

教授班级规则和教学程序

一个最可靠的向学生传达你对他们行为的期望和要求的方式是制定班级规则及教学程序的体系。如何有效地将该体系传达给学生是一个值得思考的问题。“传达”一词带有目的性，如果你只是简单地向学生陈述规则和程序，那么，你的期望和要求将不能被学生充分理解和接受。以下是教授规则和程序时需要注意的三个重要方面。

（1）描述并示范你所期望的行为。通过言语表达及动作展示，向学生传达所期望的行为，并要尽可能的具体。例如，不要只是简单地告诉学生你希望他们在你不在教室的时候也要遵守纪律，而要告诉学生什么叫作“良好的行为”，比如，坐在自己的座位上、不交谈、认真完成作业。另外，要尽可能地示范所期望的行为。例如，如果你允许学生在学习中心轻声交流或者进行课堂讨论，那么请具体地向他们示范如何轻声交流及进行课堂讨论。如果程序很复杂，请一步一步地加以示范。例如，排队时要求学生知道排队的时间（老师一般会以组或以排为单位解散学生）、排队的地点、排队的方式（将椅子摆放到桌子下方，然后悄悄地归队）以及队伍中的规范行为（不要用手触碰其他同学，在走廊上不许大声喧哗，不许乱跑）。你不需要示范所有的行为，可以让学生来演示正确的行为，通常学生都很乐意配合。

（2）练习所期望的行为。练习可以起到两个作用：帮助学生学习恰当的行为，便于你了解学生是否能够掌握并正确地遵守这些程序。复杂的程序可能需要进行多次练习。对于低年级的学生来说，练习尤其有帮助；而当程序很复杂或者学生不熟悉时，高年级的学生也能从练习中有所收获。

（3）给予反馈。在第一次要求学生遵循某个程序时，一定要告诉学生他们的行为是否正确。如果某些行为需要改善，请将需要改善的地方告诉学生。反馈一定要具体，例如，“谢谢大家能够快速地收拾好自己的物品，现在请停止活动中的讨论”。如果很多学生都无法正确地遵守某个程序，请重复以上步骤。如果只是少数学生无法遵守，可以让这些学生描述一下正确的行为，这样便能够了解他们是否掌握了你的要求。最后，请记住一点，学生能够正确地遵守程序并不意味着他们会自始至终地做出这样的行为。所以，你要认真地加以监督，并及时给予适当的提醒和反馈。

下面的案例说明了如何教授程序，它向我们展示了如何将一个复杂的活动转换程序教给二年级的学生。

史蒂文斯老师向班上的学生解释，她希望他们能够快速、安静地从一个活动转换到下一个活动，这样大家才能够完成所有计划好的活动。她向学生展示了定时器，并告诉学生当听到铃声时，每个人都应尽快收拾好手中正在使用的物品并进入下一个活动。史蒂文斯老师说道：“阅读活动结束后，我会摇响铃铛，所有人要尽快将阅读材料放到自己的课桌里，然后离开座位来到小地毯上，准备上西班牙语课。大家有问题吗？”一名学生提问在西班牙语课上是否也会摇响铃铛，史蒂文斯老师给予了肯定的答复。

接着，史蒂文斯老师让学生进行练习。“现在大家桌上都有用于故事写作的纸和笔，稍晚一点我会给大家时间来完成故事的写作。现在，我摇响铃铛，请大家将桌上的材料放到课桌中，然后快速、安静地来到小地毯上。”话音刚落，史蒂文斯老师便摇响铃铛，学生立即开始收拾物品并来到地毯上。但是，有一部分学生却在排队喝水，还有一名学生去了卫生间。当所有学生都来到地毯上，围着史蒂文斯老师坐成一圈后，史蒂文斯老师指着墙上的时钟对学生说道：“大家从收拾物品到坐到地毯上共花了 3 分钟。你们现在都是二年级的学生了，我认为你们可以更加快速地完成这项任务，我希望大家能够在 1 分钟内快速收拾好物品并围坐在地毯上。另外，现在不是喝水或者上卫生间的时间，除非情况特别紧急。大家都明白了吗？”学生很郑重地点了点头。

史蒂文斯老师让学生重新坐回座位上，从课桌中拿出作业纸和笔，准备再次练习。学生快速地回到座位上拿出物品。史蒂文斯老师再次摇响铃铛，学生按照之前的流程快速收拾起来，这一次大家的动作更迅速。当每个学生都安顿下来后，史蒂文斯老师微笑着表扬学生："大家这次表现得很棒，只花了 1 分钟，所有人都坐到了地毯上，我为你们感到骄傲。"

【思考】与搭档一起讨论以下几个问题：

（1）该程序的步骤有哪些？

（2）史蒂文斯老师是如何教授该程序的？

（3）在学生进行练习时，史蒂文斯老师给予了哪些反馈？

（4）史蒂文斯老师在接下来的活动转换中可能需要做什么？

教师权威

教师权威是指教师有权利为学生的行为和表现制定标准，并且学生也可能会去遵从教师的指导。当学生遵守你的行为要求时，他们是在赋予你领导他们的权利；当学生有意做出你所反对的行为时，他们是在挑战教师权威。

教师权威来源于多个方面（Pace，2003；Spady & Mitchell，1979）。在传统的教师权威下，学生的行为举止要符合教师的期望，因为教师是学生行为的掌控者，正如孩子必须要听从父母的要求一样。完全依赖于这种权威的教师会发现，在应对高年级学生时会遇到权威受到挑战的问题。官僚型权威体现在教师有权利通过打分的方式，来奖励学生的努力及优秀表现，以及利用规定好的行为后果来处理学生的不当行为。专家型或专业型权威是基于教师的知识和技能：学生会接受老师所传授的知识，是因为教师在这个学科领域的专业特长。最后一类是魅力型权威，具有魅力型权威的教师善于表达，外向活泼，他们能够积极地与学生互动、交流。学生听从这类教师的教导是因为他们喜欢并被其人格魅力所吸引。Pace（2003）发现教师会从多个方面去树立自己的权威，而不仅仅局限于某个方面。例如，魅力型教师在对待无法对他/她的人际风格做出积极回应的学生时，可能会借助官僚型权威或传统权威。

提到教师权威，可能会让一些人感到不舒服，因为这个术语意味着“独裁、专制”，并给人一种压制、独裁统治的印象。然而，如上所述，教师权威有多种形式。另外，权威也是社会用于组织社会群体及工作群体进行活动的重要依据。同样，学校也依赖于学生对教师权威的尊重，从而创建一个安全的环境来促进教与学的发展。

从权威的另一个角度来看，可以对专制型教师和权威型教师进行区分。专制型教师制定规则时无理无据，他们试图通过威胁、惩罚来控制学生，并武断地决定学生的行为后果。与此相反，权威型教师会对他所采取的措施和决定做出合理的解释，当学生能够独立解决问题并愿意为自己的行为负责时，会给予他们更多的自主权，对于学生的行为后果则会公平、合理地加以处理。不论是何种类型的教师权威或者是不同类型的权威组合，教师的专制行为都会引发学生的挑战与反抗，而权威型教师会促进学生的合作。

留意学生会如何应对你的教师权威，并在适当的时候想办法调整处理问题的方式是一个很有效的做法。没有任何一种方法适用于所有情况，因此，在选择采用哪类教师权威时要灵活多变，并及时接受反馈。

为良好的开端做准备

为学生创建一个温暖、友好的学习环境是新学期开始的第一步。在开学初，你就要考虑有关班级规则和教学程序的管理策略，以及学生作业的问责体系（这部分内容在第三章、第四章已有介绍）。现在你要做的是为开学前几天设计好要进行的活动。

开学计划

计划一些能够使所有学生获得成功的活动，可以让学生感到更安全、自信，也利于鼓励学生为此付出努力。开学初的活动要便于组织，只需简单的要求即可。这样，学生才能够快速地掌握课堂流程，在完成任务中也会较少遇到挫折。

开学前几天的课堂教学要集中在能向全班学生展示和讲解这类内容上，不要一开学就去尝试小组教学，如果可以，一定要避免单独的测验、活动或任务，因为这需要长时间地对个别学生进行指导，妨碍监督整个班级。因为当你进行小组教学或者个别指导时，很可能注意不到那些会演化成问题的行为或事件。不要和学生在开学初疲于应付那些不必要的复杂活动，因为学生在开学初已经学了足够多的新的教学程序。

在计划活动时，要考虑学生对新班级的了解和需求。你可以组织一些活动来改变教学节奏，以保持学生的兴趣及热情，比如，可以带领学生做运动、唱歌、短暂地休息等。另外，你还可以向学生透露一些本学期将要学习的有趣的内容，从而激发学生对该门课程及相关活动的兴趣。

有一点值得注意，开学第一天并不是所有的学生都会来报到。很多时候，开学的前几周会存在学生插班或者退学的情况。为了便于记录，请准备一个临时的班级花名册及报到表，待班级成员确定后再将这些学生信息正式进行登记。

开学初的一些常规活动

开学第一天及之后几天的一些活动没必要在这里一一列出，因为这些活动在你以后的教学中也不常用到。阅读本章末的两个案例，反思案例中的两位老师是如何处理开学初的琐碎工作的。

1. 迎接学生

提前准备好学生的胸牌，并为不在班级名单上的学生额外准备一些相关材料。请考虑如何去固定胸牌。如果你打算使用别针来固定胸牌，一定要确保学生会使用，或者你帮他们固定。可以在胸牌上贴上胶带，或者用绳子将胸牌像项链一样穿起来。除了胸牌之外，你还可以在每个学生的座位上贴上他们的名卡。

当学生走进教室时，要热情地与学生打招呼，帮每个学生找到他们自己的胸牌，并安排就座。当然，如果你已将学生的名卡贴到了桌子上，那么座位也就固定了。有时候，花名册上的学生名单是不确定的，所以你可以让学生选择适合自己的座位。另外，要告诉学生之后座位会有所变动。

开学后要尽快制作一个座位表或者在座位上贴上标签，之后再根据实际需要做相应调整。有些老师会采用坐标方格的方式，待班级人数固定及座位确定后将学生的名字用铅笔写到方格中。另一种方法是将学生的名字写在便利贴上，然后将便利贴贴到A4纸大小的硬纸板上，再将硬纸板放到一个塑料套里。该方法便于你根据需要移动、增加或减少便利贴的数量。另外一个优势在于，方便你重新安排座位，而且便利贴可以以任意方式排列。你还可以给每个学生的便笺进行颜色编码，以便代课教师了解学生的特殊需要、过敏情况及班级职务等信息。

不要让学生在教室里游荡或者大声喧哗。学生进入教室后，可以给他们准备一些简单的拼图，以及与公告栏主题有关的图画纸，也可以是写有开放性问题的作业纸等（比如，“我正在想……”“我对……有疑问”“我想知道……在学校里是什么样子的”），确保学生在座位上有事可做。当大多数学生都到教室后，接下来你便可以开始进行自我介绍。值得注意的一点是，在当天快要放学的时候，要让学生谈谈他们是如何完成拼图的，以及在作业纸上都写了些什么。

2. 自我介绍

你需要向学生介绍你自己，但是没必要长篇大论地进行赘述，只需介绍一些基本的个人信息及兴趣、爱好即可。你介绍完后，接着应让学生介绍自己，最重要的是要介绍清楚他们自己的名字。一些老师还会让学生做些更具体的介绍（比如，最喜欢的颜色、家庭成员等）。另外，自我介绍时间不宜过长，因为在之后的相处过程中，大家还有很多的机会互相了解，并且你也不希望让学生感到烦躁不安。

3. 介绍教室

可以通过向学生描述教室中的不同区域，来帮助学生了解自己的教室，要重点介绍开学第一天会使用到的区域（如用于存放衣服、午餐盒或者其他从家中所带的物品的区域）。尤其是对于刚升入一年级的学生来说，可以考虑带领他们参观一下学校，如图书馆、学生餐厅等。

4. 相互熟悉活动

教师通常会将相互熟悉活动纳入第一天的活动计划中，这类活动能让学生感受到班上老师和同学对自己的了解及关注。老师一般会将这类活动的目标描述为帮助学生获得更多的安全感，并与班级其他同学建立融洽的关系。此外，这类活动还可以用来增强班级凝聚力。以下的这些相互熟悉活动可以在介绍完教室或者讨论完规则和程序后进行，以减缓节奏。

- 将学生分成两人一组，互相介绍自己的名字及个人信息（如兴趣、爱好等），然后再让学生介绍自己的同伴。
- 设计一个名字游戏，帮助学生记住班上同学的名字，并增加介绍的趣味性。例如，让学生在自己的名字前面加一个形容词来修饰自己，形容词的首字母必须是名字的首字母（如 Happy Holly，Curious Carl 等），或者让学生在自己的名字前面加上一个自己喜欢的游戏的名称（如 Nintendo Nick）。还可以在学生进行自我介绍时，让他们说出在自己之前进行自我介绍的学生的名字（或者之前介绍的五个学生的名字）以及这些学生对自己的描述。
- 复印一些学校吉祥物的素描画。让学生在自己的画上签上名字并写上个人信息（如兄弟姐妹的名字、喜欢的宠物、个人喜好、最喜欢的活动或食物等）。然后再将学生的这些画贴到展板上，供学生互相了解。
- 让学生完成一份简单的问卷调查，问卷内容可以涉及学生的兴趣爱好、最喜欢的科目等信息。高年级的学生可以回答一些能够反映他们兴趣爱好的开放性问题（如“我今天感到______”“我最擅长的事情是_____”）。

下面介绍的这些活动可以在开学第一天组织，也可以等学生彼此之间了解之后，或者在你做了充分的准备之后再进行。

- 猜名字游戏。例如，将名字中的一些字母省去，然后让学生填空；或者将名字和姓氏排成单独的两栏，并打乱顺序，然后让学生连线；学生也可以从事先安排好的“寻找和发现”谜题中找出名字。
- 在学生放学之前腾出一点时间，回顾当天的活动并与学生讨论他们的收获、遇到的问题、最喜欢的活动等，并简单介绍接下来将要学习的主题和要进行的活动。最后，还要记得表扬表现好的作品及行为，并保持积极的语气，以强化你的期望和要求。
- 请高年级的学生（你需要事先计划好）给低年级的学生写信，告诉他们未来会发生什么、去年发生了哪些有趣的事情、对学习的建议以及他们去年学到了什么。将这些信与你的学生分享。
- 让学生带一个纸袋，在里面放3～5个能够代表个人特点的物品，如书、照片、玩具等。在开学后的第二天或第三天，让学生借助这些物品介绍自己。如果有必要，可以将活动分成两部分进行，便于学生集中注意力。
- 以寻宝游戏的形式编制一份问卷。例如，“说出班上有三个兄弟并喜欢踢足球的同学的名字”。让学生以小组合作的方式，看看能够找出几个符合描述特征的同学。
- 让学生带一个能代表他/她个人特点的物品或物品的图片，然后向全班同学解释该物品所代表的含义，再将该物品或图片贴到公告板上，做成大拼图用来介绍学生的兴趣和经历。

5. 规则、程序、行为后果的介绍与讨论

自我介绍之后，通常在介绍完教室之后，就要向学生介绍主要的班级规则及教学程序，学校规则也应被纳入到你的班级规则介绍中。介绍规则的同时，还要将相应的行为后果向学生一一做介绍。另外，在开学后的第二天或第三天，要带领全班学生将规则复习一下，以强调规则的重要性并帮助学生记住这些规则。一些老师会通过测试的方式，了解学生对规则的认识及掌握情况。此外，将规则张贴出来是一种用以提醒学生的常见方式；你还可以让学生将规则和程序的副本带回家让父母签名。与学生一起讨论制定规则的具体内容请参见第三章。

关于程序的介绍，要注意一点：先介绍重要的程序，不要一次性将所有程序都介绍完。例如，在第一次的讨论中，你可以先介绍一些常规的活动程序，比如，如何使用卫生间、如何使用卷笔刀、如何在教室里走动、如何寻求帮助、如何提问、如何交谈等。之后再根据活动的需要，教授其他的程序，比如，活动转换程序（如放学、午餐时间或休息前后进出教室等）以及学生餐厅或教室之外区域的活动流程等。关于开始上课的程序（见第三章）可能要到第二天才会使用得到，所以你可以等使用的时候再进行介绍。

"回到学校最难的事是学习如何轻声交谈。"

一些特殊设备，比如，计算机的使用程序，可以等你准备使用的时候再向学生介绍，小组活动的流程也应等到组织小组活动时再进行介绍。这样做的目的是让学生掌握相关的活动规则及程序，从而能够成功地参与开学初的活动，并帮助学生在新的班级环境中找到自信。要想让学生掌握这些流程，可以在开学初组织几节微课堂教学，让学生进行练习并给予反馈。

开学后的第二天，要带领学生将相关规则及主要程序回顾一遍，这样做有利于强化你所期望的行为，并帮助学生回忆可能遗忘的规则和程序。开学初在纠正学生的行为时，要提醒学生他们的哪些行为破坏了规则。尤其是在低年级阶段，你需要在开学的前几周仔细观察学生，确保他们都能够正确地遵守规则，并给予提示、反馈，帮助学生掌握这些规则。

在介绍班级规则和教学程序时，要使用积极的语气，向学生说明制定这些规则的意义，如“制定这些规则是为了给大家营造一个舒适的学习环境。大家都知道，只有当彼此之间互相尊重时，我们的班级才会更融洽”，或者“在别人发言的时候不去打断别人，这样我们才是一个好的倾听者”。如果某些程序或规则遵守起来很困难，那么，在与学生讨论时应重点说明，比如，“我知道当我们在进行有趣的讨论时，做到举手发言很不容易，但是举手发言能够保证每个同学都有参与的机会”，或者“让大家做到不马上使用这些设备很难，但是请大家必须要耐心等待指导，这样才不会有人受伤”。向学生解释清楚规则可以帮助学生更好地理解和接受规则，而不致被学生认为这是老师武断的决定。

6. 内容教学活动

开学初的内容教学应选择一些简单的活动。所布置的作业也要允许学生以不同的速度完成，另外，要为提前完成作业的学生准备一些额外的活动。你可以参考教师手册与课程指南，也可以咨询有经验的教师，以获取适合你所教年级及科目的内容教学活动方面的建议。

7. 有效填补空白时间

通常，你需要去填补两个活动之间的空白时间或者活动转换前后的时间。例如，学生可能会超过你的预期，提前完成了作业任务，但是又没有足够的时间在进行日程表中的下一个活动之前去完成另一个任务。另外，学生紧张地上完一节课后，可能也需要时间进行短暂休息。组织一些建设性的活动来填补这些空白时间，这样做比拓展已完成的任务或者让学生自我消遣更有意义。比如，可以给学生读本有趣的书或者组织些简单的班级游戏（如数到七站起来、宾果游戏、棒球数字、拼字比赛）；还可以让学生玩拼图、猜谜语或者编好故事的开头让学生写作。你还可以带领学生进行小组锻炼、唱歌、听同学讲故事，或者让学生将写作灵感写到公告板上。此外，还可以组织“主题分享”活动，学生就自己熟悉的主题畅所欲言（如喜欢的宠物、个人的兴趣及爱好等）。关于这类活动的组织，你可以多向其他老师咨询并收集、整理，最好能够做成一个文件夹，这样在你需要的时候便能够信手拈来。

8. 行政工作

如果需要使用课本，那么，开学初你还需要负责课本的发放。你可以选择在开学第一天先发一两本，其他的书之后再分发。有些老师在刚开学的前一两天，尤其是在班级人数还没确定的情况下暂不发放书本，而是给学生分发一些讲义。如果需要发书，则要记录每个学生所需书本的数量，最好使用一个标准的记录格式。除此之外，你还需要了解学校在这方面的相关政策与规定。例如，有些学校会要求分发给学生的书本要用封皮包装起来。如果你们学校也有这样的规定，那么，你就需要为学生准备一些封皮，还要教学生如何包书皮。在低年级阶段，包书皮工作最好由你来完成，或者可以寻求家长或教师助手的帮助；即使是在高年级阶段，一些学生也可能已经忘记了如何包书皮。鉴于上述原因，可以考虑全班性地教授学生如何包书皮，并将该活动纳入开学初的日程安排中。

请思考是否有什么材料需要让学生在开学第一天或者第一周内带回家（这些材料一般包括早、午餐活动的相关信息、学校的出勤规定、学生的到校时间和放学时间等），将这些材料进行备份，为晚报到的学生预留一份。

与父母和监护人沟通交流

到目前为止，我们一直在关注如何做好开学初的准备工作，以及如何与学生之间建立良好的师生关系。然而，另一个重要的方面是要与家长之间建立良好的关系，从而让家长参与到孩子的学校教育中。

家长参与是促进孩子学业成长和社会化发展的一个积极因素（cf. Jeynes，2005；Walker & Hoover-Dempsey，2008）。当前研究表明，家长的参与可以通过对孩子的信念和行为的影响发挥重要作用，促使他们获得成功（Hattie，2009；Walker & Hoover-Dempsey，2006）。当父母以一种积极、有效的方式参与到孩子的学校教育中时，他们的行为可以让孩子感受到教育的重要性，并有利于家庭文化和学校文化的融合。

1. 建立正式和非正式的沟通

开学初要做的几件重要的事情之一是要与家长建立正式的沟通，比如，发一封致家长信，信中可以介绍学校手册中没有涉及的关于班级的基本信息。开学初的这种联系为以后的沟通交流打开了一扇门。有时候，同一个年级的老师可以合作完成致家长信。或者，你也可以自己写一封，并在开学第一天放学的时候让学生带回家。致家长信中要包含以下几点内容：

- 一个简短的自我介绍。
- 学生所需要的学习材料及物品。
- 学校规定、荣誉及成就的介绍。
- 可以会面的时间及联系方式。
- 这一学年的课程内容及活动安排。
- 需要家长参与配合的活动（比如，开学前给孩子介绍一下学校里的注意事项、开放日、特殊活动、家长会等）。
- 家庭作业的相关信息，包括提交日期、作业纸要求、签名要求，以及检查你每天或每周在语音信箱或邮箱中预留的作业信息等。
- 邀请家长成为班级活动志愿者。
- 学校、班级、学生的通信录。
- 学校早、午餐的介绍（如果学校手册中没有这方面信息的介绍，可以将此写入致家长信中）。

根据学校学生的数量及生源情况，你可能需要想办法减少可能存在的语言障碍，比如，将致家长信中的语言翻译成主流语言。另外，你还可以在致家长信后面附上一份介绍班级规则和主要教学程序（尤其是与作业有关的程序）的手册以及一份调查问卷，以便向家长了解更多关于学生的信息，及家长对新学期的期望与要求。通过这种方式，可以从家长那里获取你可能需要知道的特殊问题。

拟写致家长信时言辞要随和友好，但更为重要的是，要简洁清晰，语法正确，没有拼写错误。开学初繁忙的工作任务很容易让你忙得喘不过气来，从而使得致家长信的书写只能草草了事。但是，你又想给家长留下好的印象及教师的专业形象，而留下好的第一印象只有一次机会，所以，你可以事先让别人帮你将致家长信校对一下，以确保信中的内容清晰正确、简单易读。你还可以考虑准备两份致家长信，一份留给家长保管，一份让家长签字后再提交给你，这样便能确保家长收到了信件（如何书写致家长信请参考本章末的《致家长信的范文》）。

开学初的致家长信是第一次与家长之间的重要接触，这只是你与家长正式交流的第一步。家校沟通最终的目标是在家庭与学校之间建立一种对话关系，促进更多的互动交流。在与家长沟通交流时你可以采取以下一些措施。

- 邀请家长参观班级。
- 邀请家长参加学校重大项目或活动的会议座谈。
- 电话交流。
- 通过书信或电子邮件交换意见。
- 计划并安排非正式的家访。

信息技术的应用使得教师与家长的沟通交流增添了额外的顾虑。学生的个人隐私及关于私密的记录，要求教师必须规范自身及学生对信息技术的应用。例如，在将学生的作品、姓名、照片等信息发布到网上之前，要书面征求家长的同意。另外，了解当地学区关于电子邮件的使用政策，对于与家长的沟通交流也很有帮助。在线的书面交流会有不同的解读，所以请考虑一下如何组织语言、设计排版才会显得有礼貌、更专业。请记住，所有公布到网上的信息（即使是你为自己写的教学日志也不例外）都是可以传看的。

此外，作为教师，你要明白可能有些家庭并没有计算机。并不是所有的家庭都能够访问电子邮件或者接受文本更新，因此仍然有必要通过其他方式与家长保持联系（比如，书面通知、打电话等），不能因为学生家里没有计算机而疏远了他们（Seiter，2005）。想要了解与家长沟通交流方面的其他建议，请浏览网页 content.scholastic.com/ browse/article.jsp?id=4143。

2. **有效沟通的障碍**

尽管你努力与家长之间建立积极的关系，但仍然会受到来自现实层面、心理层面以及文化差异层面的障碍。现实层面的问题主要包括家庭经济贫困、父母的工作日程安排、孩子的看护、上学的交通不便、语言障碍以及教育背景的差异等，这些问题会导致家庭与学校之间的沟通不畅，或者使得有些家庭没有能力与教师保持联系（Finders & Lewis，1994）。

心理层面的障碍可能来自父母不愉快的学校经历，比如，学业成绩不佳或者曾经在学校里遭受过虐待，抑或是因为心理或身体原因而有过一段难挨的求学时光。如果这些因素叠加起来，家长便会对学校权威感到畏惧，从而不愿参与到与学校的沟通交流中（cf. Gavin & Greenfield，1998；Hoover-Dempsey et al.，2005）。学校及家庭在学校价值与学校实践方面存在的误解，以及对学校生活的不同期望，会成为家长参与的文化障碍（cf. Delgado-Gaitan，2004；Drummond & Stipek，2004）。以上这些因素要求教师重视家长的参与对学生学习及行为产生的多重影响，并制定相关规则去鼓励学生认真学习，促进家长的积极参与。

Walker 和 Hoover-Dempsey（2008）基于研究结果提出了一些促进家校合作方面的建议。其中一些建议要求学校从行政层面到班级层面皆要付出努力，另外一些建议是从教师层面提出了如何促进家校合作。

- 创办一些活动，充分尊重并挖掘各个家庭的优势，从而改善学校氛围。
- 在现有的家校合作的基础上，开发多种方式促进家长参与。
- 合理安排课后活动，以促进家校沟通。
- 组织以学生为中心的活动，吸引家长积极参与（如音乐会、运动会、学生项目等），并邀请家长作为活动的志愿者。

以上这些建议在相关的教育文献及著作中都有介绍，具体可参考“拓展阅读”部分所列的相关文献。

特殊问题

开学初就能预料到所有可能发生的问题几乎是不可能的，但是可以大体判断出哪些问题会经常发生、哪些会偶尔发生、哪些是鲜有发生。如果你对经常发生的问题早已做好了准备，那么面对偶尔发生或很少发生的问题，也不会感到手足无措，当出现问题时，你就能够做出合理的反应。

（1）被办公室老师、家长、监护人或其他人打断教学（经常发生）。如果事情可以安排到课后去处理，那么请不要浪费课堂中的教学时间。如果情况紧急，你可以先暂停授课，就在教室中将事情处理好。你可以将来访者请到教室里，当着学生的面进行交谈。如果一时半会儿解决不了问题，或者你必须离开教室，那么一定要在你继续解决该问题之前，给学生布置些任务（比如，让学生先自学、安静阅读、趴在课桌上休息等），或者让来访者等你下课。为了应对一些无法预料且需耗费时间处理的中断或干扰，请提前计划好一至两个活动，并准备好活动所需的材料。另外要记住，即使你已离开教室并且对学生给予了适当的监督，在这种情况下，你仍然对你的班级负有责任。

“如果他们能够乖乖地坐着上课，我一定可以将他们培养成会思考、有贡献的公民。”

（2）开学第一天晚报到的学生（经常发生）。像迎接其他学生一样，你也要热情地迎接晚报到的学生。告诉他们你会尽快跟他们说明错过的一些信息，但是他们需要先坐在座位上耐心等待。然后给这些学生安排座位，并让他们参与到当前的活动中。当全班学生都在完成个人作业时，你可以向晚到的学生介绍他们错过的信息。

（3）开学后被分配到你班上的学生（经常发生）。你可以尝试在这些学生入学之前与他们见个面，向他们介绍一下学校及班级的相关规则和程序，并处理必要的手续。如果你已经给班上的学生分发了教材，那么也要确保为这些学生准备好教材。但如果无法提前与这些学生见面，你可以趁班上其他学生都在学习的时间与他们交流。另外，要热情友好地对待这些学生，对他们加入你的班级表示真诚的欢迎，而不是嫌麻烦。你还可以任命几个负责任的学生，与这些新生进行交流，帮助他们熟悉班级环境以及学校的相关规则和程序。教师助手能够提供何种帮助，依他们的年级水平而定。一定要做好这些新生的指导工作，帮助他们尽快适应班级环境并养成良好的行为习惯。

（4）忘带午餐费或学习用品（经常发生）。作为教师，你要熟悉学校关于这方面的政策和规定。学校董事会或者学生保障部门可能会为没有午餐费用的学生提供应急资金，有些学校会在紧急情况下给学生提供免费午餐。此外，让学生随身备一些可支配几顿午餐的零钱是个好主意。同样，你也要为忘带学习用品的学生，准备当天学习所需的学习用品。如果一名学生总是忘带学习用品，你就要跟家长进行确认，并让家长为孩子准备好所需的学习用品。如果有些家庭支付不起购买学习用品的费用，那么你需要去看看学校或者家校组织是否可以出资帮助这些学生。

（5）开学第一周大量的文书工作（经常发生）。要尽量在上课时间少做些文书工作，尽管做到这一点也许很困难。你可以尝试将这些文书工作安排在上课前或放学后，或者在你的业余时间去完成。从长远来看，这样做使得事情处理起来不会很急促。如果在上课时间必须要处理一些文书工作，请在学生进行活动的时间快速完成。另外，在你埋头处理文书工作时，要监督班上的学生，不要长时间地忽视学生。此外，你还可以准备一个检查清单（电子表格比较好)，用来记录需要完成的文书工作，以及学生在开学初需要上交的费用。只要扫一眼检查清单，你便可以知道每个学生的费用提交情况。

（6）忘记公交车号或错过公交车（偶尔发生）。作为教师，你要了解学校的放学流程及放学时间。为了避免出现学生忘记公交车号或错过公交车等问题，你要事先与班上学生练习一下乘公交车的流程。还可以考虑为低年级的学生准备些贴画或标签，上面标注该学生回家的方式（如坐汽车、乘公交车、走路），通过这种方式，你或者学校里的其他老师或工作人员便可以快速地帮助这些有困难的学生。另外，确保不要让学生一个人等车，并告诉他们家长很快就到，从而让学生安心。你最好随身备份公交车号、家长联系方式及急救电话，以防问题发生。

（7）课本、重要设备或学习材料准备不足（偶尔发生）。在开学之前要检查学生课本及教学设备的准备情况，并了解一下学校在获取教室中所需物品方面的程序。当你发现某些物品不够使用时，要向学校办公室汇报。如果必须要在课本数量不足的情况下开始教学工作，那么，你可以让学生先共享课本，或者可以考虑与其他老师共享教室资源。如果某些学科还没有教材，你可以到学校储物间，找到先前的版本暂时顶替。根据所教的学科，有时候教师准备的材料就可以成为很好的教材。

（8）在理解和遵守指令上有困难、需要特殊帮助的学生（偶尔发生）。针对这类学生，你可以安排他们坐到你旁边，并让他们参与简单的活动。你还可以在班上的其他学生都忙于自己的学习时，单独与这类学生进行交流。要尽早了解该学生的能力水平，然后根据该学生的实际情况制订适合他/她的教育计划。如果有可能，你还可以与之前的老师沟通交流，听听他们的建议。另外，在开学后不久可以与家长进行一次交谈，这将有助于你更好地了解这类学生。要想知道更多这方面的建议，请参见第十一章。

（9）哭闹（偶尔发生）。尤其是低年级的学生在开学初可能会无缘无故地哭闹。如果你能够转移孩子的注意力，或者带领他/她一起参加活动，哭闹声很快便会停止。或者可以让班上的其他小伙伴带着哭闹的学生去喝水，洗下脸然后再回到教室。你要尝试弄清孩子哭闹的原因，但是不要孩子一哭就给予过多的关注或同情，这样只会加剧孩子的哭闹。如果哭声并没有对课堂产生干扰，你可以让孩子坐在座位上，过段时间他便会自动停止哭泣；但如果哭声对课堂造成了干扰，你可以将孩子带出教室，或者让办公室其他老师将孩子带出教室。

（10）尿裤子（偶尔发生）。尿裤子对于低年级的学生来说更为常见，偶尔也会发生在高年级学生的身上，尤其是在刚开学的前几天。对于孩子来说，尿裤子是件很尴尬的事情，因此，老师在处理这类事情时要努力减少孩子的不适感。当出现尿裤子的情况时，你要准备些卫生纸帮孩子清理，并尽可能在私底下加以处理。然后你自己或者安排办公室其他老师打电话给家长，让家长给孩子送换洗衣物。之后，再私底下跟孩子交流，询问孩子为何没有及时去厕所。对于低年级的孩子来说，可以让家长为孩子准备一些换洗衣物带到学校，以防尿裤子。总体上来讲，对于低年级的学生，你要安排特定的上厕所时间，并要不时地提醒一些孩子去上厕所。

（11）学生生病或受伤（很少发生）。在开学之前，你需要了解遇到紧急情况时该如何联系学校的相关部门。如果某些疾病事先便可获知（如哮喘），并且你知道如何应对，那么当真正遇到相关情况时，就要按照相应的流程进行处理并保持冷静。但如果遇到突发状况，可以给学校急救办公室打电话，或者让他人帮忙联系孩子的家长。切记不要让孩子处于无人照料的状态。如果孩子的健康状况十分危险，请拨打急救电话寻求帮助。

（12）学校发生紧急情况（很少发生）。首先，你要了解处理学校紧急情况的规定（如发生火灾、遭遇龙卷风、被困）。在遇到紧急情况时要保持冷静，遵守既定的程序（如让学生有序排队、学生快速聚集到相应地点）。另外，要准备好班级花名册以及紧急情况联系单，以便及时寻求帮助。

为代课教师所做的准备

在开学初的前几周，你可以制作一个班级手册，以供代课教师使用。在制作班级手册时，请将代课老师设想成是第一次来到学校。班级手册上需要包含以下信息：

- 学生名单
- 座位表
- 班级规则和行为后果
- 日程安排
- 需要提醒学生接受药物治疗的时间
- 应急教案
- 可以提供帮助的老师和学生的名单
- 紧急情况的处理流程
- 学校地图

将手册放到教室或者办公室里较显眼的位置，这样便于代课老师及时获取，或者也可以在讲桌上贴个便条加以说明（如代课老师的手册在桌子底层的抽屉里）。

本章小结

井然有序地开始新学期的工作，对于成功地引导学生是至关重要的。开学初的一个关键任务是通过向学生示范礼貌的行为规范，促进所有学生之间的有效沟通，通过培养班级集体意识等方式，营造积极的班级氛围。除此之外，开学初的工作还包括：组织活动，增进学生之间和师生之间的相互了解；教授班级规则、教学程序及行为后果；组织一些教学活动，复习之前所学的内容。小学老师还会在开学初与家长建立联系，比如，通过致家长信的方式。致家长信中一般包含以下一些家长需要获知的信息：班级物品供应清单、班级规则、教师联系方式、本学年的教学内容、活动和日期安排，以及每周例程，等等。最后，作为教师，你还需要在开学初就做好应对突发事件的准备（比如，课堂教学被打断、学生生病、大量的文书工作），你要预计可能会出现的问题并想好应对措施。有效的课堂管理从开学之前的周密计划与准备就开始了，并需要在日后的教学中不断加以完善。

拓展阅读

Brophy, J. E. (2000). Teaching. In H. J. Walberg (Series Ed.), *Educational practices*. Brussels, Belgium: International Academy of Education.Available at www.ibe.unesco.org/en/services/online-materials/publications/educational-practices. html

这本小册子是为国际教育局准备的，以当下研究为基础，综合讲述了为人熟知的教育。本书以简洁易读的方式描述了什么是优质的教学，书中几乎呈现了与教育相关的所有主题和研究，并且从课堂气氛、学习、课程、讲座、参与评估等多个方面对课堂进行描述。阅读这本书可以让你的工作在新的学年变得富有创意。

Erwin, J. C. (2003). Giving students what they need. *Educational Leadership*, *61*(1), 19-23.

这篇文章强调了师生关系是课堂管理必不可少的一部分，同时也讲述了创造条件以鼓励并激发学生内在动力和责任感的必要性。而与此相对应的外在动力则需要教师负全部责任来激发学生。

Pianta, R. C. (2006). Classroom management and relationships between children and teachers: Implications for research and practice. In C. M. Evertson & C. S. Weinstein (Eds.), *Handbook of research on classroom management: Research, practice, and contemporary issues*（pp. 685-709）. Mahwah, NJ: Erlbaum.

作者整理并归纳了关于师生关系的研究文献，指明师生互动无论对于学生个体，还是对于整个班集体，都具有十分重要的作用。

Randolph, C. H., & Evertson, C. M. (1995). Managing for learning: Rules, roles, and meanings in a writing class. *Journal of Classroom Interaction, 30*(2), 17-25.

作者强调，课堂管理和课堂内容是互相交织的，当师生正在讨论怎样学习学科内容，怎样互相交流并在此中间扮演什么角色时，事实上，他们已经构建了学习什么以及如何学习的意义。

Walker, J. M. T., & Hoover-Dempsey, K. V. (2008). Parent involvement. In T. L. Good (Ed.), *21st century education: A reference handbook* (Vol. 2, pp. 382-391). Los Angeles: Sage.

这篇论文讨论了家长参与班级的重要性，同时就家长如何参与班级事务提供了诸多建议。

Wiske, M. S. (1994). How teaching for understanding changes the rules in the classroom. *Educational Leadership*, *51*(5), 19-21.

这篇文章探讨了如何让那些挑战传统班级规则和校规的学生承担应有的责任。作者隐隐表达出教师应该持有包容的态度，并且接纳这种变化给教师和学生带来的种种不适。

ci.kern.org/tesa/

这个网站是为 TESA 项目所设，目的在于增强学术能力、多样性以及性别意识，以此来促进积极的课堂氛围的形成，减少违反规则的问题行为。

www.proteacher.com

这个网站专门为教师设计，里面包括很多制订课程计划的注意事项，以及与小学教师有关的一系列主题展板。

teachersnetwork.org/NTNY/nychelp/need_to_know/parcontact.htm

这个网站由纽约教师网赞助，里面列举了很多有用的信件和通告，这些资源可以在与家长或监护人交流时使用。

本章活动

（1）请回顾本章开头部分史蒂文斯老师的案例，并书面回答以下几个问题：史蒂文斯老师代表的是哪一类教师权威？她在开学初的教学程序会如何影响将来的教学（该活动的参考答案见附录部分）？

（2）和搭档一起讨论以下几个问题：你还记得你上小学时学校开学的情景吗？当成年人在回忆自己小学时期学校开学的情景时，很少有人能够记得开学时老师所做的具体工作，但是通常能够记得自己当时的个人经历、所遇到的问题以及所关心的事物。有没有哪一年你觉得自己特别受欢迎？有没有哪一年你觉得自己被孤立或者觉得不开心？你会如何在开学初的工作中顾及学生的情感需要？因为你个人的担忧和焦虑在开学初可能会显得尤为突出，你会如何在处理自己情绪问题的同时，兼顾学生的需要？你在开学初所做的一些工作会如何反映你的教育理念？

（3）阅读案例 5.1 和 5.2，这两个案例描述了两种不同的开学流程。在阅读的同时，请思考以下几个问题：

①这两个案例在多大程度上反映了本章及之前章节所描述的原则？

②尽管所教的学科内容及年级不同，但案例中的两位教师在开学初的活动组织上具有很多相似之处，请尽可能地找出这些相似之处。

③案例中的两位教师在开学初的活动组织方面存在哪些明显的差异？你会组织什么样的活动？请说明理由。

④案例 5.1 中的教师通过基于课本教学的方式来组织活动。案例 5.2 中的教师广泛使用小组合作的方式，让学生进行合作学习。这两种活动方式会对两位教师开学初的教学工作带来什么样的影响？

（4）你认为你的学生在开学初会有什么样的目标和担忧？你的课堂管理计划如何适应学生的这些目标和担忧？

（5）请阅读 teachersnetwork.org/ NTNY/nychelp/need_to_know/parcontact.htm 网页上有关致家长信方面的建议。你会如何将这些建议运用到班级的致家长信中？

（6）与你所教同年级中有丰富教学经验的老师交流，请教他们在开学初都组织过哪些活动，以及这些活动的组织顺序。教师通常都很乐意分享自己的讲义材料和想法。另外，还可以让别人帮你看看开学第一天的教学计划，并给你提些修改建议。

（7）你会采取什么样的方式来营造并维持良好的课堂氛围？请将你所认可的方式罗列出来，并与其他教师讨论，听听他们的建议。

案例研究

案例 5.1　基于课本教学的小学课堂的开学流程

开学第一天的活动流程

8:00—8:35 迎接学生

当学生走进教室时，冈萨雷斯老师与学生一一打招呼，帮助他们戴上胸牌，核对并确认每个学生的名字。她给每位学生分发了一个塑封过的姓名条，让学生自己选择座位并将姓名条放到桌上。她还指导学生将午餐盒放到篮筐里，将书包悬挂到贴有自己名字标签的挂钩上，并将学习用品放到教室角落里的一张圆桌上。

当第一批学生坐到座位上后，冈萨雷斯老师让每位学生挑选一张图画纸，然后在图画纸上写下自己的名字并开始画画。当学生完成这项任务后，他们可以选择一个柜子用来存放自己的私人物品，并将刚刚完成的作品贴到柜子后面的墙壁上。冈萨雷斯老师事先在每个柜子的后面都放置了一台胶带切断机供学生使用。另外，冈萨雷斯老师还让先到的学生帮助后到的学生，帮他们熟悉报到的一些流程。当剩下的学生陆续到来时，冈萨雷斯老师帮助这些学生安顿下来，检查他们所携带的物品，与家长交谈，并监督学生的作品完成情况。此外，她还为暂时不在班级花名册上的学生准备了一些备用物品。

8:35—8:40 教师自我介绍

当所有的校车都已抵达学校，冈萨雷斯老师感觉班上的学生都已到齐，便准备进入下一个活动。冈萨雷斯老师没有点名，因为通过剩余的姓名条便可知道哪些学生还没有报到，随即，她便在学校的报到系统上记录下学生的报到情况。

冈萨雷斯老师在这所学校执教多年，认识班上的很多学生，所以，她简短地介绍了一下自己，并表达了她对这学期的美好期望。她注意到很多学生都很好奇地四处张望，于是，她便开始介绍教室以及一些课堂程序。

8:40—9:00 介绍教室

冈萨雷斯老师从教室里的图书角开始介绍，她告诉学生，在完成作业任务后可以去图书角进行自由阅读。学生可以坐在图书角的懒人沙发上，倚着靠枕阅读，也可以将书拿到座位上阅读。她还介绍了图书角旁边的听力中心，并告诉学生，听力中心一次只能容纳两名学生。随后，她亲自示范如何操作CD播放机以及耳机。介绍完听力中心后，她又介绍了旁边的四台计算机。她告诉学生，下周才会使用计算机，但是与计算机有关的即将学习的活动她都做了简单介绍。另外，她还突出强调了科学研究中心的一些设备和材料，向学生介绍了该中心的使用流程，并告诉学生科学研究中心每次只供四名学生使用。

9:00—9:25 画自画像

冈萨雷斯老师向学生展示她前一天画的自画像，并让学生讨论自画像是什么。然后，她给每一位学生分发了一张图画纸，让学生为自己画一张自画像。另外，她还让学生在画的背面写上两件与自己有关的事情。

在学生开始作画时，冈萨雷斯老师在教室里巡视，给予指导，并监督学生的作品进展情况。当一些学生遇到拼写问题时，冈萨雷斯老师鼓励他们认真去听单词的发音，并写下听到的内容。学生完成任务后，冈萨雷斯老师让他们到图书角选本书进行自由阅读，或者去听力中心进行自由学习。

9:25—9:30 介绍活动流程

9点25分的时候，铃声响起，冈萨雷斯老师告诉学生铃声一响意味着活动结束。当听到铃声，学生便要停下手中的任务，看着老师，听从下一个活动的指导安排。冈萨雷斯老师再次设定闹铃，学生按照流程进行练习，这时，最后一批学生也完成了他们的自画像。然后，她告诉学生接下来是操场活动时间，所以每个学生都要练习如何排队走出教室。她让学生以小组为单位解散，而离开座位的学生需要将椅子推放到课桌下方。她说明了椅子推放的要求，并让一名学生示范如何轻轻地将椅子放好。此外，她还要求学生排队时要保持安静，不要与前面的学生打闹。学生认真地遵照冈萨雷斯老师的指示，摆放好桌椅并排好队，冈萨雷斯老师对学生的这种行为给予了充分的肯定与赞扬。

9:30—10:00 操场活动

学生在其他老师的带领下在操场上进行活动，在这段时间，冈萨雷斯老师为接下来的活动做准备。

10:00—10:10 卫生间的使用

冈萨雷斯老师来到操场上与排好队的学生会合，并向他们介绍如何有序地回到教室。当所有的学生都坐到座位上后，冈萨雷斯老师便开始介绍卫生间的使用流程。她让一两名学生进行示范：在使用卫生间时，要将卫生间使用标识悬挂到门把手上，敲门确认里面没人后，再打开卫生间门。接着，她又介绍了水池、肥皂、厕纸架的使用注意事项。介绍完卫生间使用流程之后，冈萨雷斯老师带领全班学生一起回顾上午的一些活动事项。这时若有学生想去卫生间，他们可以自行离开座位，遵照流程使用即可。当铃声响起，所有需要去卫生间的学生都依次使用完卫生间并回到了座位上。

10:10—10:30 圆圈时间

所有的学生都坐在座位上看着老师等候指令，冈萨雷斯老师让学生拿上自己的自画像，然后安静地坐在地毯上围成一个圆圈。所有人（包括冈萨雷斯老师）要与大家一起分享自己的自画像，以及与自己有关的两件有趣的事情。

10:30—11:00 讲故事、唱歌时间

自画像介绍结束之后，冈萨雷斯老师给学生读了一个有关自尊心的故事，接着她又教学生学唱歌，歌名为“我喜欢我自己”。她在一张大图表纸上写下歌词，并绘出简单的五线谱，然后让学生朗读歌词。学生朗读了几遍之后，冈萨雷斯老师先给学生演唱一遍，然后她唱一句，学生跟着唱一句。

活动结束后，冈萨雷斯老师将学生从圆圈中解散，并将学生的自画像统一收集起来。趁着收集自画像的时间，她给学生介绍午餐流程，并让学生练习如何取餐盒以及如何安静地排队等待就餐。在学生离开教室之前，冈萨雷斯老师又强调了一遍就餐规则，然后便带领学生去餐厅，将他们交给餐厅的负责老师。

11:00—11:30 午餐时间

11:30—11:50 餐后休息时间

餐后会有段休息时间供学生玩耍、交流，在这段时间里冈萨雷斯老师会在一旁负责监督。

11:50—12:10 朗读时间

学生休息完回到教室后，冈萨雷斯老师借助卫生间门上的标识，带领学生将卫生间的使用流程回顾了一遍。接着她便坐到摇椅上，学生围坐在地毯上大声朗读。这时学生若想去卫生间，遵照使用程序即可。

12:10—12:30 讨论学校的规章制度

学生仍然围坐在老师的摇椅旁边，听冈萨雷斯老师介绍学校的规章制度。

学校的规章制度包括两方面内容：第一，走廊里要保持安静；第二，学生在离开教室时必须要有通行证。针对这两条规定，学生展开讨论。讨论完之后，冈萨雷斯老师让两名学生向班上的其他同学复述这两条规定并做出解释。

12:30—13:00 制定班级规则

有关学校规则的讨论直接推动了班级规则的制定。学生依旧围坐在地毯上，但是学生的注意力从冈萨雷斯老师身上转向讲桌前的展示板上。冈萨雷斯老师通过实物投影仪，将演示的内容投射到展示板上，她让一名学生将教室里一半的电灯关掉，以便学生能看清屏幕。

她要求学生在讨论时要做到举手发言，这样才能保证每个人都能够听清别人的观点。她鼓励学生积极提出对班级建设有意义的意见，想要发言的学生举手示意，然后冈萨雷斯老师点名回答并写下这些学生的意见。当学生说出自己的想法时，冈萨雷斯老师不会对他们的想法做任何评论，而是让学生畅所欲言，她希望学生能够通过头脑风暴多提些建议。然后学生对大家提出的意见加以讨论，并对意见进行扩充、合并以及修改。

当发现学生的注意力开始减退时，冈萨雷斯老师便停止讨论，告诉学生今天的班级规则讨论是个好的开始，明天再继续讨论。讨论结束后，学生都各自回到自己的座位上。

13:00—13:35 绘图活动

冈萨雷斯老师将学生的注意力吸引到一个画架上，画架上悬挂着一张大图表。图表画在一张色彩艳丽的彩纸上，标题为“我今天如何来学校”。图表共分为四栏，每一栏的下方贴有一张图片，上面画有汽车、公交车、自行车以及双脚。冈萨雷斯老师问学生今天早上是怎么来学校的，是坐汽车、乘公交车、骑自行车还是步行。在每次的提问中，冈萨雷斯老师会给举手的学生发放一个与其来学校方式相对应的图片，学生在图片上写上自己的名字，然后再将图片贴到图表中相对应的板块。

当所有的图片都贴好后，冈萨雷斯老师让学生数一数每一栏中图片的数量，并找出图片数量最多和最少的两栏。然后，她根据每一栏中图片的数量绘制了一张条形图。接着，她告诉学生这一学年将会学习很多新的知识，比如，会组织科学项目活动，学习数学、写作等课程，并让学生去思考自己想要了解哪方面的知识。

13:35—14:15 这一学年我想学习什么

冈萨雷斯老师在画架上重新挂上一张大图纸，图纸中央写着一个问题：这一学年我想学习什么？与讨论活动中的要求一样，每位学生在发言之前都要举手。冈萨雷斯老师将所有学生的回答制作成一张语义图。她知道应该重视学生提出的要求，因为这些要求与她的课程目标相吻合，而对于其他一些要求则可以通过单独交流或小组指导等方式来实现。

14:15—14:30 准备放学

冈萨雷斯老师通过提问的方式，帮助学生回顾今天所进行的活动，比如，“如果你的爸爸妈妈问你今天都干了什么，你会怎么回答”。她还问了一些关于学校规则和活动程序方面的问题。她提醒学生检查一下自己的物品，并给每人分发了一张便条，用来提示学生（并通知家长）明天带一个能够代表自己特点的物品（如照片、布偶玩具、喜欢的书等）。她让学生将胸牌留在课桌上，便于第二天使用，然后向学生示范如何将椅子堆叠起来。待学生将椅子放好之后，冈萨雷斯老师便开始检查每位学生是否都已收拾好需要带回家的物品，并带领学生练习了一遍正确的放学流程。学生一桌一桌地离开座位并到门口排好队。冈萨雷斯老师让两名学生示范正确的站队姿势。放学铃声一响，冈萨雷斯老师便带领学生离开教室，排队下楼，来到指定的地点等候放学。

开学第二天的活动流程

8:00—8:20 迎接学生

冈萨雷斯老师站在教室的门口迎接学生，并嘱咐学生戴上胸牌，到柜子里拿出自己的日记本，将从家里携带的物品放到柜子里。教室里的展示板上写着今天的日记主题——开学第一天我最喜欢的事情。冈萨雷斯老师告诉学生，可以通过写作或者绘画的方式来表达自己的想法。当学生陆续进入教室后，她便开始记录今天的出勤情况，填写午餐表，并给予学生写作指导。

铃声一响预示着活动结束，冈萨雷斯老师让学生合上日记本，然后以小组为单位依次将日记本放到柜子里，并迅速集中坐到地毯上，她还提醒学生注意离开座位和集合时的程序，要做到迅速、安静。

8:20—8:50 介绍晨间活动

冈萨雷斯老师向学生展示了小助手工作表，每个学生都会负责一项工作，每天依次轮流。首先，她让宣誓队长站在教室前面带领全班学生宣誓，在学生宣誓的过程中，冈萨雷斯老师会帮助宣誓队长指着宣誓内容。接着，她又让日历队长在日历上写上今天的日期，并写上具体的月份、年份。天气队长负责今天的天气预报，并借助报纸上的天气板块，来记录今天的最高气温和最低气温，在天气队长做天气预报的过程中，冈萨雷斯老师会给予指导与帮助。唱歌队长带领全班学生演唱前一天学习的新歌——《我喜欢我自己》，在全班学生演唱时，冈萨雷斯老师会在一旁指着对应的歌词。

共有三名学生自愿分享所写的日记。在这三名学生去拿日记本时，冈萨雷斯老师告诉班上的学生，写日记将会成为每天晨间的第一个活动。学生分享完后，冈萨雷斯老师对学生的写作进行了点评。

8:50—9:25 制定班级规则

冈萨雷斯老师让全班学生看向教室前面的展示板。她打开实物投影仪，带领全班学生一起回顾昨天大家经过头脑风暴制定的班级规则，并让学生分析一下是否有相似的规则。当学生对相似的规则进行分类时，冈萨雷斯老师提醒学生要举手发言，然后将他们的观点写到另一张纸上。最后，学生将规则分为了六大类，冈萨雷斯老师让学生为每一类规则确定一个标题。当每一类规则确定好标题后，冈萨雷斯老师又让学生思考这些规则的合理性。在经过一些细微的修改之后，冈萨雷斯老师和所有的学生都对制定的规则感到很满意。

9:25—9:30 排队流程

冈萨雷斯老师让学生到门口排队，一些学生趁此机会去喝水或者到柜子旁边取东西。于是，冈萨雷斯老师让所有学生重新回到小地毯上，并让一名学生复述排队的程序和要求。然后她又重新解散学生，这次学生都严格遵照流程排好队，冈萨雷斯老师因此又表扬了大家。

9:30—10:00 体育课

当学生上体育课时，冈萨雷斯老师在一张图表纸上写下了班级规则。

10:00—10:30 演示班级规则

学生上完体育课回到教室并坐到各自的座位上后，冈萨雷斯老师指着图表纸上的规则要求学生签名。她让每桌学生依次在图表纸上签名。待所有学生都签完名后，冈萨雷斯老师询问学生将规则表贴到哪里，最终，大家决定将规则表贴到展示板旁边的墙壁上。

接着，小组学生自愿演示每一条规则。在小组学生进行演示时，其他的学生猜测他们所演示的具体规则。

10:30—11:00 数学课

演示完规则后，冈萨雷斯老师让小组学生回到自己的座位上。当小组学生都坐好后，她要求所有的学生将注意力集中到她身上。冈萨雷斯老师站到教室的前面，手中拿着由彩色图纸制作的几何图形（圆形、三角形、正方形），每张图形后面都附着一块磁铁，这样图形便可以“粘贴”到展示板上。

冈萨雷斯老师告诉学生接下来要玩一个猜谜游戏，她会在展示板上将这些图形拼成一个图案，学生要去思考图案中的最后一个图形后面应该放哪个图形。当学生完成一些练习之后，冈萨雷斯老师要求每个学生找一名搭档继续玩该游戏。

因为这是学生第一次合作学习，所以冈萨雷斯老师选择让学生两人一组而不是三、四人一组进行游戏。在分发活动材料的过程中，冈萨雷斯老师问学生该活动应遵循哪些班级规则。有的学生回答说在搭档发言时要学会倾听，不要打断对方；有的学生说搭档之间要互相帮助。冈萨雷斯老师告诉学生，他们可以坐在自己的座位上进行活动，也可以选择到地毯上，她会给大家 1 分钟的时间转移活动场地。在学生进行游戏时，冈萨雷斯老师便在教室里来回巡视，为需要帮助的学生提供指导与帮助。另外，她还利用定时器为游戏计时。

铃声一响，大部分学生都立马停止手中的活动并转向冈萨雷斯老师，但有一小部分学生仍在继续活动。于是，她便让一名学生复述活动的流程，然后又重新设置定时器。这次，铃声一响，所有的学生都停止了活动并转向冈萨雷斯老师。接下来，她让学生将几何图形收拾好放到储物袋中。当冈萨雷斯老师宣布解散后，学生便将储物袋交给她，然后安静地排好队等候午餐时间。

11:00—11:30 午餐时间

11:30—11:50 餐后休息

11:50—12:10 朗读时间

冈萨雷斯老师坐在摇椅上，学生围坐在一旁听她朗读他们从图书角选取的读物。在这段时间里，若有学生需要使用卫生间，可自行前往。

12:10—13:00 写作样本

冈萨雷斯老师想在开学初收集每个学生的写作样本，这个样本将会放到学生的档案袋中，作为日后写作是否取得进步的参照。因为学生之前都已经做过自我介绍，所以该写作样本将作为《关于我的一切》这本书的一部分。冈萨雷斯老师事先准备了一本小书，并在每一页的底部画了很多直线用来写作，其他的地方则用来做图解。她和学生一起通过头脑风暴构思书的设计，并提醒学生必要的时候可以使用自己发明的拼写方式。

学生回到座位上开始写作，冈萨雷斯老师在一旁加以监督，时刻关注那些有困惑的学生。一些学生对自己的写作能力很不自信，于是冈萨雷斯老师便让这些学生先画幅画，然后再描述画中的内容。有些学生会在铃响之前完成任务，完成任务之后，他们可以去教室里的其他活动中心进行自由学习。

13:00—13:15 分享

当铃声再次响起时，冈萨雷斯老师询问是否有人愿意分享自己制作的小书。她将不愿意分享的学生的小书收集起来，然后指示学生坐到小地毯上。总共有四名学生愿意分享，其他同学则聚精会神地倾听。分享完后，学生对这四名学生制作的书进行了点评，并为他们的乐于分享鼓掌喝彩。分享活动结束后，冈萨雷斯老师将这四名学生的小书收齐，然后让学生四人一组从柜子里取出自己从家里带来的物品。

13:15—13:55 更好地了解你

当所有学生坐好后，冈萨雷斯老师给学生示范如何分享从家中带来的物品。她向学生展示她带来的照片，介绍照片中的人物以及这些人物对她的意义。然后，她站起身，让学生轮流观看照片，然后又重新坐下。所有的学生都按照这样的模式，分享各自从家里带来的物品。

13:55—14:15 安静阅读时间

冈萨雷斯老师趁着学生仍围坐在地毯上，便给大家介绍自由阅读活动的流程，并告诉学生这是每天当中的最后一个活动。学生可以从图书角任选一两本书或杂志，在教室中找个安静的地方阅读。一旦选定了某个地方，就不要中途变动，直到活动结束的铃声响起。冈萨雷斯老师告诉学生，在他们自由阅读的这段时间里，她也会阅读。

她将学生两两解散，学生将分享活动中使用的物品收拾好，然后去图书角选取自己喜欢的读物，找个地方安静地阅读。所有的学生都开始阅读，冈萨雷斯老师提醒一些吵闹的学生要保持安静。然后，她自己也开始阅读，但同时，她仍密切地监督着学生。

虽然今天安排了20分钟的自由阅读时间，但是冈萨雷斯老师知道在介绍完阅读流程后，学生真正能用于阅读的时间只有七八分钟。之后的阅读时间会随着教学的推进而逐步增加。

14:15—14:30 准备放学

阅读活动结束的铃声一响，冈萨雷斯老师便让学生两两一组迅速将图书放回原处，并收拾好物品准备放学。学生都准备就绪后，冈萨雷斯老师带领学生将今天的活动以及班级规则简单地回顾了一遍。

14:30 放学

冈萨雷斯老师提醒学生注意排队的规则，并让乘公交的学生排在队首。待学生都排好队后，冈萨雷斯老师表扬学生今天表现得很好，然后将学生带出了教室。

案例 5.2　五年级数学课堂的开学流程
——以采取合作学习教学模式的课堂为例

詹姆斯老师教五年级的数学课，她每天都要针对四组学生重复相同的教学内容。下面的描述介绍了第一组学生在开学第一天的学习情况。

第一天的活动安排

上课铃响之前：上课铃响之前，学生参加了全校的开学典礼，典礼上介绍了新入职的教师。典礼结束后，学生按年级在第一阶段活动老师的带领下回各自的教室。教室中的课桌被摆放成七个小组，每组可坐四五名学生。詹姆斯老师事先在每组的桌上放了一个黄色的文件夹，文件夹上写着活动阶段以及各小组的编号。当学生进入教室后，詹姆斯老师告诉学生今天可以自由选择座位，之后会重新安排座位。

首次跟学生打招呼（4分钟）：詹姆斯老师微笑着进行自我介绍，她向学生介绍了自己的家人以及一些兴趣爱好。她告诉学生自己工作很努力，希望他们也能够努力学习。她还告诉学生，她每天会提前1小时来到学校，然后一直工作到下午4:30，所以如果需要辅导或者帮助，可以在这段时间里找她。她鼓励学生："在我们班上，最重要的是要敢于尝试，我们每个人都会犯错并遭遇挫折，但是通过合作、努力，我们一定能够克服困难并有所收获。"

介绍（10分钟）：詹姆斯老师对学生说道："尽管你们已经学了五年的数学，但是我很想知道大家是否了解数学的重要性及实用性。"问完问题后，她先举了个例子来证明数学在实际生活中的应用，然后让学生讨论、举手发言。在讨论的过程中，她让学生留意公告栏，公告栏上贴着五颜六色的海报，每张海报都介绍了数学在实际生活中的运用情况。詹姆斯老师表扬学生能够做到举手发言并认真倾听。当一些学生急于回答问题时，她会提醒他们要举手等待点名。

詹姆斯老师向学生解释为什么要将课桌以小组形式摆放，她强调说，在她的课堂中，大部分的时间都是小组合作教学，这样做有助于学习。但是她又告诉学生，并不是一直采取这种学习方式，有时候也会让他们独立完成任务并且进行测试。然而，对于大部分的作业任务，她希望他们能够合作完成，互相帮助去理解作业的内容并解决问题。她告诉学生，这不仅是一种有效的学习方式，而且他们也很享受同学之间合作学习的过程。詹姆斯老师介绍完后，一名学生问是否可以自己选择小组，詹姆斯老师回答说小组的安排由她来决定，因为有时候需要变动小组成员，这样大家便有机会与不同的同学进行合作学习。此外，詹姆斯老师还向学生强调，小组合作学习能促进彼此之间的了解。她补充道："学会与其他同学合作很重要，因为大家将来走向社会后也需要学会与他人合作。"

首次介绍课堂程序（6分钟）：詹姆斯老师表扬学生都能够做到举手发言。接着，她告诉学生除了举手发言这一程序以外，还有其他一些有利于课堂顺利进行的重要程序，接下来她将介绍其中的一部分，剩下的会在小组学习活动中再做介绍。她告诉学生：在课堂中，当老师在讲话或者其他同学在向全班做展示时，每个人都要坐在自己的座位上，如果想要发表意见或者提问，要举手等待发言；在其他的时间里，比如，在进行小组学习或者独立作业时，可以与小组成员讨论，但是需要注意讨论的音量。关于讨论的音量，詹姆斯老师亲自做了示范。另外，她还告诉学生，如果在学习的过程中需要削铅笔或者拿取学习材料，他们可以不用征得同意自行前往，只要不打扰其他同学即可。

首次小组任务（8分钟）：詹姆斯老师给每组学生进行编号，如1号、2号、3号等。然后，她告诉学生，在进行小组活动时，不同编号的学生需要承担不同的责任，并依次轮流，这样每个学生都有机会尝试不同的角色。"编号为1的同学，请你们打开桌上的小组文件夹，并从右手边的口袋中拿出黄色卡片以及班级名单分发给小组成员。"詹姆斯老师说道。于是，她让每组中编号为1的学生分发这些卡片。接着，她又让学生在黄色卡片上写上名字，制作成自己的名卡，并填好班级名单交给她。当学生在完成这项任务时，詹姆斯老师回到自己的讲桌旁处理一些行政工作，并不时地抬头看看学生的表现。几分钟后，她让各组编号为1的学生将班级名单收集起来交给她。

程序介绍（10分钟）：詹姆斯老师让编号为2的学生从文件夹左边的口袋中拿出蓝色彩纸并分发给每个小组成员，彩纸上罗列着班级规则和教学程序。她要求每个学生都要准备一个三孔活页夹，并将这张蓝色彩纸放在活页夹的首页。接着，她带领全班学生一起回顾关于缺席、迟到、离开教室、补习作业、测试以及因违反规则而被留校等方面的班级规则。她告诉学生，如果有人无视她的警告，她会让该学生推迟吃午餐的时间，并让他/她将午餐拿到办公室里吃。"如果发展到需要我去制止的地步，则将吃午餐的时间推迟双倍。"她补充道。接着，她让学生在蓝色彩纸上写上自己的名字，写完后将彩纸放回文件夹中，并要求学生在有了三孔活页夹之后，再将蓝色彩纸放到三孔活页夹中。

活动结束：詹姆斯老师注意到活动时间快到了，于是她告诉学生明天再给大家介绍评分规则及课堂活动。"编号为3的同学，如果明天有新同学被分配到你们组，请你们负责协助他们了解班级规则，制作名卡并填写班级名单。"詹姆斯老师吩咐道。接着，她让学生将各自的名卡插到文件夹中，然后回到座位上等待她宣布解散。当所有的材料都放回文件夹中，并且每个小组的学生都安静地坐好后，詹姆斯老师宣布解散，然后让学生一组一组地离开座位。待学生都解散后，她将黄色文件夹收集起来并为下节课的学生准备蓝色文件夹。

第二天的活动安排

上课铃响之前：在学生进教室之前，詹姆斯老师便事先将文件夹发放给每个小组。当学生进入教室时，她热情地与他们打招呼，并让他们按照昨天的座位方式就座。对于一些新来的学生，她将他们安排到不同的小组。

课前开场白（3分钟）：上课铃声一响，詹姆斯老师便热情地问候学生。她提醒学生要按照昨天的座位安排，坐在原有的小组中，并提醒编号为3的学生要去帮助小组中的新成员。

诊断测试（15分钟）："在开始今天的课之前，我希望大家能回答我几个问题。虽然这次回答不作为成绩，但我希望大家能够认真回答。你们的答案会帮助我了解大家在哪些知识点上需要复习巩固，并有助于我给大家布置小组任务。回答完后，请大家将试卷翻过来放到桌上。"介绍完测试要求后，詹姆斯老师给每位学生分发测试试卷并让学生开始作答。在学生完成测试的过程中，她在一旁加以监督，当有学生将试卷翻过来放到桌上后，她便过去将试卷收回。

活动程序及评分规则的介绍（8分钟）：詹姆斯老师带领学生一起回顾小组活动中的交流与走动程序。她解释道："请大家在小组交流时注意讲话的音量，讲话声只要能够让小组成员听清即可，不要大吵大闹，以免干扰其他小组的同学。"接着，她给每位学生分发了一张介绍评分规则的讲义，并给学生详细地做了介绍。然后，她让学生在讲义上写上名字，并将讲义放到自己的活页夹中，与介绍班级规则的讲义放到一起。如果学生还没有活页夹，她就让他们将讲义与昨天的蓝色彩纸一起放到文件夹中。

小组活动的准备（4分钟）：詹姆斯老师宣布接下来将会进行小组活动，学习如何进行小组合作以及一些数学概念。她让学生思考一个好的小组成员需要具备哪些优秀的品质。学生各抒己见，詹姆斯老师对学生的观点表示强烈支持，并列举了一些正面的例子，比如，小组成员之间要乐于分享、互相帮助、善于倾听、彼此鼓励以及共同努力等。

数学课（20分钟）：詹姆斯老师通过给学生读《今日美国》上的一篇文章开始今天的数学课。文章中披露：在美国，每个五年级学生平均每周要看1000分钟的电视。她问学生是否对这个事实感到惊讶，并让他们估算每天平均会看多少小时的电视。她强调学生只需要粗略地计算，没有必要进行准确计算。接下来，她让学生谈谈他们如何理解文章中提到的“每个五年级学生平均”，并让学生计算每个五年级学生平均每年会看多少天的电视。接着，她让每组编号为4的学生打开小组文件夹，给自己的小组成员发放材料，并要求每组派一名学生汇报自己小组的解决方案。在学生讨论了五六分钟之后，詹姆斯老师让每一小组挑选一名学生汇报本小组的结果。当学生介绍自己小组的解决步骤时，她在一旁给予必要的提示与帮助。最后，她让学生讨论长时间地看电视可能会带来的影响。

活动总结（5分钟）：詹姆斯老师让学生点评自己在小组中的表现，并提出一些改进建议。此外，还对学生在解决问题时的创新与努力给予了赞扬。最后，她向学生宣布明天会重新安排座位，然后便将学生解散，因为这时教室门口已经聚集了下一阶段活动的学生。

第三天的活动安排

上课铃响之前：上课铃响之前，詹姆斯老师在每一小组的桌上放了一叠书皮以及黄色的小组文件夹。书皮上面放着一张便条，便条上写着每组成员的名字。当学生进入教室后，詹姆斯老师让学生根据桌上的小组成员名单找到自己所在的小组。

清点课本（15分钟）：詹姆斯老师告诉学生，此次的小组安排会维持几周。她为每组中的成员编号，并让编号为4的学生到教室后面的一摞书本那里领取课本。在学生包书皮的过程中，她在各个小组间走动并统计课本的数量。

内容教学及新的教学策略（17分钟）：詹姆斯老师先带领全班学生一起回顾了昨天所学的内容，然后让编号为2的学生从小组桌上的盒子中拿出学习材料分发给小组成员。学生借助这些材料在老师的讲解和指导下进行学习，詹姆斯老师介绍了多种不同的问题解决办法。接着，她让学生两两搭档进行合作学习，并在黑板上写上“搭档学习”。学生从各自的小组中选择一位搭档，两人一起解决问题，然后轮流向对方介绍自己的解决办法或演示解决步骤。“光得出结论是不够的，每个人都要能够向自己的搭档介绍问题的解决方法或步骤。”詹姆斯老师要求道。最后，她让自愿分享的学生向班上其他同学演示或介绍自己的解决方案。

小组活动（18分钟）：学生被要求以小组合作的方式来共同完成一些问题。这次的问题有些难，需要经过很多的步骤才能解答，詹姆斯老师要求小组成员共同合作来解决每一个问题。她要求各组中编号为3的学生负责记录问题的解决步骤，编号为5的学生负责督促每个成员参与问题解决的情况（如果小组中只有四名学生，就由编号为4的学生负责这项工作）。詹姆斯老师带领学生简单地回顾了每个角色应承担的责任，因为这个问题昨天刚刚讨论过。在学生解决问题的过程中，詹姆斯老师在一旁加以监督。待学生完成任务后，詹姆斯老师让几组学生汇报自己小组的最终结果。汇报完后，詹姆斯老师给学生布置了作业任务，该任务截止日期是第二天，学生可以利用余下的课堂时间去完成。在完成作业的过程中可以讨论、合作解决，但是每个人在第二天都要提交自己的作业。

活动总结（5分钟）：还剩下5分钟左右的时间，詹姆斯老师让学生开始收拾自己的作业，并要求将没完成的问题作为家庭作业带回家完成。接着，她让学生讨论什么叫作适当的帮助，并让学生思考自己遇到不理解的问题时会有什么感受。她还问学生，如果他们遇到这样的情况会怎么应对。“每个人都会经历这些感受并遇到类似的问题，尤其是当自己感到无能为力时。然而，在我们班上，我希望大家能够从错误中吸取教训，也不要因为不了解某方面的知识而感到难为情。另外，帮助其他同学也有助于加深自己对知识的理解。因为我教数学，所以我现在对数学的认知就比我在学生时期的认知更加深刻。”詹姆斯老师告诉学生，在她的课堂中，每个学生都有机会解释问题并回答问题，但是如果遇到无法理解的问题，就要寻求他人的指导与帮助。接着，她又跟学生讨论何谓最有效的问题解决方式。讨论结束后，詹姆斯老师宣布下课。

致家长信的范文

亲爱的家长 / 监护人：

您好！我叫……是您孩子的现任老师，很期待在新的学年中能够与您一起共同努力，帮助孩子成功地度过三年级的学习生活。我希望在 ×× 日 ×× 时能与您在我们学校的开放日活动教室中单独见面交流。我们班级的联系方式是 ×××，以便于您跟我联系。如果您是在上课时间打电话，它会自动转成语音邮件，我会在课后查看；如果您在留言中留下电话号码，我会尽快跟您联系。您也可以通过电子邮件联系我，您可以在学校网页上有关我们班级信息的板块获取电子邮件地址。为了便于联系，麻烦您在信息联系单上填上您的首选联系方式。

学校官网上有我们班级学生所需的物品清单，请帮您的孩子准备好这些物品，并让孩子周一上课时带到教室。另外，请留意一下今年的野餐费，费用包括我们将会举办的所有的野餐经费。您可以在第一次野餐（×× 日）之前的任何时间将费用交齐。

我们班今年将会学习很多主题，第一个主题是关于家庭。您的孩子在接下来的两周将要完成一些课堂任务，其中包括与您一起聊聊自己的家庭。如果您有独特的传统或者特殊的家庭故事愿意与我们分享，请通过电话或电子邮件的方式联系我，也可以通过便条的方式让您孩子交给我。

最后，为了我们班级的有效运转以及班级共同体的建立，我们制定了一些班级规则。请跟您的孩子一起仔细阅读附录表上的规则介绍，阅读完后请签上您的名字，并让孩子在周一上课时交给我。

再次表示真诚的期望，愿我们一起携手努力。

此致

敬礼

×××

×× 年 ×× 月 ×× 日

附录：

联系方式表（请填好并于周一提交）

物品清单（请于周一之前准备好所需物品，×× 日之前上交野餐费）

班级规则（请与孩子一起仔细阅读并签名，于周一提交）

检查表：开学初的准备工作

完成后请打√	事项	备注
□	A. 教室布置和学习材料都准备好了吗？（见第二章）	
□	B. 班级规则、教学程序及行为后果确定了吗？（见第三、四、八章）	______
□	C. 你对学校里的教学区域（比如，学生餐厅、办公室及办公室电话、走廊、卫生间、机房、资料室）以及它们的使用程序熟悉吗？	______
□	D. 你有整个班级的学生名单吗？	______
□	E. 你了解学生的相关信息吗？比如，从前任老师那里获知学生的阅读和数学水平、学生的考试成绩、紧急联系方式及其他方面的信息。	______
□	F. 班上是否有残障学生需要你去帮助他们适应你的教室布置及教学方式（见第十一章）？	______
□	G. 准备好足够的教材、桌椅及学习材料了吗？	______
□	H. 教师用书准备好了吗？	______
□	I. 开学第一天以及之后的报到及放学流程了解了吗？	______
□	J. 学生的胸牌都准备好了吗？有没有准备一些备用的胸牌？	______
□	K. 开学第一天的活动计划做好了吗？	______
□	L. 每日的课程表中有没有安排一些特殊课程（如体育课、音乐课）或者可变换的活动（如标题阅读、资料室辅导、针对特殊才能的学生的活动）？	______
□	M. 填补空白时间的活动准备好了吗？	______
□	N. 通知家长帮学生准备学习用品的致家长信准备好了吗？	______
□	O. 你知道在什么情况下以及如何获取学校其他教职工的帮助吗（如资源老师、校医务室工作人员、图书管理员、办公室老师、辅导员等）？	______
□	P. 当学生或学校发生紧急情况时，你有相应的处理方案吗？	______

我的网络教育实验室

请登录网址 www.myeducationlab.com：

（1）进行小测试，检测你对本章内容的掌握情况。

（2）根据个人学习计划来学习本章内容。

（3）加深你对课堂管理策略相关概念及原则的理解。

（4）将本章学到的知识运用于你的教学工作中，以提高教学技能。

第六章

教学计划与教学实施

假设到目前为止，为了保证课堂教学的顺利进行，你已经采取了一些有效措施。教室环境已经布置好了，你也考虑好想要营造的课堂氛围，以及对学生的期望和要求，制定并传授了班级规则及教学程序，建立了督促学生学习的问责体系。另外，在确定这些惯例和程序时，你也适时地安排了复习课，让学生回顾先前所学的内容。现在班上学生的注意力都很集中，并做好了上课的准备，接下来你会做什么？请切记，你的目标不仅仅是要创建一个有效运转的课堂，而且要帮助学生学习，并最终让学生对自己的学习负责。

课堂管理与教学正是汇聚在这一目标之上。融汇丰富多彩的活动并精心设计的课堂，能够为学生创建积极的学习环境，这一环境依赖于严格、缜密的课堂管理。与此相反，学生很少有机会参与互动的课堂不仅无聊、枯燥，而且会削弱学生的学习动机，这个时候往往会出现一些课堂管理方面的问题。充满趣味、目标明确、精心设计的课堂是吸引学生注意力的关键。

你可能会注意到，学习方式因人而异，这些不同的学习方式被称作学习风格或者学习偏好。因为每个学生的学习方式不同，变换教学活动及教学形式有利于满足班上不同学生的学习偏好。但是，你没必要去考虑每个学生偏好的学习风格，也没必要让每门学科的教学都与学生的偏好相适应，因为让学生明白他们能够适应对他们来讲看似不太容易的教学形式，这点也很重要（Brophy，2004）。

本章介绍了如何通过教学计划和教学实施来支持学生期望的学习类型，而非仅着眼于学科知识。将这一思想与具体的学科知识相结合能够更有效地促进学科教学。本章共分为三个部分，第一部分讨论教学计划；第二部分讨论库宁（Kounin）的教学管理策略；最后一部分讨论活动转换过程中可能会出现的问题。

设计教学活动

在选择教学活动时，首先你要考虑该教学活动能否促进学生的学习，以及你所期望的学习类型。例如，加深学生的知识记忆的活动与提高学生的思维能力与问题解决能力的活动就有很大不同。其次，要考虑该活动能否让学生参与其中。此外，还要考虑活动的顺序以及该课程各个主题所需的时间。鉴于以上这些考虑，很多小学教师计划每天早晨在课堂开始的前两个小时，组织一些阅读活动或者语言活动，这些活动通常需要持续的投入，并且会综合使用小组合作、班级教学以及独立学习的教学形式。而这些活动如果放到晚些时候再去组织往往会很困难，因为经过一天的学习，学生都会很疲乏。

制定一个课程表，上面写上每门课程的具体上课时间，这样做有利于合理安排每门课的教学，而不至缩短后面课程的教学时间。此外，学生如果知道课程安排，也有利于他们更好地监督自己的学习。在制定课程表时，你可以在紧张的学习之后，安排一些放松性的活动。例如，可以在阅读活动或者语言活动之后安排休息或体育课。如果不方便安排这些活动，至少也要让学生短暂地休息一下，可以带领学生做做运动、唱唱歌，或者让学生站起来伸展一下身体。

当你在计划每天的课程安排时，你可能会发现你所在的学区已经为每门学科的时间分配制定了一套标准，且特殊教育教师每周会在特定的时间教授特定的科目。因此，你会发现你们班每周周二、周四 13:30—14:00 上体育课，周一、周三上午 10:30—11:00 上音乐课。显然，你的课程安排必须符合学区所制定的相关标准。另外，某些学生可能需要离开班级接受一些辅助教学［例如，一号项目（Title I）课程、演讲课等]。如果很多学生同时离开教室，那么你还需要安排他们回来后的教学活动。

在开学初，要想制订科学的教学计划需要付出额外的努力。过度计划（安排了太多的活动导致在特定的时间内完成不了）和计划不足（活动安排得太少）都有可能发生，尤其是经验不足的教师更容易碰到这些问题。当然，最好还是多计划一些活动，然后在执行计划的过程中灵活变通。此外，在第一天完成不了的活动，可以安排到第二天或第三天去完成。

教学计划的类型

教学计划分为多种类型，包括长期计划（学年计划和学期计划）以及短期计划（单元计划、每周计划和每日计划）。这些不同类型的教学计划之间需要相互协调。长期计划的实现需要将该计划划分到每一学期、每一单元、每一周、每一天去完成。

你对课堂效果的预期将决定教学目标的制订，你的教学计划也必须要反映这些教学预期。很多教学行为是由州或地方制定的课程标准或者测试要求决定的，但是，你必须记住一点：是你在教授学生理解知识、鉴赏知识以及运用知识。因此，是你的教学计划将固定的课程转化成了有意义的教学活动、作业任务以及学习经历。在制订教学计划时，请重点考虑这两点：第一，学生需要掌握哪些技能和知识；第二，哪些活动可以让学生对学习产生兴趣。

教学活动的类型

任何一门学科的教学都需要教师设计教学活动，来帮助学生构建新的知识，获取并锻炼相应的技能，巩固并拓展所学的知识，以及给予学生学习反馈。教学活动的基本环节包括：①讲授新知识；②组织讨论；③巩固强化；④给予反馈。这些教学环节可以采用不同的教学组织形式（见表 6.1）。接下来要介绍的是两种常见的教学活动形式：班级教学和教师引导的小组教学。第七章详细介绍了小组合作学习的教学组织形式。

表 6.1　教学组织形式

教学组织形式	组织方式	教学目标	优势	劣势
班级授课	▪全体学生	▪同时面向全体学生教授新知识或新技能	▪教学效率高，短时间内能教授很多知识 ▪教学内容统一，所有学生接受相同的信息	▪教学形式单一，无法满足很多学生的学习需要
教师引导的小组教学	▪根据既定的标准分配同质小组	▪组织活动满足特定的教学需要，如补救教学、拓展提高	▪准确地了解学生的掌握情况	▪导致一些学生长时间一个人在完成课堂作业而得不到积极的监管
小组合作学习	▪同等水平的异质小组（正式的合作学习） ▪根据教学需要随意地分配异质小组	▪强化先前所教的内容并培养学生的社交能力（备注：要重视学生的个人成绩） ▪让学生感受合作学习的过程或共同解决一个问题，不对学生个体或小组的表现进行评分	▪给学生更多的机会去充分领会所教的内容 ▪培养学生的社交能力	▪并不是所有的小组学生都能从中受益 ▪活动过程中很难了解个体学生对内容的掌握情况
配对学习	▪根据学习的需要，教师安排或学生自己选择学习搭档	▪通过相互学习的过程加强学生之间的合作学习	▪两名学生都能参与到学习中 ▪培养学生的社交能力 ▪促进相互学习	▪可能会出现一名学生负责所有任务的情况
个别化教学	▪针对个体学生	▪满足个体学生的学习需要（缺席的学生补习功课，拓展提高，补救教学）	▪增加师生比例 ▪便于对个体学生进行辅导	▪可能会很耗时 ▪可能无法监管到一部分学生
学习中心及电脑工作站	▪教师通过多种方式为每个学生创造均等的参与机会	▪帮助学生强化、拓展、练习及运用所学的新知识或者给予补救教学	▪加强学生对知识的理解 ▪学生有机会练习所习得的技能 ▪便于学生运用所学的新知识	▪学习中心的时间难以掌控，非阅读中心的学生很容易出现行为问题 ▪前期需要做好充分准备 ▪难以监管

1. 班级教学

班级教学通常是介绍并传授知识内容的主要方式。在内容教学的过程中，你可以介绍新的知识、就某个知识点进行详细的解答、进行演示、示范技能的操作步骤或者描述问题的解决办法。这一教学形式适用于学习目标为接触/熟悉学习材料这类内容，并使得教师能够有效地展示新知识。

在内容教学的过程中，教师要引导学生学习新的知识，帮助学生将新知识与已有的认知进行联系并加以运用。另外，还要确保学生能够主动参与学习，而不是被动地接受，因此，你要想办法让学生积极地参与到课堂学习中。教师提问就是一种很好的互动方式，有利于教师检查学生的知识掌握情况，鼓励学生寻求问题的解决方案、运用所学的知识以及分析问题。

除了讲解与提问之外，内容教学还可以采取示例问题或者其他可以考查学生知识掌握情况的方式，这不仅有利于学生掌握新的知识，还有利于教师了解学生的知识掌握情况。此外，组织的活动以及所提的问题必须要精心设计，要能够反映学生的想法及知识掌握情况。例如，当学生给出正确的答案后，你可以继续追问："你是如何得出该答案的？""你所说的……是什么意思？""下一步是什么？""你还能想出其他的解决办法吗？"

另一种促进内容教学的方式是让学生参与项目研究或者问题解决，可以选择独自完成，也可以以小组合作的方式进行。

（1）讲授新内容。只有当学生知道明确的教学目标时，他们才更有可能愿意配合你的教学，因此要事先将教学目标告诉学生。如果学习内容很复杂，可以为学生提供一个教学大纲，帮助他们了解课程的结构并跟上教学节奏，使他们在正确的方向上学习。

如果是让学生通过阅读或者观看视频的方式学习，那么你可以给学生提供一个内容大纲，让他们进行填空和补充，这种方式有利于抓住学生的注意力，并能够激发他们认真阅读和观看。观看完视频后，尤其是在学生需要利用大纲进行深入学习或研究时，可以带领全班学生将所填的内容核对一下。另外，还可以通过视频学习教授学生一些记笔记的技巧，你可以引导学生去思考需要回答的问题，并帮助他们识别视频中的重要信息。

教学应按照你所计划的流程进行，不要轻易改变教学流程，除非这个改变非常必要。此外，要避免题外话、教学中断或者无用的信息。插入无关的信息只会干扰学生的学习，使他们无法明确学习目标。可以将核心概念、新学的专业词汇、主要的观点以及其他一些重要的信息，投影到屏幕上或写到展示板上，以凸显它们的重要性。

讲解要尽可能突出重点并详细、具体，可以借助案例、插图、示范、道具、图表以及其他一些方法，为抽象的内容增添实质意义。还要尽可能避免模棱两可的表述，以及与教学内容无关的口头衔接语，这些衔接语不含相关的信息量，甚至会使得学生跟不上课堂演示的节奏。讲解完后，要给学生足够的时间和机会消化所学的知识。

（2）检查学生的知识掌握情况。在授课的过程中就应检查学生的知识掌握情况，不要等到第二天再去检查。随着内容教学活动的开展，可以问学生一些问题，了解他们对重要知识点的掌握情况；也可以让学生书面作答，然后通过口头点评或者批阅的方式加以检查。在授课的过程中，时不时地提问不仅可以帮助教师了解学生的掌握情况，也有利于促进学生的课堂参与。

讲解完后你也可以通过让学生口头复述的方式，来检查学生的掌握情况并强调一些重要的知识点，比如，提问一些能够概括课堂内容以及主要观点的问题。所提的问题要确保多数学生都能参与回答，这样便于你去了解班级整体的理解水平，以及重新教授学生没有掌握的内容。另外，提问后要给学生充足的时间去思考，从而让更多的学生参与到互动中。

其他一些用于检查学生知识掌握情况的方法还包括，让学生用以下的方式回答你的提问：

- 举起事先准备好的彩色卡纸来展示答案。
- 使用指定的身体语言（比如，竖起大拇指、大拇指朝下、双手交叉、双手平放等）。
- 将作业纸折三次，共分成八个部分，然后在每一部分写上答案，并将相应部分的答案展示给你看。
- 用自己的语言作答，然后将作业纸上交给你批阅。
- 与指定的邻桌搭档，两人相互交流答案，老师在一旁倾听。
- 记日记或者制作一个学习日志，将每节课的回答记录下来。

（3）课堂作业及独立作业。通常在班级教学中，学生所要完成的作业任务都是建立在给定的材料基础之上。课堂作业是作业任务的一部分，它是指内容教学结束后，马上进行的全班学生均要完成的作业任务。大多数教师都会通过课堂作业来检查学生的知识掌握情况，并判断是否需要给予额外的补充教学。独立作业是作业任务的另外一部分，它由学生自己独立完成。通常在学生独立完成作业的过程中，老师会在一旁监督和指导。在小学高年级阶段，课堂中没有完成的作业任务一般会作为家庭作业被要求带回家继续完成，除非家里不具备完成作业所需的材料或资源（独立作业的相关程序请参考第三章）。

要想有效地管理独立作业，需要做到以下几点。第一，在让学生进行独立作业之前要给予充分的内容教学，这样学生才能够独立、有效地学习。第二，要清晰地介绍作业要求及作业目标，并给学生提供作业所需的材料或资源。一个好的办法是在进行独立作业之前，全班先一起完成一些独立作业任务（例如，全班学生一起做几道练习题）。这种方式可以帮助学生迅速进入作业状态，给他们机会进行提问，有利于你去发现并纠正班级授课中全班学生普遍存在的问题，而不需要重复帮助不同的学生解决同样的问题。第三，要积极地监督学生的作业，以便及时发现问题并提供纠正和反馈。

独立活动适用于巩固或者拓展已学的知识，不适合新知识的学习。因此，不要过度组织独立活动，根据以往的经验，用于内容教学的时间与独立活动的时间至少要保证差不多。另外，在长时间的独立作业中，学生的参与也更难以维持。如果你发现自己所安排的独立作业时间过长，可以尝试将作业任务分成几个部分完成，并在不同的部分之间穿插讨论或知识回顾环节。这种教学形式的改变不仅有利于抓住学生的注意力，也有利于你去了解学生的知识掌握情况并解决存在的问题。

（4）给予反馈。可以在组织讨论、背诵或者批改作业时给予反馈，也可以在内容教学之前、内容教学的过程中或者内容教学结束后给予反馈。例如，在讲授新知识时，你可能会将新知识的教学建立在学生已有知识的基础之上，并通过小组讨论的方式来引出新的观点或者需要解决的问题。另外，在学生进行演讲演示、检查学生的作业、讲解示范以及测试的过程中也要提供反馈。不管何时提供反馈，周密的计划及有效的管理都能够让反馈更有成效。

讨论能够鼓励学生参与重大事件、相关话题及活动结果的评价，有利于学生阐明自己的观点并弄清他人的想法，同时还能够提高学生的口头表达能力。在讨论的过程中，学生可以表达自己的想法，审视自己的观点并了解他人的观点。学生之间也可以互相交流，而不只局限于跟老师交流。在讨论的过程中，教师的角色应该是鼓励学生勇敢地发表意见，帮助学生理清观点并给予肯定，而不是去加以点评。

组织讨论需要很多技巧，包括营造友好的讨论环境、化解冲突、鼓励不同的观点（培养学生思想的包容性与开放性）。为了避免一直是固定的几个学生发言，你要想办法鼓励很少发言的学生勇敢表达自己的想法。比如，可以不时地邀请沉默的学生谈谈他们对之前所讨论的问题的看法；也可以让学生用自己的话进行诠释、澄清、解读自己或他人的观点，这有利于讨论的顺利进行。有时候组织学生之间相互交流比师生之间的对话更难，因此有必要跟学生强调要像回答老师的提问一样，回答同伴的问题，这一点很重要。

提前准备好需要讨论的问题，这可以使得讨论突出重点且富有成效。另外，要鼓励学生提出自己的问题，尤其是在进行小组或个人研究项目时要学会提问。最后，不管讨论是由学生主导还是教师主导，参与活动的基本规则都必须要清晰（比如，要举手发言、认真倾听、尊重他人的发言权等）。

背诵是一种提问—回答的反馈方式，老师提问，通常是事实性的知识，然后再对学生的回答进行引导、纠正。提问 / 回答 / 评价的顺序一般会不断地重复，直到提问了很多学生并且涵盖了所教的内容。实际上，背诵是一种口头的检查形式，它可以作为一种技能训练，或者用于检查学生对先前所学知识或者指定阅读任务的掌握情况，也可以用来检查学生的拼读水平、所拥有的词汇量或者其他的一些事实性记忆。

在使用背诵检查学生的知识掌握情况时，提问所有的学生而不只是那些愿意回答问题的学生，这一点很重要。只让乐意回答问题的学生回答，不利于你了解班上学生的实际掌握情况，你要想办法找到一个系统的方式，确保所有学生都有机会作答，可以使用检查表或者姓名卡。提问、给学生时间思考、请单个学生回答，这种方式很有帮助。有时候教师给予学生思考问题的时间不充裕，导致反应慢的学生没有机会作答。一些专家建议，在给予提示或者叫下一位学生回答之前，要给学生一点反应的时间。有时候你可以通过全班作答的方式来调动所有学生参与的积极性。

批改作业时，学生可以自己评价课堂作业或者家庭作业，但是这一活动只适用于能容易判断正误的情况。学生自己批改作业能够提供快速、及时的反馈，并便于教师了解以及讨论学生在作业中常犯的错误。批改过程中加以监督很有必要，以确保学生能够正确地进行批改。另外，要教授学生如何正确地批改作业，因此，向学生解释作业批改的程序、亲自进行示范以及让学生操作练习很有必要。学生批改完后，你需要将作业收上来，并加以检查，以了解学生的进步情况及仍然存在的问题。值得注意的是，学生的成绩是保密的，不可向外人泄露。此外，可以让学生之间互相批改作业，但是每个学生的成绩只能是教师和学生本人知晓。

在演讲演示环节，可以让学生向全班同学汇报自己的活动结果，展示活动流程或操作技巧，或者对自己参与的短期项目或长期项目进行总结。如果事先给予学生相应的指导，以及足够的时间进行计划和练习，演讲、演示会更有效；另外，与学生讨论作为听众在演讲、演示过程中应拥有的行为，这也有助于演讲、演示的顺利进行。让学生思考自己在演讲、演示时希望别人如何做是一个很好的开场方式。

课堂测验已成为小学课堂中的一种常见的活动。在固定的地方或者大屏幕上说明考试要求，可以帮助学生规范自己的考试行为。尽管如此，在进行测试之前，你仍需要先认真地重温一遍考试要求，尤其是对于低年级的学生来说。此外，还要认真地为提前完成测试的学生准备一些有意义的任务。

（5）一节课的活动安排。在实施班级教学的课堂中，一节课通常包含一系列的活动。常见的教学活动流程是：

- 批改作业或背诵
- 内容教学
- 课堂作业
- 独立作业、小组作业或班级讨论

第一个课堂活动是批改前一天的家庭作业。如果没有家庭作业，就带领学生复习之前所学的与今天的教学内容相关的重要内容。在内容教学的过程中，会教授一些新知识或新技能。内容教学结束后，进行简短的课堂作业，以巩固所学的新知识，并布置新的作业任务。最后，让学生通过独立作业、小组作业或者班级讨论加以练习。

这一教学流程存在的问题是，教师的内容教学与学生的练习巩固被分成两个环节，而这两个环节通常都需要学生长时间高度集中注意力。对这一教学流程稍做改变使之适应更复杂的教学内容，且不需要学生长时间高度集中注意力的流程如下：

- 批改作业或背诵
- 内容教学

■ 课堂作业或独立作业，通常很简单，并当场检查

■ 内容教学

■ 课堂作业，通常很简单

■ 独立作业、小组作业或班级讨论

这一教学流程将内容教学分为两部分进行，在第一部分的内容教学活动之后便进行练习反馈。将新知识的教授分为两部分进行，并且给学生留出时间练习，有助于学生在进入下一部分知识的学习之前，巩固前一部分所学的知识。这一教学流程也有助于检查学生的知识掌握情况，并在进行下一部分的内容教学之前给予及时的反馈。另外，将独立作业分成简短的几部分进行，也更容易抓住学生的注意力。但是，这一教学流程也带来一定的问题，过多的活动转换更容易导致学生注意力分散。然而，管理这些活动转换并不难，因为它并不需要学生离开座位，也不需要新的学习材料，并且所教授的知识内容也没有多大的变动，这些活动相互衔接得当，通常不需要做出明显的变动。

当然，并不是所有的课程都适合以上介绍的两种教学模式。例如，科学或社会研究类课程需要学生在经过全班性的内容教学讨论之后，以小组的形式进行长时间的观察、探索。项目研究可能需要长时间的独立活动或小组合作（与短时间的全班教学或者小组指导相结合）。不过，这里所介绍的两种常见的教学模式，为大多数教师指导的课堂教学提供了有效的教学框架。

2. 教师引导的小组教学

在这种教学模式中，学生以小组的形式进行学习，教师一次只对一个小组的学生进行教学指导，其他的学生自学。这种教学模式常用于阅读课的教学，也会频繁地用于数学课的教学，其目的在于帮助不同学业水平的学生掌握基本的学科技能。因为这种教学模式在基本技能的教授中被广泛使用，因此，我们会详细介绍它的基本特征。

小组教学的一个关键特征是至少会有两个不同的活动同时进行，教师在引导小组中的学生学习的同时，小组之外的学生会参与各种各样的独立活动。

因为教师需要积极地参与到小组学生的教学指导中，所以监督其他学生的行为并给予指导与帮助会变得很困难，再加上学生可能需要进行长时间的独立活动，因此，要想让学生投入到学习活动中，就要事先做好周密的计划并付出额外的努力。

组织有效的小组教学的第一步是要计划好小组之外的学生的活动。在活动开始之前，需要第一时间将活动要求告诉全班学生，即每个任务的要求、活动所需的材料以及每个活动的时间限制。另外，还要将作业任务及时间安排张贴出来，可以写到展示板上或者投影到大屏幕上。在进行活动之前，还应让每组学生将活动要求复述一遍，以检查他们的掌握情况。

在指导第一小组的学生之前，要对独立学习进行短时间的监督。当你确定所有学生都已开始做作业之后，再去指导第一小组的学生。在指导小组的过程中，要不时地环视教室，看看其他学生的学习情况。如果发现一些干扰学习的不当行为，可以通过眼神示意或者其他一些非言语的暗示，点名、提醒学生做该做的事等方式加以制止。如果该学生继续不当行为，则可以将其叫到隔离课桌旁，从而制止他/她的不当行为，比如，可以示意该学生自己坐到隔离课桌旁，这样你就不需要离开正在指导的小组。

另外一个值得思考的问题是：当学生在完成独立任务的过程中需要帮助时，如何在不打扰你的前提下获得帮助？一些老师让学生将不会的问题先搁置一边，直接进行下一个活动，等老师有空再去解答。另外一些老师会让学生互相帮助，或者指定一些学生做教师助手（通常每组指派一名教师助手），这种方法适用于组内异质的情况。最后，还可以让学生在展示板或者剪贴板上写上自己的名字，这样便于你了解哪些学生需要帮助。如果你必须离开小组去帮助其他学生或处理某个问题，一定要确保小组成员在你离开的这段时间里有事可做，或者也可以让小组中的一名学生暂时代替你组织活动。

当结束某一小组的教学指导后，不要急着叫下一组。相反，你可以利用这段空隙时间，检查独立完成任务的学生的活动进展情况，并帮助他们解决遇到的问题；你也可以趁这个机会，对那些在你进行小组指导时开小差的学生提供延时反馈，要确保给予认真参与的学生以鼓励与积极的反馈。此外，还要帮助那些离开小组并准备进行其他活动的学生，迅速进入活动状态。等这些工作都落实到位后，再去指导下一小组。

小组指导的形式也可以运用到其他的教学方法中，比如，合作学习、交互式教学以及项目学习。在合作学习活动中，学生以合作的方式完成小组任务及个人任务（参见第七章）。在交互式教学活动中，小组成员轮流担任组长，组织小组讨论，从而锻炼学生的总结能力、提问能力、阐述问题的能力以及归纳推理能力。在项目学习活动中，学生以合作小组的形式共同解决一些结构不完善的问题（例如，有多种解决方案的问题、问题包含未知的方面、需要做出判断及评价的问题等）。在设计小组教学时请参考案例 3.2。

理清教学计划

当你脑海中有了大致的教学流程后，要去了解一下即将教授的每节课、每一单元的学习内容、相关的概念以及教学目标，一个好的办法是参阅教师用书。在阅读教师用书时，要特别留意每一课的内容教学及本章活动部分，另外，还要事先去做书中的练习题，思考每课后面的问题及本章活动，并确定借助哪些部分来回顾课程目标，还可以将教科书中的案例、解释、关键的问题和活动，运用到主要知识概念的教授过程中。除此之外，要将你自己融入到课程中，尝试去预测学生在听课及做作业过程中可能会遇到的问题。最后，还要检查一下有没有新的专业术语，找出其准确的定义并提供相应的案例解释。

书中所给的建议不能太局限。请记住，你的教学目标是让学生理解知识，而不是单纯地记忆知识。很多教育工作者都强调构建知识的重要性，提倡让学生在已有知识的基础上，参与到知识的构建过程中。这就类似于引入问题，让学生探索问题的解决方法，或者通过讨论课堂如何与个人经验相关联来重新组织课堂。你的目标是让学生理解知识、鉴赏知识以及运用知识。

课堂对学生而言是否有趣？你是否能够以一种有趣的方式进行教学？因为你对所教学科的热情会感染学生，能让他们感受到该门学科的重要性。如果你觉得你所教的学科很有趣，并把这种兴趣传递给学生，学生也会对该门学科产生兴趣。但是，如果你对某门学科或者主题不感兴趣，你的学生也很可能受你的影响。为了避免出现该问题，你可以尝试以不同的方式来组织教学。例如，在展开某个主题的学习时，可以将主题汇报的教学形式改为小组讨论的形式。

最后，每个教学环节都要做到相互衔接。你可以事先列一个活动大纲，将主要的教学活动罗列出来，并设想好需要讨论的问题，这样你就能够有效地组织教学活动。

课堂中多媒体的使用

不论是使用计算机组织内容教学、开展研究还是进行课堂练习，都要事先做好计划。虽然教室中的计算机达不到老师所期望的数量，但是每个教室至少配有一台计算机。你要做的是制定一些策略，使多媒体技术成为帮助学生实现学习目标的有力工具。如果你们学校没有机房，那么你只能通过教室中的计算机工作站来组织教学。正如第五章中所介绍的，在使用计算机工作站之前，要事先向学生介绍计算机的使用流程并让学生加以练习。另外，你可以任命一名甚至多名学生为计算机助手，在你进行班级教学或者小组指导时给予帮助。

使用多媒体技术并不意味着它一定能够满足具体的教学目标。当多媒体技术的使用有利于教学目标的实现时，如何充分地利用多媒体技术则是一个挑战。有用的策略包括上网搜索需要的学习资源或者借助特定的内容学习软件来加强学生的技能。比如，电子邮件和文字处理软件可以提高学生的语言组织能力和写作技巧。你还可以将学习笔记、教学游戏及教学活动的链接等放到班级网页上，以便学生进行学习。另外，你还可以将教学内容制作成幻灯片，借助网络视频，介绍动物的栖息环境，使用应答器进行课堂评估，也可以与其他班级共建一个维基网站，就某一特定国家的问题开展研究。

教师通过利用多媒体技术使教学更有效，使得“超文本功能”的定义更加明确，他们从而更加了解学生。技术使用得娴熟，学生、技术和学科内容之间的整合也愈发一目了然，各个学习领域间的联系性也变得更强。他们通过必要的交流来维持这些因素之间的联系。与此同时，研究者强调，教师应该意识到指向儿童的技术已日益成为市场的焦点，并提醒学生在浏览网页信息时，要学会保护自己的个人隐私（Seiter, 2005）。作为教师，应了解哪个学生在使用多媒体技术、使用的时间以及与谁一起使用。

互联网的应用使得学生搜索信息比以往任何时候都便捷。但不幸的是，并非所有可获取的信息都适合学生，因此，在教学过程中若要使用互联网，一定要做好相关的预防措施。很多学区制定了公平使用多媒体的政策，其中包括要求所有教职工同意对学生使用互联网加以监督并进行签名。大多数学区使用了互联网过滤器，一些学校在让学生使用互联网之前，会事先征得家长的书面同意，而对于那些家长不同意使用互联网的学生，你要想一些替代性的办法，帮助他们获取信息。还应告诉学生在使用网络时要谨慎，不要将自己的姓名及任何个人信息公布到网上。

你可以事先浏览网页内容，预想学生在浏览过程中可能遇到的问题，并在学生浏览网页时在一旁加以监督。要告诉学生具体的搜索信息，并规定好上网时间，这样可以避免很多麻烦。最好的做法是在开学初就制定好相关的使用规则。例如，可以与学生签订一份合同，合同上注明“上网只能用于学习，如果浏览与学习无关的内容，剩下的时间将被剥夺上网的权利”。如果学生不小心误点了不相关的网站，可以让学生点击网页上的返回键并立即寻求你的帮助。

为了让学生更有效地利用上网时间，可以鼓励他们将搜索到的资源打印出来，比如，教学生通过略读标题找到合适的资料，然后再打印出具体的文本资料；或者，还可以考虑让学生使用搜索功能，找出重要的信息并注意重要信息周围的文本，以了解更多的细节，要让学生在搜索的同时学会记笔记。

如果是在教室以外的地方使用多媒体技术（如图书馆、机房），并且你不在现场，那么一定要事先与这些地方的监督老师沟通好。你可以给班上的学生提供书面指导，从而帮助监督老师回答学生的提问并解决有关的问题。另外，在学生离开教室之前，可以带领他们一起回顾一下进出这些地方的规范和流程。

最后，作为教师，我们一定要避免因信息技术的便捷性而干扰我们教育学生的职责。请在你的个人休息时间享受科技带给你的便利。在上课的过程中发短信或者打电话不仅会浪费课堂教学时间，而且这种行为也是对学生的不尊重，还会导致学生注意力不集中，引发一些不当行为。用智能手机看天气预报、关注暴风雨预警或者给一个学生的兄弟姐妹的老师发短信讨论搭便车的事，这些行为虽然可以理解，但也不应该发生在课堂教学的过程中。

库宁的班级教学管理理念

一个成功的教师引导的课堂的核心要素是教学节奏，即教学活动能够顺利地进行，不偏离教学主题，不分散学生的注意力，课堂没有中断。节奏流畅的课堂能够抓住学生的注意力，避免他们分心，因为大多数对学生课堂行为的引导都集中于合乎课堂要求的行为上。然而，当教学节奏不连贯、受到外界环境的干扰或者偏离教学目的时，便很容易导致学生注意力不集中，无法专心地参与教学活动。

库宁和他的同事（Kounin，1970；Kounin & Gump，1974）所进行的一系列课堂研究，提出了有助于小组互动并使活动顺利进行的有效管理的几个概念。根据库宁的观点，活动流程依靠三种类型的教师实践来维持，表 6.2 对这三种类型的教师实践做了总结，每一类行为都包含两三个相关的概念。阅读表 6.2 中每一类行为的定义，并思考相关的案例。

表 6.2 有效的课堂管理者维持活动节奏的方法

事项	管理策略	定义	事例
防止学生的不当行为	明察秋毫	让学生们感受到你了解课堂发生的一切；及时、准确地发现学生的不当行为并加以纠正。	一名学生正准备将纸团扔向垃圾箱，老师立马给予眼神示意，学生乖乖地将纸团放入垃圾箱。后面的学生看到这一幕后，也打消了乱扔纸团的念头。
	一心多用	同时处理几件事情。	在老师组织班级讨论的过程中有名学生走进教室，老师跟该学生点头示意了一下便继续讨论。之后当学生开始完成课堂作业时，老师过去找该学生询问迟到的原因，并要求该生在迟到假条上签上名字。
活动转换管理	势头	让课堂快速推进；事先认真做好计划，以免减缓教学节奏。	老师注意到自己对某一个小的概念解释的时间过长，导致教学偏离课堂重点。于是，老师决定将该概念留到下节课再详细介绍，并继续后面的教学。
	流畅	要一直遵循计划的教学流程；避免出现让学生感到困惑的跑题或讲题外话的行为。	对于学生感兴趣的话题，老师会给予相应的回应，但是也会避免做出导致偏离课堂重点的评论。
维持团体学生的注意力	团体提醒	在个体学生回答问题时，全班学生都要做到注意力集中。	每个学生在进入教室前从帽子中拿出一个纸条，老师会在上面写上数字，并在快速复习中通过数字喊学生回答问题。
	鼓励个体职责	告诉学生，他们的参与情况会被观察和评价。	在讨论或技能练习快要结束时，让学生向左右两边的同学介绍自己的问题解决办法或技能操作步骤。
	高度参与	设计活动，让不直接参与回答老师提问的学生积极参与。	当一些学生在黑板上解答问题时，指导座位上的学生在纸上作答。

预防学生的不当行为

课堂是个很复杂的场所，很多事情可能会同时发生，谁都无法准确地预测事情何时会发生。新教师很容易只关注个别问题或者照顾特定的教室区域，而忽视整个班级的情况，采用库宁的以下两个理念——明察秋毫和一心多用，可以帮助新教师预防这一问题的出现。

明察秋毫是指在学生的不当行为加剧或者影响更多的学生之前就要加以纠正，并能够准确地锁定拥有不当行为的学生。没有明察秋毫能力的教师既无法阻止学生的不当行为，并且可能需要做出更多的干预，也无法准确地揪出犯错的学生。很显然，明察秋毫要求教师能够进行良好的监督，并及时处理学生的不当行为，有关概念在本书第八章会详细介绍。

一心多用是指教师会处理两个或两个以上同时出现的问题。以下是一些例子：上课期间突然有人来访；小组阅读时间，非阅读小组的学生找老师有事；当老师在帮助其他学生的过程中，有学生发生争吵等。一名拥有良好的一心多用技能的教师，能够同时处理好两件事情，而不是将一件事情搁置一旁，先处理另外一件，或者干脆将第二件事忽略。例如，在上课的过程中如果出现中断，该教师会让学生继续手中的学习任务或者给他们布置一些作业，然后再去处理打断教学的学生或事件。另外，如果发生争吵的学生离教师很远，教师会在自己的位置上，通过眼神交流或者简单的口头示意来阻止争吵。

明察秋毫以及拥有良好的一心多用技能的教师，能够使自己的课堂教学免受学生的不当行为及外在环境的干扰。另外，因为要及时对问题做出回应（但不能反应过度），教师通常会采取一些简单的措施（如眼神交流、重新引导、轻声命令等），这些举措一般不会干扰到正在进行的活动或者分散学生的注意力。如果教师无法做到明察秋毫或者在必要的时候一心多用，课堂就很容易因学生的不当行为及教师的滞后反应而中断。

活动转换的管理

明察秋毫和一心多用可以用于处理外在环境及学生的不当行为对教学的干扰，而活动转换的管理则用于避免教师引起的中断或干扰。有效的活动转换需要控制好教学势头，并能够促进活动顺利进行。

教学势头是指教学节奏，那些快速推进的课堂显示出这种势头。如果教师总是盯着某一内容、知识点或技能反复地进行讲解，或者将活动无意义地分解成不同的阶段完成，它就会导致教学节奏的减缓。例如，在布置作业时，教师应该给学生提供一个标准的作业格式进行模仿并参考，而不是总改变形式，然后一遍遍地做解释。

与混乱的课堂不同，流畅的课堂集中反映在教学的连续性上。一个流畅的课堂能够紧紧抓住学生的注意力。如果教师偏离教学的主题或活动，去探讨一个新的话题或者寻找一些事先没有准备好的材料，就可能导致学生注意力分散，抓不住课堂的学习重点。

维持团体的注意力

课堂教学包括以团体的形式进行教学，该团体通常是指整个班级的学生。采取这种教学模式意味着，教师必须能够意识到团体会对教学产生的影响。好比指挥家指挥一支交响乐队，教师必须在指导个体学生的同时兼顾全体学生。团体的注意力可以通过以下三个策略来维持。

团体提醒是指采取措施让全体学生在个别学生做出回应时集中注意力。这些措施包括：制造悬念、让学生做好回答提问的准备、随意点名回答问题、不许重复别人的观点，或者借助视觉教具、展示品以及使用其他吸引注意力的方法。只与一名学生对话交流以及提问之前点名是两种无效的团体提醒方式。

鼓励个体职责是指当教师告诉学生他们的表现会以某种方式被观察和评价时，会激发学生的责任意识。评价通常不会采取打分的方式（但可以采取这一方式），只要能够反映学生的表现情况即可。例如，可以让知道答案的学生举手，然后请一名或多名学生回答，从而了解全班学生的知识掌握情况；

可以让所有学生写下答案，然后在一旁巡视检查；另外，还可以让学生记笔记，并不时地进行检查。

高度参与课堂是指设计活动以便让不直接参与回答老师提问的学生积极参与的一类课堂。与让学生单纯地坐着倾听别人发言相比，在这种教学模式中，学生的参与度更高。学生的高度参与可以通过要求学生写出问题的答案、合作解决问题、集体朗读、动手操作或者完成其他需要同时完成的任务等方式实现。

有些教学活动会倾向于使用某一特定的策略，来维持团体学生的注意力。在设计教学活动时，要思考采取哪一种策略。例如，在需要借助贵重物品进行示范的活动中，采用高度参与的模式可能会有难度，这时采用团体提醒的模式可能更易于组织。

库宁的团体教学管理理念不仅让我们了解了有效教学的关键要素，而且便于我们诊断教学中存在的问题，找到可能的解决方案。例如，如果遇到拖堂或者学生回答问题不积极的情况，可能就是团体注意力方面出现了问题，这时可以通过团体提醒、鼓励个体职责或者提高学生参与度的方式加以解决；而耗费太多时间或者经常偏离轨道的活动，可能是在活动转换管理方面出现了问题，这时你要去弄清该活动进展缓慢以及教学秩序混乱的原因。

教学实施过程中的活动转换问题

任何两个活动之间的间隔便是一个过渡。活动转换过程中会出现很多问题，比如，两个活动之间的衔接时间过长，这样往往会导致学生表现出一些不当行为或破坏性行为。此外，教师或学生在进行下一活动之前准备不充分、活动转换过程中对学生应有的行为交代不清楚，以及错误的活动转换程序都会导致问题的出现。下面是一些活动转换问题的案例，以及用以解决这些问题的建议。

过渡环节常见问题	改进建议
早上学生到达教室后吵吵闹闹，大声喧哗，导致老师不得不中断出勤检查，内容教学活动也往后延迟。	制定一个开始上课的流程，向学生清晰地说明你的行为要求，并坚持不懈地加以强化。借助定时器来练习这一流程，从而让学生快速地融入课堂。
活动转换期间，学生会交谈，尤其是在布置了作业但还没开始做作业的这段时间。很多学生会过几分钟才开始做作业。	确保学生知道作业内容，可以将作业内容张贴到学生容易看见的地方。带领全班学生一起完成前几道练习，这样可以让所有学生快速进入作业状态。在活动转换的过程中要加以监管，必要时给予提醒。
需要进行补充教学的学生会提前停止作业并离开教室，导致教室嘈杂，而这时其他学生还在完成作业。当这些学生返回教室时，他们会干扰其他学生。因为了解活动要求及作业任务，也会打断其他学生的学习。	事先规定好可以离开教室的信号，比如，特定的时间，并让学生练习如何悄悄地离开教室及进入教室，明确行为规范。对于他们回到教室后需要完成的任务要求，可以将其放入文件夹中、写到展示板上或者在他们的课桌上留张便条。对于低年级的学生来说，可以给回到教室的学生安排一个特定的区域（如阅读地毯）或者一项特定的活动，等你有空时再给予他们指导。
在下午的最后一个活动中，学生往往会变得很懈怠，他们开始到处闲逛，把教室弄得一团糟。	制定一个放学流程，要求学生继续学习，直到老师宣布准备放学为止，然后指导学生协助打扫教室。
当老师要求学生进入下一个活动时，往往会有许多学生迟迟不行动，而是继续完成上一个活动，导致下一个活动被延迟并给学生带来困惑。	在活动结束的前几分钟便给学生提示，活动结束后让学生放好所有的活动材料，拿出下一个活动需要的材料；加以严格的监管，确保所有学生都能顺利地完成过渡，等所有学生都准备好后再开始下一个活动。
因为老师寻找教学材料、填写出勤记录、收作业等导致活动被推迟，或者与个体学生交谈导致其他学生在一旁等待。	提前准备好教学材料，并在学生开始进行活动转换时加以监管和指导，避免任何会干扰你监管及指导学生的行为。

这些案例概括了活动转换环节可能出现的主要问题。如果你感觉课堂总是在浪费时间或者你在过渡环节难以控制局面，以上建议对你会有帮助。除

此之外，如果你仍然需要帮助，可以请其他老师观察一下你的课堂，并给你提出一些改进的建议。

本章小结

学生有很多学习方面的需求，因此，教学需要制订各种各样的教学计划。教学计划包括制定日程安排、确定教学内容及教学顺序、确定长期目标和短期目标、变换教学活动类型（如独立学习、小组教学、班级授课）、使用多媒体技术以及帮助学生将当前要学习的知识，与已有的认知及未来的需要联系起来。另外，要想使教学流程顺利进行，还需要提前设想好措施，以预防学生的不当行为，组织好活动转换，维持团体学生的注意力。认真组织活动转换可以防止出现很多潜在问题。有效的课堂管理与高质量的课堂教学相辅相成，因此，有效的教学计划能够帮助你实施课堂教学，有利于建设学习型课堂。

拓展阅读

Bitter, G. G., & Legacy, J. (2008). *Using technology in the classroom* (7th ed.). New York: Pearson Education.

这篇文章概述了技术以及师生对于技术的使用。前面几章专门为技术平平的教师而设计，后面几章对于技术娴熟的教师来说，十分有帮助。

Borich, G. (2006). *Effective teaching methods* (6th ed.). Upper Saddle River, NJ: Pearson Prentice Hall.

这本书的理论和实践并重，为教师提供了有效的教学方法。为了帮助新教师做好准备，本书囊括了对标准测验和应用测验的详细论述。这个版本新增的内容包括野外实践活动、小组建设活动和课堂观察活动。

Fuchs, D., Fuchs, L. S., Mathes, P. G., & Simmons, D. G. (1997). Peer-assisted learning strategies: Making classrooms more responsive to diversity. *American Educational Research Journal, 34* (1), 174-206.

本文作者曾发表过一篇有关学生在阅读课中互助学习的研究。在这篇文章中，作者表示，无论学生的成绩是高还是低，相对于那些没有互助学习的学生，参与其中的学生或多或少都有收获。

Price, K. M., & Nelson, K. L. (2007). *Planning effective instruction* (3rd ed.). Belmont, CA: Thomson Wadsworth.

这本书描述了一系列有用的教学指导方法，包括应用到实际中的各个步骤。

Wiggins, G., & McTighe, J. (2005). *Understanding by design* (Expanded 2nd ed.). Alexandria, VA: ASCD.

这本书描述了制订一项计划的过程，以学生的理解为目的，回溯至手边的课程。

www.commoncraft.com

这个网站用浅显的英文解释了许多与技术有关的术语和工具，例如，维基百科、博客、安全密码等。

www.lburkhart.com

这个网站给出了关于技术整合的一些有用的建议，可以应用于小学、初中、高中以及有特殊需求的学生。

www.lessonplanspage.com

这个网站为教育者创办，归属于美国斯克兰顿大学，包括涉及从学前直至高中各门课程的2500多个示范课案例。

www.teachervision.fen.com

这个网站由纽约家庭教育机构创办，为教师提供了一些技巧。该网站拥有一个课程计划中心。

本章活动

（1）从本章的两幅卡通图画中任选一张，描述你对该图画中所介绍的教学计划与教学实施的认识。

（2）与搭档一起讨论并回答下面的问题：你认为学生是怎样学习的？你怎么知道某人正在学习？你喜欢什么样的学习方式？你对这些问题的看法如何影响教学策略的选择？它们又会如何影响你的教育理念？每个建议是如何支持 / 不支持你所认为的最重要的学习类型？

（3）思考 6.1 中的情景，选择其中一个情景，并将你的看法写下来。

（4）阅读案例 6.1。你能从中找出几个符合或者违背库宁理念的教学行为（这一活动部分的参考答案见附录）？请制定一个教学大纲，帮助改善凯斯老师的教学流程。

（5）案例 6.2 介绍了教学实施过程中可能会出现的问题。运用本章及前几章中的相关概念，诊断莱克老师教学过程中出现的问题，并给出改善建议，然后将你的建议与附录中的参考答案进行对照。

（6）教师有时候会在拓宽学生的知识面与加深学生对知识的理解的权衡上把握不准，请教一些有经验的老师，听听他们的建议，看看他们是如何应对这一挑战的。

（7）在一个单独的班级中，观看几节采用不同教学形式组织的课堂（如班级授课、学习中心、小组讨论、课堂测验），然后书面回答以下问题：你看到了几种教学形式？这几种教学形式在教室布置、教学程序及教学计划上有何不同？在处理这些不同之处时，该教师都使用了哪些管理策略？

（8）浏览网页 www.lessonplanspage.com 或者 www.teachervision.fen.com，从中选择一些教学计划，看看它们是如何围绕核心观点、长期教学目标以及辅助性目标和活动来组织教学的。如果让你选择其中一个教学计划实施教学，你会对该教学计划做哪些变动？为什么？

情景 6.1

假设你教 A 或 B 中的一个班级。请选择下面提供的教学设想，并将你会如何用这些教学设想来设计该单元的教学，以及选择该顺序的原因写下来。你还能设想出其他的教学组织形式吗?

A. 这是一个二年级的班级，接下来将要学习关于植物的生长、植物的各个部位以及种子分布这一单元。该班级每周会进行三次为时 30 分钟的科学课程的学习，这一单元的学习将持续两周。以下是一些教学设想：

- 去学校前面的花园进行野外考察，咨询园丁关于植物生长的知识，并让学生动手栽种一些花草。
- 组织科学中心活动。在一个拉链袋中放上湿纸巾，里面放上五个不同品种的豆子，然后将袋子粘到窗户上用来观察和记录。
- 组织一次全班性的讲座，通过一首诗歌或者一本儿童读物，向学生介绍植物的各个部位、生长情况、种子分布以及生命周期。
- 邀请当地的园艺师作为嘉宾进行演讲，可以携带各种植物的种子，以便与大家讨论关于种植和看护植物的问题。
- 以小组为单位，在线观看关于植物生长、种子分布和植物生命循环的视频。

B. 这是一个五年级的班级，接下来要学习关于国家的军事历史这一单元。该班级每天都会进行为时 25 分钟的社会研究学习，这一单元的学习将会持续两周。以下是一些教学设想：

- 邀请嘉宾演讲：当地退休的曾参与过海湾战争的国民警卫队军官。
- 学生两人一组，在线观看国家博物馆展览——“战争中的 ×× 国家”。
- 小组探讨所指定的由国家政府 / 士兵参与的战争事件（如美国革命、南北战争、第二次世界大战、美越战争等），然后让不同小组的学生相互搭档，共同绘制维恩图表，用来比较在不同战争时期国家的参与情况。

- 组织全班性的讲座，通过一些照片、地图和图表的展示，向学生介绍当时国家参与战争的情形。
- 让学生阅读课本中关于国家军事历史的章节（可以采取自由阅读、小组阅读或者班级阅读的方式）。

案例研究

案例6.1 四年级的一节数学课

午餐过后，当凯斯老师正准备开始上课时，有两名学生在互相交换笔记，他用眼神示意他们停下来，于是这两名学生迅速拿出上课材料。“首先，让我们来完成章节末的几道练习题，请大家准备好有标题的作业纸。”当学生准备拿出作业纸时，凯斯老师突然叫道：“哎呀！我忘了告诉大家明天需要带野餐费，有多少人想去野餐呢？”简单地讨论之后，学生这才有空拿出作业纸。凯斯老师接着说道：“我们来口头完成这些练习，但是我希望大家将答案写到作业纸上，作为今天课堂作业的一部分。我会到大家的座位上一一检查。谁能回答第一个问题？会的人请举手。蒂龙，你会吗？”

凯斯老师叫了很多学生回答问题，有些学生是自愿举手回答，有些学生是老师随意点名回答。当练习进行到差不多一半时，突然有一名学生走进教室，他说自己刚来这所学校，并被分配到这个班级。凯斯老师便停止练习，回到自己的讲桌旁，坐下来对这位学生说道：“请你到我这边来，我来给你准备些书本。我希望学校办公室以后不要在上课期间安排学生插班。不过话说回来，你来自哪里？你今天穿的衬衫很不错。”

处理好该学生的事情后，凯斯老师给他安排了座位，然后离开讲桌对全班学生说道：“我们刚刚讲到哪里了？哦，对了，我们讲到了第七问。金和李去哪儿了？我并没有允许他们离开。”

过了几分钟后，凯斯老师中止了练习，并对学生说道：“下面，让我们来讨论一下本周四将要进行的考试。希望大家都已弄清楚了考试的内容，并知道如何去做准备。”稍做停顿后，他又补充道：“我差点忘了。请大家将刚才的练习题打开，把接下来的问题都看一下，我要给大家补充一个刚刚遗漏的重要的知识点。”补充知识点结束后，凯斯老师又回到刚刚正在讨论的考试话题，“我们刚刚讨论到哪里了？哦，对了，接下来，我要给大家讲解几道与考试题型相似的题目。”说完，他便转身在展示板上写题目，然后停顿了一会儿说道：“好吧，我可不想提前泄露考试的内容。”

然后就没有继续讨论与考试有关的话题，而是转向了另外一个话题：“我们明天将会观看一个视频，在此之前请大家耐心等待。刚刚在午餐时间，我在一位老师的网页上看到了该视频，据这位老师说，她班上的学生认为这是迄今为止他们看过的最有意思的视频之一。”

案例 6.2 六年级的一节科学课

莱克老师教六年级，一直以来她在学生的作业问题上遇到很大的困惑，班上有很多学生不认真对待作业，有些学生甚至不做作业。这些学生似乎跟不上教学节奏，甚至连书本上的练习也完成不好，只有四五名学生作业质量完成得不错。莱克老师喜欢通过一些新奇的想法，激发学生的学习兴趣并促进学生独立思考。虽然班上的大多数学生都喜欢听莱克老师讲课，但是学生似乎无法将听课的热情转移到作业上。例如，在最近的一次科学作业中，学生被要求通过绘图的方式，来解释鸟类从爬行动物阶段演化到飞行动物阶段的进化过程，大部分学生的作业完成情况并不乐观。而在布置这项作业之前，莱克老师给学生做了个测试，测试共有五道题，分别是关于鸟类、爬行动物、脊椎动物的基本知识以及前一周所学的一些知识点。测试完后，莱克老师当场公布正确的答案，学生自己批改后将试卷上交给老师。虽然测试并不难，大多数学生却只答对了三道题甚至更少。批改完试卷后，莱克老师便开始给学生讲解鸟类的进化过程，这一讲解持续了 20 分钟。在讲解的过程中，莱克老师带领学生一起讨论了以下几个问题：

- 物竞天择、适者生存的含义，并让学生举例说明。
- 列举出当地社区的一项环保措施。一名学生举例，其他学生做评论。
- 讨论其他星球上可能存在的生命，包括对太阳系中行星数量的讨论。
- 思考鸟类为什么要从爬行动物进化成飞行动物，一名学生答道："为了躲避天敌，它们必须要学会飞行。"
- 生物的分类系统：界、门、纲、目、科、属、种。

在讲解的过程中，莱克老师要求学生将展示板上展示的生物分类摘抄下来。另外，她还列举了一个生物分类的例子，例如，狮子属于动物界、脊椎动物门、哺乳纲等，并将两个类似的例子写到展示板上。接着，她问学生是否掌握了相关的内容以及有没有什么疑问。确定学生没有疑问后，莱克老师给学生布置作业，要求解释鸟类的进化过程。完成作业的时间共 25 分钟，莱克老师要求学生将作品涂上颜色，保持作品整洁，介绍进化的三个阶段。正如莱克老师之前布置的作业的完成情况一样，虽然大多数学生都认真地去完成，还有很多学生时不时地跑去询问莱克老师的修改意见，但仍然只有少数学生的作业完成得不错。

莱克老师的教学存在哪些明显的问题？她可以做出哪些改变来帮助学生更好地完成作业？

我的网络教育实验室

请登录网址 www.myeducationlab.com：

（1）进行小测试，检测你对本章内容的掌握情况。

（2）根据个人学习计划来学习本章内容。

（3）加深你对课堂管理策略相关概念及原则的理解。

（4）将本章学到的知识运用于你的教学工作中，以提高教学技能。

第七章

小组合作学习的管理

斯托克顿老师教小学四年级，班上的学生以小组的形式就座，每组安排了3~4名学生。之前的课上，学生学习了各种类型的桥并观看了世界著名大桥的有关报道，在这之后，每个小组都设计并绘制了一座桥。目前，各个小组的学生都在搭建各自的模型，他们所使用的材料有冰棍棒、压舌板、纸、胶水、细绳，以及小组物品管理员从教室里的物品供应中心拿来的橡皮筋等。每位学生都在专心地做着自己手中的工作，不需要老师过多的指导，斯托克顿老师在小组间来回走动，鼓励学生，提出问题，并偶尔提一些建议。

当布莱斯离开座位向斯托克顿老师抱怨自己的组员戴利恩浪费小组搭建模型所需的材料时，斯托克顿老师问布莱斯有没有跟戴利恩谈论过这个问题。他建议布莱斯在寻求他的帮助之前，先与小组中的其他成员商量该问题的解决办法。当某个小组完成作品后，斯托克顿老师走到该小组中，建议该小组的学生根据之前课堂讨论得出的标准对模型进行修改。

【思考】与搭档一起讨论以下几个问题：斯托克顿老师在这节课中扮演的角色是什么？学生的角色是什么？他都安排了哪些教学程序？他在上这节课之前做了哪些准备？

在这节课中，斯托克顿老师采用了小组合作学习的教学形式。正如其名称所喻示的，这种教学形式要求将学生分成若干个小组，学生在小组中合作完成任务、相互帮助、共同解决问题、分享学习材料并组织小组讨论。教师之所以采用小组合作学习的方式，是因为他们认为这种教学形式能够促进学生的学习和参与。很多教师还认为，让学生自己制订小组计划，自己做决定，这些都能够培养学生的独立性，这类教师将自己定义为小组活动的促进者，而不是主导者。最后，教师还认为，经常性地组织小组活动，能够培养学生的社交能力和问题解决能力，而这些重要的生活技能将有助于学生更好地融入社会环境。

在课堂教学中运用小组合作学习，需要对传统的课堂管理模式做些调整。班级授课及独立学习中所使用的很多作业管理及行为管理的教学程序，也可以运用到小组合作学习中，但是关于交流与走动方面的程序需要做些调整。另外，在小组合作学习的教学模式中，教师控制活动节奏的能力、监督能力和反馈能力显得尤为重要。最重要的一点是，你必须教授学生有效进行小组合作学习所需要的技能。

关于合作学习的相关研究

有关合作学习的大量研究集中于其对学生的学业成绩及其他表现方面的影响，比如，人际关系、学习动机及学习态度等（Johnson & Johnson，1994；Nastasi & Clements，1991；Slavin，1995）。小组合作学习能够产生积极影响的一个重要原因是，合作学习能够提高学生的活动参与度。与班级授课及独立学习相比，小组合作学习更利于促进学生参与，便于及时反馈以及促进小组成员之间的交流。在小组合作学习的教学形式中，学生主动地参与学习，而不是被动地接受知识。有研究结果显示：学业成就低的学生可以在小组成员的帮助下取得进步，而学业成就高的学生在帮助其他同学的过程中，也能够更好地学习；所有的学生在共同完成小组任务的过程中，能够提高自己的人际交往能力。此外，每个学生都能在小组成员的相互支持中获益，而这种相互支持能够为学生的学业成绩及学习创造积极的行为规范。

虽然小组合作可以促进学生的学习和其他方面的表现，但绝不是简单地对学生进行分组就能实现这些目标。相关的研究得出了大量有关如何有效地促进小组合作学习的策略（Emmer & Gerwels，2002；Gillies，2007；Lotan，

2006)，这些策略包括：教授学生如何进行小组合作、在学生合作学习的过程中给予指导、认真地选择并组织学习活动、鼓励学生之间互相帮助以及树立个体责任意识。有效的小组合作学习的课堂还具有以下一些特征：每天都要对学生或小组的表现进行评价，对小组活动加以监督并给予反馈，以及使用动手操作的材料（Emmer & Gerwels，2002）。

在某种程度上，这些措施的重要性取决于你的教学目标以及小组学习任务的要求。有些教师将小组合作学习作为主要的教学形式，并通过研究项目及综合课程来传授学科知识。另外一些教师则在部分学科的教学中，采用小组合作学习的模式，将其作为班级教学和独立学习的补充，比如，在进行课堂练习活动时，采取小组合作的方式。不论采取何种教学方式，本章接下来将要介绍的策略对你会很有帮助。不过，在使用这些教学策略时，必须根据实际的教学需要做出相应的调整。

小组活动的相关案例

在刘老师所教的二年级的课堂上，学生两人一组正在学习识别硬币，每组桌上有一张图表和一袋不同币值的塑料硬币。图表共有10行5列，每列分别写着“1分”“5分”“1角”“2角5分”“5角”。刘老师要求每组学生计算出给定硬币的总额，然后将币值填到图表上。大约15分钟后，刘老师让一些小组的学生借助教室里的投影仪来展示他们的计算结果，并让学生讨论是否可以采取其他的方法得出相同的结果。

加西亚老师让学生三人一组进行阅读理解活动，学生根据当天的安排轮流朗读和提问。有时，在阅读活动开始之前，加西亚老师会组织一个简短的班级讨论，教学生如何在小组中提问和回答。阅读活动持续了20分钟，在学生进行阅读活动时，加西亚老师会在每个小组观察两三分钟，并偶尔提出一些反馈和建议。

多德老师所教的四年级的班级最近正在学习奎鲁特人的文化和习俗。在该单元末的一次活动中，学生通过排演话剧再现奎鲁特人的生活情景。学生4~5人为一组，选取能代表当地文化的特色活动（如捕鲸），进行编剧和排演。学生共有30分钟的时间来完成任务。在学生编排的过程中，多德老师在各个小组间监督、解答疑问并提出意见。之后，每个小组在全班同学面前表演。表演完后，大家对剧中的角色进行讨论，以澄清所描述的各个概念。

理查森老师教五年级的科学课，在最近的一次课上，学生以小组的形式借助各种尺寸大小的木轮、棍子、橡皮筋、回形针及其他材料制作推车模型。在经过三节课的知识学习后，学生自行探索，尝试搭建能够自动运作的模型。理查森老师鼓励学生在模型运作的过程中，注意观察摩擦与轮子尺寸的关系、模型如何发动以及如何借助轴转动。每个学生边观察边将观察的结果记录到自己的笔记本上，整个活动过程都是在小组中进行。

【思考】请与搭档一起讨论以下几个问题：以上案例所描述的课堂中有哪些课堂环节能够激发学生的兴趣？教师需要采取哪些措施才能保证课堂的顺利进行？案例中的课堂与班级教学的课堂有什么不同？班级教学如何穿插进这些课堂中？

以上的几个课堂案例介绍了不同的小学科目教学中，可以采取的小组活动形式。然而，要想使各个小组都能顺利而有效地开展活动，则需要教师的精心策划和学生的充分准备。请试着去想象这些小组活动，以及为了成功地参与活动学生应有的行为表现。另外，请思考如何布置教室的物理环境以满足小组活动的需要。值得注意的是，在小组活动中，教师的作用不再是简单地传授知识，而是要重点加强对学生的监督与反馈。但这并不意味着采取小组教学形式的教师就不需要组织班级教学或者独立学习，而应根据教学的需要，在一定程度上将这两种教学形式与小组教学相结合。

接下来，本章将介绍有助于有效管理小组活动的教学程序和策略。

促进合作学习的策略

首次使用合作学习小组

不论你是一开学就使用合作学习小组还是之后再使用，你都要留意一些注意事项。布置一个有助于小组合作学习的教室物理环境很重要，尤其是在你打算广泛采用这种教学模式的情况下。在第一次组织小组合作学习之前，要将小组活动的规范程序告诉学生，这样做可以为以后的小组活动奠定良好的基础。小组成员的分配很重要，每个小组成员之间要能够开展建设性的合作，并促进彼此的学习。此外，你还要告诉学生在课堂中进行有效交流所需的小组注意信号。最后，要找到学生的小组合作意识和个体责任感的培养这二者之间的平衡点，这一点很重要。

1. 教室环境的布置

如果你打算广泛采用小组合作学习的教学模式，那么请将学生的座位以组的形式安排，而不是在每次使用这种教学模式时，再将学生分配到各个小组。有些教室会配备圆桌，在没有圆桌的教室里，可以将学生的课桌拼凑起来。为了便于教师的监督，座位的安排必须要保证教师可以在小组间自由走动。另外还要记住：小组成员在完成任务的过程中会进行交流，所以在安排小组座位时，要尽量避免在交流的过程中小组成员受到其他小组的影响。教师通常都是先采用两人一组的小组教学形式，随着学生对活动流程的熟悉，再逐步扩大小组规模。虽然小组成员的数量有所增加，但是座位的安排仍然能够满足小组教学的需要，比如，可以让学生四人一组进行小组活动。

在某些课堂中，需要将班级教学的教室布置，转换成适合小组教学的教室布置。在这种情况下，可以在地板上用护条来标记每种教室布置中的课桌的位置。很多教师发现，在椅腿和桌脚上套个压扁的网球便于更加快速且安静地移动桌椅。此外，还可以在每一小组具体的地点悬挂一些标志物来标注每一小组的位置。

在布置教室时，也要考虑学生物品的存放问题。物品的存放要便于学生拿取，可以将物品统一放到小组的物品收集容器中，也可以放到小组物品管理员易于拿取的地方。保管好这些物品是教师的责任，有时也可以任命班上的学生负责。学生的一些私人物品可以放在课桌里、橱柜里或者书架上。有些教师在每一小组桌子的中央，放上一个盒子或者小箱子，用来存放学习所需的物品，以供小组中的每个成员使用，这样可以避免学生向别的小组借东西或者离开座位（具体内容见第二章）。

2. 程序和流程

不要简单地认为，学生能够遵守班级教学和独立学习中的活动要求，就一定能够自觉地遵守小组活动中的相关程序。相反，你要向学生介绍你对小组活动中的交流及走动的具体期望与要求。教师经常反映，在他们刚开始组织小组活动时，小组交流的噪声令他们感到困扰。过一段时间后，他们会渐渐地适应这种情况并不再那么焦虑，因为他们意识到噪声来源于学生的积极讨论。为了避免教室里过分嘈杂，你要向学生表达你的期望和要求并制定相关标准。一个常见的标准是要求学生将讲话音量控制在距离 30 厘米以内的人可以听到的范围。另外，还可以要求学生轻声交流，以避免旁边的小组听到或者受到干扰。让学生窃窃私语的办法行不通，因为窃窃私语时，小组成员通常无法有效地展开合作与讨论。当小组讨论声过分嘈杂时，你可以给小组学生一个信号，暗示他们将音量降到可接受的范围内。如果噪声依旧很大，可以要求学生在接下来的环节通过纸条交流的形式进行讨论。

此外，也要将你对小组间走动及活动转换过程中的行为要求告诉学生，让学生明白每一个小组成员都要对自己的小组负责。例如，可以规定学生“待在自己的小组中”“迅速地处理好组外的事情”，以防学生到处闲逛或者随便离开座位。当然，当学生需要拿取学习材料时，可以离开座位。

有些教师会根据教学活动的需要变换小组成员，这必然导致活动转换过程中的走动问题。这样的过渡十分浪费时间，并会让下一个活动的开始变得非常困难。一个有效的做法是：让学生做好进入下一活动的准备，告诉学生过渡环节应该注意的事项，以及过渡环节的时间限制（如“所有的人必须要在 1 分钟内拿好自己的学习用品并坐好”）。介绍完所有要求后，让学生开始行动，并在学生行动的过程中加以监督，避免有学生在教室闲逛。另外，还要告诉学生回到自己的小组后应该做什么，比如，坐到座位上后将学习用品（书本、作业纸、铅笔等）拿出来放到桌上，立马开始小组任务。

当需要为合作学习小组重新布置教室时（如与其他教师使用同一个教室），你要在两个活动转换之前，提前按照你的教学要求布置好桌椅，并将活动转换的程序教授给学生，让学生练习。在教授小组活动的程序时，可以征求学生的意见，将他们的意见纳入到你所制定的规则中，并要求学生严格遵守，从而有效地激励学生积极参与到合作学习中。

3. 合作学习小组的创建

开学初，由于对班上的学生还不够了解，让学生自己选择活动搭档比较可取。另外，要控制好开学初的活动时间和活动范围，并加以严格的监督，确保不忽略任何一名学生。第一次组织小组活动时可以让学生两人一组，互相检查对方的作业或者就一个话题展开讨论；还可以让学生两人一组一起完成课堂练习，练习拼写单词或者回顾一些数字常识。当学生以两人一组的形式进行课堂活动时，大多数的学生都无须变动座位，而且这些活动往往都很简单，对学生和教师也没什么特殊要求。

随着小组合作被广泛且频繁地加以使用，且对学生的责任意识要求越来越高，小组成员的分配变得更加重要。教师通常会提前分配好小组成员，并按照分配的结果让学生就座，而不是等到进行小组活动时再临时分配，当然并非总是如此。例如，数学课上的小组安排模式可能会和阅读课、社会研究课上的小组安排模式不同。提前多准备一些小组安排模式会很有帮助。

在分配小组成员时，大多数教师都会重点思考一个问题，即如何均衡各小组之间的成绩差异。其次会关注的问题通常是，如何给每个小组安排一名组长（见本章后面有关团队领导能力的介绍）。此外，在分配小组成员时，还要尽量避免组员之间的性格不合。能言善辩的学生在小组中的表现往往很优异，他们通常拥有良好的领导能力和人际交往技能。学生的性别、英语语言能力、艺术才能以及其他一些特征，也是在分配小组成员以满足不同的年龄及年级需求或者分配小组任务时值得考虑的因素。

另外，一些教师也会避免将学业差异悬殊的学生安排到同一个小组中。例如，他们不会将高学业成就的学生与低学业成就的学生安排到一个小组中，而是会将差异没那么悬殊的学生分配到一个小组中，比如，将中等学业成就的学生和低学业成就的学生安排为一组。他们之所以这么做是考虑到：高学业成就的学生其学习节奏以及交流方式，不适合低学业成就的学生，并会使低学业成就的学生有压迫感，会导致其学习怠慢，跟不上节奏。而中等学业成就的学生，他们的学习节奏以及交流方式更利于促进低学业成就的学生的参与。当然，这一原则的把握取决于不同学生所拥有的人际交往能力与语言表达能力。

小组成员的分配应维持多长时间，并没有硬性规定。有些教师会频繁地变动小组成员，几周就变换一次；大多数教师会让学生长期待在一个小组中，一年内只做几次变动。还有些教师允许学生自己创建小组，进行一些特殊的活动或者改变学习节奏，但是他们很少会允许这些学生自创的小组维持很长时间，除非是进行特殊的项目活动。另外一种分组方式是根据学生的兴趣分配小组成员。可以在展示板上写几个话题或者活动类型的名称，让学生写下他们的第一、第二、第三选择，然后再汇总学生的选择，根据他们的第一或第二选择来分配小组。

小组建立之后，接下来要做的是加强各小组的监督，以防小组成员之间发生争吵。当发生争吵时，不要急于给出解决方案，而应让小组成员自己去尝试解决，让学生自己处理小组问题，可以为学生创造学习的机会。当学生提高了小组交流的技能，并体验到合作学习的成功与乐趣时，冲突通常就会减少。然而，当冲突无法在合理的时间内得到解决时，大部分教师会选择将无法合作学习的学生分配到新的小组。之后，当这些学生变得积极配合时，他们可能有机会再回到原来的小组中参与合作学习。

小组集中注意力的信号

在学生进行小组合作学习的过程中，你可能会要求他们停止手中的工作，听你的指令或者进行下一个活动或任务；你也可能会对全班学生进行活动反馈、更改作业要求或者提供额外的教学指导；另外，小组讨论声也有可能变得很嘈杂，需要加以干预。面对上述这些情况，你必须打断正在进行的小组任务或者同伴交流的学生的工作，让学生集中注意力，这会变得很困难，而解决这一问题的办法是使用信号。

有效的吸引小组学生注意力的信号要能够让学生做出明确的回应，停止手中正在进行的活动。

- ■ 老师一边拍手一边说道："1，2，3，请大家看着我。"学生做出相应的回应。
- ■ 老师说道："如果能听到我讲话，请竖起大拇指，或者将双手交叉，或者请拍手。"

以上的这些信号通过要求学生改变行为来吸引他们的注意力，从而有效地让学生停止之前的活动。这些信号在学生操作教具时特别有用，能够有效地吸引学生的注意力。

有时候还可以在活动转换期间，通过信号来改变学生的活动节奏。如果活动的转换需要学生转移学习场所，这时使用信号尤为奏效。下面介绍的这些信号可以在活动转换过程中用来吸引学生的注意力。

- ■ 老师有节奏地拍手，先连拍两下，然后接着连拍三下。学生掌握了节奏之后，当老师拍两下手后，他们紧接着齐声连拍三下。
- ■ 老师将教室中的灯关掉后，边拍手边倒数"10，9，8，7，6……1"，学生在完成了前一个活动之后，跟着老师一边拍手一边倒数，数到1后，所有的学生一齐闭上嘴巴，听候老师发布指令。

当学生没有进行小组互动时，摇铃以及一些简单的口头指令（比如，"请停止……""请看……""请听……"）都是很好的信号暗示，因此可以通过一些不那么引人注意或者刺激性的信号来吸引他们的注意。可以多教授一些信号，以避免因过度使用某一信号而让学生感到太单调，这样做也可以让你的教学多一些选择。最后，要避免不必要地打断学生。可以提前将活动的要求和细则告知学生或者张贴到展示板上，这样可以避免打断学生正在进行的活动；也可以在适当的时候单独提醒个别小组，以避免对其他小组的学生造成影响。

促进小组成员之间的合作与互动

当小组成员的共同努力取得成果或促进个体成员的进步时，小组成员之间的相互依赖由此产生。除了改善学生的行为表现之外，小组成员之间的相互依赖还有助于提升小组的凝聚力，有利于建立小组学习的秩序与规范。这种相互依赖可以通过以下一系列方式加以培养：

- 每个学生可以负责小组活动不同部分的任务。例如，进行小组汇报时，每个小组成员可以负责所研究主题的不同方面的内容。
- 每个小组成员选择研究主题的一个具体方面，并教授给小组的其他成员。或者在四人一组的小组中，可以让学生两人一组准备各自的内容，然后再向另外一组成员介绍自己所负责的研究成果。
- 在两人一组的小组中，学生互为训练伙伴，彼此互相帮助。
- 给小组中的每位成员分配不同的任务（比如，分别负责朗读、检查、记录，以及物品管理），确保每个学生都能为小组活动做出贡献。
- 可以通过打分、表彰或其他的奖励方式，评价各小组任务（如项目研究、小组报告、表演、搭建模型、口头演讲、演示等）的完成情况。

个体职责

当完成小组任务时，有必要让每个小组成员承担各自的责任。例如，给小组的活动成果打分或者要求小组进行口头汇报，可能会导致一些学生不积极参与，过分依赖小组其他成员。如果只是部分学生参与完成任务，其他的小组成员会错过很多重要的内容。可以通过多种方式增强小组任务中的个体责任意识。

- 要求小组中的每一位成员负责具体的小组活动任务。
- 要求小组提交一份清单，展示每位小组成员对最终成果所做的贡献。
- 要求学生将观察的结果记录到自己的笔记本上，教师不定期地收集并批阅。

- 让学生将自己的作品与小组的成果一起提交。
- 要求学生将自己每天的个人工作情况记录到笔记本上。
- 告诉学生当他们的小组向全班做汇报时，每个人都要做好准备，介绍自己负责的工作。
- 每一小组选择代表，汇报本小组的工作成果。
- 依据小组的活动任务进行课堂小测验。

当你向学生提出期望和要求时，能够培养他们的个体责任意识。要向学生强调即使是完成小组任务，每个小组成员也要对该任务认真负责。告诉学生所有的小组成员之间互相帮助很重要，每个人都要为所在的小组贡献自己的力量。最后，在监督小组活动时，要留意个体学生的参与情况。如果有学生不积极参与，要弄清该学生不愿参与的原因，然后再采取一些纠正措施，比如，重新给予指导。当简单的干预没有效果时，教师通常会让小组的其他成员来帮助解决问题，或者与该学生交流以了解具体的情况，并制订问题的解决方案。

维持小组活动中的个体责任意识并不容易，在小组评估之外再增加对个体学生的评估，需要教师花费大量的时间，用于活动的计划与准备以及评价工作。另外，关注个体学生的责任将减少对小组成果的关注。因此，问责程序必须要认真地计划好并在必要时加以修改，直到在个体职责的监督与你的时间和精力之间找到平衡为止。如果问题得不到解决，请重新思考合作学习对于你所教的内容来说是否是最好的组织形式。

小组任务

你所计划并布置的任务的质量，对小组学生能否成功地完成任务至关重要。在开学初，你所计划的任务应用来帮助小组学生学习合作学习的程序，并且提高学生的小组合作技能。

沃克老师教五年级，她每周会向学生介绍一个小组合作技能，这个过程从开学一直持续到第六周，直到班上的学生都有效地掌握了相关的技能为止。

第一周，她向学生强调要积极参与小组活动。第二周，重点介绍了如何专注于小组任务。之后的几周，她向学生介绍了如何进行合作、如何相互鼓励、如何表达自己的观点以及如何积极地倾听。在介绍每项技能时，沃克老师都会组织班级讨论，让学生列举案例，并且提出自己的想法和建议。第一周在给学生介绍如何参与小组活动时，她通过一个五级量表向学生介绍小组活动中的行为规范和参与要求。在该周一些小组活动的最后，组织全班讨论这一技能，让学生回顾自己的表现，并与小组学生分享她对每个学生参与情况的评价。在接下来的每一周，沃克老师都会新增一个等级，这样小组学生便能够从沃克老师的反馈中得知自己的技能掌握情况。

【思考】与搭档一起讨论以下几个问题：为什么沃克老师会采取上述的教学顺序来教授小组活动的技能？她的这种教学顺序会如何影响学生对这些技能及其在小组任务中的重要性的认识？沃克老师还打算让学生练习哪些小组合作的技能？

初始的小组任务

对于没有很多小组活动经验的学生来说，应该组织一些简单的任务来锻炼他们的小组活动技能，而不是让他们参与复杂的研究项目。在你为小组练习和小组技能打下基础之前，不要急于组织小组活动，这一点很重要。一开始的小组任务组织形式要简单，活动程序也不能复杂，比如下面介绍的例子。当学生成功地完成这些简单的小组任务之后，他们才能够适应更为复杂的小组活动形式及任务。

- 训练伙伴。学生两人一组练习需要记忆的知识。
- 阅读伙伴。学生之间互相朗读。朗读完之后，老师再让学生进行总结或者互相提问。
- 总结。搭档之间轮流以总结的形式复述活动的要求、所学的内容或者其他信息。

- 检查答案。让学生互相比对答案并解决有争议的问题。每个学生都要解释自己的答案。
- 复习巩固。学生在准备小测验、考试或口头报告时，通过小组协作、相互提问来发现问题。

教授小组活动技能

教授小组活动技能的一个好的方式是，组织班级讨论如何进行有效的小组合作。为了建立合作学习的理论基础，有些教师会将讨论的范围扩展到与父母的合作、操场活动中团队的合作、与邻座同学及班级群体的合作，以及活动所需要的生活技能。当然，讨论最终应让学生明白，小组活动中良好的人际交往能力、解释能力以及团队领导能力所应包含的具体行为。

1. 人际交往能力

积极倾听包括在倾听他人的过程中不打断他人的发言，能够总结他人的观点并将其纳入到正在进行的讨论中，以及综合运用这些不同的观点来完成小组任务。学会分享和遵守秩序对于有效合作来说也很重要。另外一个重要的社交技能是支持他人，包括接受他人的不同观点、待人友好并给予鼓励。缺乏社交技能的学生做事容易一意孤行，容易与人发生争执，轻视他人的付出，或者无法融入到小组活动中。

参与小组活动的能力取决于该学生的社交技能，因此，教师在整个学年的教学过程中，都要重视学生的社交能力的锻炼和培养，他们甚至还将如何总结、提问以及表达不同意见的具体措辞教授给学生。

2. 解释能力

解释能力是进行小组活动的另一项重要能力，对于促进学生的学业成绩至关重要。解释能力体现在能够描述问题、任务或者目标，这类学生也能够说明完成任务所需的步骤以及采取该步骤的原因，或者可以总结他们所做的工作或计划要做的工作。如果完成某个小组任务需要学生回答提问，具有解释能力的学生往往能够给出问题的答案，并解释他们是如何得出这些答案的。

解释过程的另一个重要的组成部分是寻求他人的帮助。这要求学生能够描述自己的理解情况，并寻求其他小组成员的帮助，而这种请求只有在小组其他成员具有良好的沟通能力时才能够得以实现。为了鼓励学生寻求帮助，老师可能会这样说："没有人会知道所有的知识。如果遇到不明白的问题，要学会向小组成员求助。如果有同学向你求助，也一定要认真地给予解答。"

学习内容的互动是一个意义建构的过程。这种互动可以加深学生对知识的理解，有利于学生的学习。大多数学生需要鼓励才会积极地参与讨论和交流，因为他们在互动过程中并不会自发地开展关于学习内容的讨论。鼓励学生积极参与学习内容的讨论的方法包括：

- 通过可使用的文本材料向学生示范归纳、总结及澄清说明的一些方法，然后让学生两人一组进行练习，轮流解释和倾听。
- 要求学生向搭档解释某一过程或某一概念，搭档再对自己听到的内容加以阐述。
- 让小组中的每位成员写一个问题，然后所有的小组成员一起解答。
- 角色扮演如何寻求帮助及做出解释，对所演示的例子进行讨论。
- 组织学生讨论如何给予好的解释以及正确地寻求帮助。
- 让学生将本小组的想法写到图表中，并向全班同学展示。

3. 团队领导能力

当小组中有人能够站出来并说"让我们一起来想办法完成这项任务"时，这个人就展示出了良好的团队领导能力。一个优秀的团队领导者要具有强烈的主动性，能够事先做好周密的计划并抱有饱满的热情。另外，还需具有出色的沟通能力以及完成任务所需的扎实的知识基础。可以给学生安排一些角色（例如，活动主持人或者讨论队长）来培养学生的团队领导能力，这有利于学生充分发挥自己的主动性并增强他们的自信心。值得注意的是，每个小组成员所担任的角色要清晰、明确，并要说明其职责要求。另外，角色应轮流扮演，这样每个学生都有锻炼的机会。

大多数教师都很重视培养学生的团队领导能力，在创建合作学习小组时，每一小组至少会安排一名领导能力强的学生。当轮到其他学生被指派为领导者时，让领导能力强的学生学会听从领导者的指示也很有必要。虽然领导能力的发展需要一段时间，并且学生所拥有的领导能力水平也有所不同，但是所有的学生都会取得一定程度的进步。

可以让每个小组成员担任不同的角色，以培养学生的小组活动技能，比如，担任小组的物品管理员、记录员，组织小组讨论，鼓励小组成员参与，进行活动点评，汇报小组成果，等等。这些不同的角色都需要用到某些具体的技能。通过给学生分配这些角色，可以鼓励学生练习新的技能。小组成员之间轮流担任不同的角色，可以让所有的学生都能获得相应的技能。此外，分配角色还有助于促进小组成员之间的相互依赖，因为每个学生在小组活动中都负责着各自的工作。对于那些经常会使用到的角色，可以写到卡片上，注明该角色所应承担的责任并进行塑封；或者可以在显眼的地方将介绍角色的海报张贴出来，直到学生掌握基本的角色职责为止。

张贴你所期待的小组行为，提供给学生相应的案例并加以示范很重要，要让学生加以练习且给予积极的反馈。值得注意的是，有些学生需要几周的时间，才能适应小组参与的新的行为要求。当遇到这类学生时，请保持耐心。不要一开始就将所有的小组活动技能教授给学生，可以选取其中一项技能，并花时间与学生讨论。让学生加以练习，在学生进行小组活动时给予反馈。其他的活动技能则可以在之后的几天或几周里再进行介绍。

正如沃克老师的案例中所提到的，量表的使用是让学生专心地投入具体的小组活动的一种方式，另外一种方式是全班一起对小组活动进行讨论。可以在讨论开始时，让学生对自己小组的活动进行点评，指出本小组活动的可取与不足之处；也可以让学生介绍自己小组中的成员是如何有效地表现小组活动技能的；还可以让学生谈谈在小组活动中遇到的问题以及解决问题的办法。提高学生的自我监督和自我调节能力的最佳方式是，让学生谈论自己的小组活动经验。

学生作业及行为的监督

正如你监督其他的课堂活动一样，在监督小组作业时，要在各小组之间来回走动，并时不时地留意班上其他学生的情况。另外，不要在一个小组的监督上花费太多时间。小组监督的目标包括：了解每个学生的行为表现，学习内容的掌握情况以及各小组的表现和技能的使用情况。但是，一个复杂的情况是应该在何种程度上将个人表现与小组表现区分开。

小组作业的监督方式取决于小组活动的性质。当要求学生进行独立作业并且小组的作用只是支持独立学习时，可以在小组间走动来了解个体学生的表现，从而监督学生的学习。你也可以将每个学生的作业收上来批阅。小组合作能否有效地促进学生的独立学习，取决于小组成员之间的互动，也就是说，小组成员之间要互相耐心地解答问题，而不只是简单地给出答案或者不予理睬。请记住，教授学生恰当的帮助行为的最佳方式是你自己亲自示范。

一个有效的监督策略是使用剪贴板，上面写上每个学生的名字，并在名字旁边记录下每个学生在小组活动中的行为及表现。这一方法的使用便于教师获取所有学生的信息，避免只关注那些积极活泼、善于表现的学生。之后还可以根据这些记录的信息，给每个小组及每位学生的行为表现提供反馈或进行评价。每周使用该策略一至两次，可以帮助你更好地了解班上的每个学生，并能够丰富你的监督方式。

在完成小组任务时，监督的重心会转移到小组整体的进步及个体学生的表现上。如果规定好检查的时间点以及活动的时间要求，不仅便于你监督，而且利于学生加强自我监督。要求小组学生汇报他们的工作进展、计划方案以及遇到的问题，可以给你提供他们在理解方面的信息，而这些信息可能无法通过观察获取。此外，布置小组任务时，安排相应的个人任务也很有帮助。例如，可以让学生记录下自己观察的结果，独自解决问题或者总结自己在小组活动中所做的贡献。这些信息不仅能让你增加对每个学生学习情况的了解，而且这一做法有利于增强学生的个体责任意识。

在监督小组活动时，学生的小组合作技能是一个值得关注的问题（具体见本章前一部分的内容）。与学习能力一样，每个学生对合作技能的理解和使用也存在差异。张贴介绍小组合作技能的海报，并认真教授重要的小组合作技能，这对培养学生的自我监督能力大有帮助，但也应重视个体学生与小组在正确操作小组技能上的表现情况。学生有时会抱怨以小组为单位的评分方式，因为他们认为自己对小组成果的贡献比其他小组成员多。因此，在每一次小组任务开始之前，要先跟学生交代清楚针对学生个体以及小组的评价方式，并认真组织、监督小组任务，确保每个学生都能积极参与。

教师会根据各种信号来判断学生的活动参与状态。因为学生在小组活动中通常需要负责特定的任务，所以要判断学生所参与的活动是否适合他们并不难。当学生在讨论活动任务并表现出完成任务所应有的行为时，例如，埋头书写、组装材料、进行练习或搭建模型时，教师可以轻松地辨认出恰当的、认真完成任务的行为。同样，教师也会去留意不认真完成任务的信号。短暂的心不在焉通常可以被忽略，但是如果该行为一直持续，可能就需要对其加以干预。另外一个信号是学生所表现出的情绪状态。当学生表现出紧张、愤怒或者敌对的情绪时，表明他们在小组活动中遇到了挫折或者发生了冲突，这时需要你及时地加以干预，以防引发更严重的问题。

小组学习的干预

小组学习的干预与上一小节所描述的监督行为紧密相连。大多数常见的干预措施都很简单、易于操作且简洁明了。在小组活动的最初阶段，当学生还在学习小组活动的技能时，培养学生恰当的小组行为非常重要。在干预学生的不规范的小组行为时，可以采取集体教育的方式，“罗伯特还没有参与到活动中，该小组的成员是不是应该想个办法，帮助罗伯特参与到小组活动中呢？”有时候，与不积极参与小组活动的学生单独交流，可能是促使其参与活动的最好方式。而对于那些偏执地坚持不当行为的学生，当一些温和的干预措施无法制止其行为时，可以让他暂时脱离小组（一开始一般安排1~2分钟）或者让其一个人进行活动。其他针对个体学生的干预措施在第十章会做详细介绍。

有时候，老师发现使用奖励很有帮助，它可以作为一种额外的激励措施，用来鼓励学生练习恰当的小组技能或者促进动机水平低的学生参与活动。

高尔文老师制定了一个奖励系统，每周进行一次抽奖活动，当学生在小组活动中表现出令人满意的行为时便奖励一张代金券。当所有的小组成员都积极地参与小组任务时，该小组也能得到一张代金券。学生在代金券上写上自己的名字，然后高尔文老师会在每周周末从抽奖箱中抽出4～5名学生，获奖的学生可以获得毛绒玩具或者其他特权作为奖励。

弗兰克老师通过打分的方式鼓励小组学生的规范行为，比如，做好活动准备、快速收拾、相互帮助、共同分享、耐心倾听以及认真解答等。她会在进行小组活动时给各小组打分，例如，她对一个小组说道，“你们小组成员在解释自己的观点时，其他人都能够耐心倾听，所以你们小组可以得一分。”她还会在全班进行总结性讨论时打分，用来奖励她所观察到的小组活动的规范行为。她会在展示板上记录下每一小组的得分，当某一小组的得分累积到一定数值后，该小组成员就可以与弗兰克老师一起在教室中共享午餐。

【思考】与搭档一起讨论以下几个问题：奖励措施的使用是如何促进这些小组活动的？这些奖励措施是如何激励学生的？在这些小组活动中使用奖励措施可能会带来哪些问题？

合理使用奖励措施能够让学生将注意力集中于重要的行为上，并使得学生更倾向于表现出这些行为。另外，小组奖励可以增强小组的凝聚力，使得各小组成员为了共同的目标而努力。然而，第八章在讨论如何激发学生的内在动机时提到，外在的奖励只是一个辅助手段，真正能够激发学生认真学习的方法是给予认可、积极的反馈以及其他形式的奖励，让学生感受到掌握知识和实现目标的快乐。学生只要充分地感受到学习的乐趣及成功的喜悦，其他的针对小组或个人的外在强化就不会对他们的内在动机产生干扰。

当学生在小组活动中出现违纪行为而必须加以干预时，可以采取与该学生交谈的方式，而这种方式在班级教学的过程中很难实现。因为其他学生都在进行小组活动，所以教师可以单独与某个学生或小组进行交谈。这种交谈通常都很短暂，不会超过 1 分钟，并会给该学生小组反馈，重新引导以及给予学生纠正其行为的方案。这种简短的交谈有利于教师及时地纠正学生的不当行为并给予指导和反馈，并且不会因为反馈不及时而导致干预无效。

教师会在小组活动进展不下去时，找小组学生交谈。这类情况包括：小组中的学生不主动寻求帮助或提供帮助、活动没有进展或者遇到解决不了的难题。教师通常把自己描述为这一交流过程的促进者。虽然教师可能会对问题提供反馈，并检查小组学生的看法，但应尽量鼓励学生自己解决问题。可以采取以下一些策略帮助学生解决问题：让学生自己去明确问题、提出自己的看法、给予回应和评论、采取不同的措施。最后，如果问题实在是太难解答，则可以直接提供答案或者更换小组成员。

小组任务目标及学生参与

应该让学生知道小组任务的目标，并给予实现这一目标的指导。科恩（Cohen，1994）对小组任务的本质做了一个很重要的区分，她从一些研究中总结得出：教师的指导取决于该小组任务的结构化程度。对于那些结果是确定的、组织策略有限的任务（比如，完成课堂小练习、操作特定的实验步骤、回答可理解性的问题、回顾课本中或者老师上课时所教授的内容等），教师可以将明确的步骤教授给学生，并对小组进行监督，从而使小组活动取得令人满意的进展。如果布置的是这类任务，教师可以将完成任务的步骤列成一个清单，然后将清单写到展示板上或者打印成纸质文档分发给学生；也可以在每一小组指定一名学生负责监督，在每个步骤完成时进行记录，或者是整个小组共同监督活动的进展。

然而，当一个任务结构不良时，该任务的结果及解决步骤就会不明确，也没有易于操作的策略。针对这类任务，老师不应给予过多的指导，而应让各小组学生自己决定任务的流程，选择合适的材料。通常，这类小组任务的目的在于培养学生的高水平思维和问题解决能力，而过于详细的指导则会扼杀这类任务旨在培养的这些思维能力。

假设老师要求学生进行小组汇报的目的是，促进学生的批判思维和问题解决能力的发展，如果老师对做报告的程序及报告所需的材料给予过多的指导，学生可能只会简单地做出满足任务要求的汇报。但是，如果给予学生足够的自主权，让学生自己承担组织活动的责任，则更有利于激发学生的创造性，学生也能更加积极地参与小组活动。有效地运用合作学习小组，要求教师能够设计和布置小组学生可以胜任的小组任务。

本章小结

在课堂中使用小组合作学习，有助于促进学生的活动参与，同时还便于知识的传授以及培养学生的人际交往能力。然而，如果没有有效地加以管理，这种教学模式也会带来许多问题。小组合作学习的管理需要教师对小组活动进行严格监督，推动小组活动进展并给予适当的指导，以便在必要时加以干预。教师的有利干预能帮助小组解决问题，并促进学生技能的发展。这些技能包括：人际交往能力（如相互分享、积极倾听等）、解释能力（如阐述、总结等）以及团队领导能力（如安排活动计划、分配活动任务等）。正如开学初的工作要求一样，第一次采用合作学习小组也需要教师做好周密的计划，包括布置教室、分配小组成员、准备小组任务、教授小组活动技能、促进学生参与、组织讨论交流、安排每个学生的角色、加强小组凝聚力以及针对个体学生及小组进行奖励等。

拓展阅读

Cohen, E. G. (1998). Making cooperative learning equitable. *Educational Leadership*, *56*, 18-21.

学生地位的不同降低了那些地位低的学生的参与度和学习效率。科恩提供了教师可以使用的一系列实用策略，以此来帮助地位低的学生获得机会。这些策略包括：教师对完成小组任务所需要的综合能力的重视、改变对于地位低的学生能力的期待等。

Gillies, R. M. (2007). *Cooperative learning: Integrating theory and practice.*

Los Angeles: Sage.

作者提供了丰富的案例，并且对于合作学习及其实施策略进行了系统的描述。这本书将一些很好的教学策略整合到了一起，这些策略可以让学生对自己和他人的学习负责。

Johnson, D. W., & Johnson, F. P. (2005). *Joining together: Group theory and group skills* (9th ed.). Boston: Allyn & Bacon.

这篇文章对小组动力进行了广泛而综合的介绍，可读性很强，研究基于经验的模式。书中主要介绍了能够使小组效率更高的理论和研究，以及使用这些理论进行实践所需要的技能。

Slavin, R. E. (1995). *Cooperative learning: theory, Research, and practice* (2nd ed.). Boston: Allyn & Bacon.

这本书极具权威，为读者提供了合作学习方法的新视野，以及就此问题的细致研究。作者在这一领域有深入研究并获得了长足的发展，这本书是对他和他的同事多年来研究工作的回顾。

clte.asu.edu/active/usingtps.pdf

美国亚利桑那州大学的苏珊·莱德洛卓越教师学习中心，提供了关于合作学习的结构模式，它可以被用于高水平的思维训练，以及基本的回顾和回想。这篇简洁的文章把这一模式的不同阶段和内在的延展都讲清楚了。

www.co-operation.org

这个网站由明尼苏达州大学的合作学习中心创办，提供了诸多关于合作学习的理论和实践方面的信息。

本章活动

（1）回顾本章前面部分所介绍的斯托克顿、沃克、高尔文及弗兰克这四位老师的案例，并与搭档一起讨论：这四位老师在组织小组合作学习的教学过程中，分别采用了哪些独特的课堂管理方式？

（2）观察一个采用小组合作学习的课堂。在观察的过程中，请留意支持该课堂实施小组合作学习的教室布置特点及活动流程，在观察时请参照本章末的检查表。

（3）选择一个采用独立学习或者班级授课的课堂（可以随班听课、网上查找相关资源或者参阅教师用书中的相关案例）。思考如何采用小组合作学习的方式组织该门课的教学，并思考如何将本章所介绍的相关概念，运用到你的教学模式的改进中。

（4）与小组成员一起讨论：如何在小组活动中培养每个小组成员的责任意识？如何对小组活动中每个学生的学习表现及个人行为给予反馈？可以采取哪些有效策略增强学生的责任意识并给予反馈？

（5）回顾案例 5.2，该案例描述了一位教师在开学初组织小组合作学习时所采取的策略。回答以下问题，并将你的答案与附录部分的参考答案做比较。

① 请思考詹姆斯老师所采取的教学程序和策略反映了本章的哪些概念？这些相关的程序和策略都有哪些作用？

② 本章所介绍的哪些程序和策略在詹姆斯老师开学前三天的教学活动中没有体现？你会介绍这些程序和策略吗？请说明理由。

③ 詹姆斯老师教五年级的数学课。如果是教授低年级的学生或者教授不同的课程内容，她所采取的教学程序和策略需要做哪些改变？

（6）可以去相关网站浏览一些小组合作学习的课堂教学计划。在搜索引擎中输入“小组合作学习的课堂教案模板”，便可获得一些小组合作学习的课堂案例。将你喜欢的教案与同事分享，并思考如果让你来教授这门课，你会遇到哪些课堂管理方面的问题？让其他老师给你提一些反馈与建议。

（7）小组合作学习的支持者强调社会生活的相互依赖性，他们认为，不论是在工作中还是在家庭里，人与人之间都是相互依赖的。他们还强调学习的社会性以及互动对于意义建构的重要性。然而，一些教育工作者及学者表达了对过于依赖小组学习的担忧，他们认为小组合作学习会浪费课堂时间，尤其是对于成绩优异的学生来说，他们需要花费宝贵的课堂学习时间，帮助那些学业成绩不好的小组成员。另外，他们还反对将注意力集中在整个小组的表现而不是学生个体的表现。你怎么看待这些问题？你所教授的学科会经常性地使用小组合作学习的教学模式吗？这一教学模式的使用是为了达成什么目标？你对这些问题的回答将如何影响你的教育理念？

检查表：合作小组教学的准备计划

完成请打√	事项	备注
	首次使用合作学习小组	
□	A. 如何安排学生的座位？	______
□	B. 如何存放学生个人及小组的学习材料和物品？	______
□	C. 你对小组活动中的走动要求是什么？	______
□	D. 你对小组活动中的交流要求是什么？	______
□	E. 你会如何创建合作学习小组？	______
□	F. 你会使用哪些吸引小组注意力的信号？	______
□	G. 每个小组成员会担任具体的角色吗？	______
□	H. 你会如何建立小组成员之间的相互依赖？	______
□	I. 首次小组活动的任务是什么？	______
□	J. 有哪些小组活动技能是需要讨论、示范并加以练习的？	______
	学生作业及行为的监督	
□	A. 小组作业是以学生个人成果还是以小组成果的形式展示，抑或是两者结合？	______
□	B. 如何评价学生的个人作业或小组作业？	______
□	C. 在小组活动中你如何监督学生的行为和作业表现？	______
□	D. 学生如何获得他们在个体表现及小组表现上的反馈？	______
□	E. 学生如何获得他们在小组活动中行为方面的反馈？	______
	小组干预	
□	A. 你会如何鼓励学生表现出良好的小组活动技能？	______
□	B. 你会如何重新指导活动陷入困境的小组？	______
□	C. 你会如何重新指导个体学生参与小组活动？	______

我的网络教育实验室

请登录网址 www.myeducationlab.com：

（1）进行小测试，检测你对本章内容的掌握情况。

（2）根据个人学习计划来学习本章内容。

（3）加深你对课堂管理策略相关概念及原则的理解。

（4）将本章学到的知识运用于你的教学工作中，以提高教学技能。

第八章

学生行为的管理

如前所述，良好的课堂管理取决于教室布置、班级规则、教学程序、初始活动以及教学过程的精心设计。当学生进入课堂之后，这种事先的计划和准备便能发挥重要作用。然而，光做好准备是远远不够的。为了让学生整个学年都能有良好的行为表现，你需要积极地制定相关措施来促进学生互相合作，使他们遵守班级规则及教学程序，不能想当然地认为学生在你教授了正确的规则及行为规范后就能够表现出恰当的行为。在低年级阶段，学生还处于学习学校技能的最初阶段，所以你需要投入持续的关注来帮助他们塑造良好的行为。即使是到了中年级阶段，也仍然需要通过强化规则、程序及相应的行为后果的方式，鼓励学生遵守行为规范。

特别值得注意的是，不要因为开学初学生的行为表现良好而放松监督。大多数小学阶段的班级在开学初的头一两天都会很安静，学生都很守规矩。但是如果不去认真维持学生的良好行为，开学初表现再好的班级最终都会变得很混乱，局面难以控制。下面的案例就向我们呈现了这样的一个班级。

怀特老师教五年级，她在开学初的几天会时不时地跟班上的学生讨论她所制定的班级规则和教学程序，总体来说，学生都能很好地遵守。然而，第三周刚开始，问题就出现了。在组织班级讨论时，怀特老师需要在展示板上将重要的知识点记录下来。当她转身在展示板上板书时，教室后排的学生就开始在座位上交头接耳。在课堂练习时间，有些学生相互传纸条，有些学生乱扔纸团，还有一些学生在教室里闲逛。当怀特老师责问他们私底下讲话的原因时，这些学生就会狡辩说不知道该做什么，自己正在寻求别人的帮助。当她允许学生互相帮助时，学生很快便在座位上聊起天来，很少有人认真学习，教室里一片嘈杂。

一开始，学生在发言之前都会举手。后来，一些学生干脆就直接大声说出答案，当他们说出正确答案后，怀特老师也没有理会他们的这种行为，而是选择容忍。现在，越来越多的学生在回答问题时直接大声发言，干扰了整个讨论活动。因为讨论活动进展不顺利，于是怀特老师决定缩短讨论的时间，将更多的时间用于课堂独立练习。

在小组阅读环节，怀特老师指导阅读小组的学生进行阅读，其他的学生则独立完成课堂练习。在指导小组阅读的过程中，时不时地会有学生前来询问课堂作业中遇到的问题，小组指导活动不得不中断。其他时候，因为要去处理阅读小组以外的学生的不当行为，也不得不中断小组指导。小组指导结束后，怀特老师去检查学生的课堂作业，她很失望地发现，在她指导阅读小组的这段时间内，学生的课堂作业几乎没有取得什么实质性的进展。

【思考】与搭档一起讨论以下几个问题：怀特老师在借鉴本书前几章所介绍的策略时，她遗漏了哪些重要的策略？她的哪些做法导致了学生的不当行为？你有什么建议给她吗？

怀特老师课堂中所出现的这些问题通常都是逐渐累积起来的，一般来说，得有几周甚至几个月的时间才会发展到今天这样的程度。要想避免这些问题，首先你要弄清楚问题出现的原因，可以采取哪些措施阻止它们的发生。因为这些问题都有一个逐渐发展的过程，所以对于教师或者不熟悉班级情况的课堂观察者而言，要找到问题的原因并不容易。本章介绍了四个重要的指导原则，可以帮助怀特老师和你去防止或处理课堂中的不当行为。

- 认真监督学生的行为及学习进展情况。
- 始终如一地贯彻制定的规则、程序及行为后果。

■ 及时处理学生的不当行为。

■ 营造积极的课堂氛围，并强化学生的行为规范。

监督学生的行为

为了有效监督学生的课堂行为，首先你必须要知道哪些行为需要监督。下面这两类行为的监督尤为重要。

■ 学生在学习活动中的参与情况。

■ 学生对班级规则及教学程序的遵守情况。

学生的课堂参与体现在很多方面，包括演示与讨论环节集中注意力，认真对待独立作业及其他任务。另外，制定好明确的行为要求并将其有效地教授给学生，那么，监督学生对班级规则及教学程序的遵守情况也会变得更容易。

在班级教学过程中监督学生的行为时，你要站在或者坐在能看到全班学生的地方，并时不时地环视整个班级。另外，在讲课的过程中，要经常走动并不时地环视学生。如果你注意到几个学生乱哄哄的情况，而你却不清楚发生了什么，则表明你监督得不够严密。当老师将注意力集中于固定的几个学生身上时（通常是坐在教室中间或者前排的学生），或者面向展示板进行讲解时，以上的问题就很容易发生。无论是只关注固定的几个学生，还是面向展示板讲课，老师都无法清楚地了解到全体学生对教学的反应情况，也无法知道教室的角落里发生了什么。

在你指导小组活动而其他学生在独立完成作业时，要坐在能够监视到所有学生的地方，不要只顾着指导小组学生而忽视了监督班级其他学生。在指导小组学习的同时，要时不时地抬头看看整个班级的学习情况，警惕问题的发生。指导完一个小组之后，可以在教室里来回走动，给遇到困难的学生提供必要的帮助，然后再指导下一组。

合作学习小组的监督会面临很多特殊的挑战。为了确保每个小组都能理解你的活动要求，当学生开始小组活动时，要快速地在各个小组间走动，了解各小组的活动开展情况，然后再返回并参与到各个小组中，并在小组进行活动时在一旁倾听，必要时可以给予指导与建议。需要记住一点，在指导完一个小组后，要快速地巡视一下全班，然后再指导下一个小组。采取这样的方式，你可以了解各小组的活动进展情况，为小组参与提供示范并促进小组讨论，同时还能够顾及整个班级。

当学生在完成个人作业，你也没有进行小组指导时，你可以在教室中走动，并定期地检查每个学生的作业进展情况。当然，在这个过程中，你可以给遇到问题的学生提供指导与帮助。但是，不能只针对某一个学生给予指导，否则你将无法了解其他学生的作业进展情况。一个可以防止出现该问题的办法是，允许学生寻求自己小组成员或者邻座同学的帮助，这样做便于你去指导其他学生。

坐在讲桌前或者其他固定的地方，监督学生的作业进展情况会很难，所以不要在一个地方耗费过多的时间。如果你必须要长时间地在讲桌前处理一些事情，请时不时地站起身，在教室中走动走动，看看每个学生的作业情况。如果你必须要花费一段时间（超过一两分钟）来指导某位学生，一定要避免在该学生的座位旁给予指导，除非在该位置上也能监督到其他学生。比如，如果该学生的座位在教室中间，有一半的学生你将监督不到。遇到有学生需要指导和帮助时，你可以将该学生叫到小组活动的桌旁，或者你的讲桌旁，或者别的你可以轻松监督到班级其他学生的地方。最后值得一提的是，不管你是在讲桌旁还是在其他地方进行指导，都不要让学生聚集在你所在的位置，否则他们将干扰你的视线，影响你对整个班级的监督，同时可能还会干扰到坐在附近的学生。为了避免这些问题的出现，可以一次只叫一名学生。

一个重要的监督任务是检查作业。即使学生在课堂中已经自己检查过，也要定期地将学生的作业收集起来并认真批阅。另外，随身携带成绩册，这样便能知道哪些学生没有完成作业。如果布置的是长期作业，那么一定要定期地检查每个学生的作业进展情况。在每次的检查过程中，你也可以在完成每一阶段任务后进行打分。到了高年级阶段，可以给学生准备一个任务完成情况检查表，以便学生进行自我监督。

因为课堂监督的一个重要部分是检查学生的进步情况及知识掌握情况，因此你所布置的任务要便于监督这些方面。例如，可以让小组成员汇报他们的任务进展情况；让每个学生制订并更新每日或每周的学习计划；独立作业完成后，带领学生简短地讨论一下所学的知识与概念，并通过口头提问的方式检查学生的知识掌握情况（见第六章）。

始终如一地贯彻制定的程序及行为后果

课堂中的一致性意味着在任何时间、对待任何学生都要坚持同样的行为要求。如果你规定周一的时候，学生在独立作业时间应安静地完成作业，那么周二及之后的每一天都要遵守这一程序。惩罚措施也应始终如一地贯彻执行。如果针对没有完成作业的惩罚是无法荣登光荣榜，那么你一定要保证所有没完成作业的学生都会受到相同的惩罚；即使执行起来不方便，或者有学生请求区别对待，也要严格地遵守该程序。贯彻制定的程序及惩罚措施不一致会导致学生不知道哪些行为是可以被接受的。随后，学生会频繁地挑战规则，故意不遵守程序或者反复地做出一些违纪的行为，而这些行为会迅速升级，迫使教师要么放弃该程序，要么忍受学生的不当行为。不论是放弃程序还是被迫忍受学生的不当行为，这两种做法都不可取。你应该从一开始就严格地贯彻执行所制定的程序和行为后果，杜绝这些问题的发生。当然，如果出现意外的情况，则可以破例。例如，当学生家中有亲人去世时，该学生的作业提交时间就可以适当延期；或者出现紧急情况时，可以不用严格按照姓名的字母顺序进行排队。值得注意的是，在某些活动中坚持某个特定的程序，而在其他活动中却没有坚持并不代表不一致。例如，你可能要求学生在讨论或上课的过程中，没有征得同意不可以随便离开座位，但是在独立作业时间，又允许学生在不征得同意的情况下，可以离开座位去拿取学习材料、削铅笔或者提交作业。当你在向学生教授这些程序时，要将不同的活动要求区分开来。

因为一些活动需要学生之间互动交流，因此维持一致的交流原则会很复杂。例如，在小组活动中，老师会鼓励小组成员之间相互交流；但是，在一些独立作业的过程中，交流和讨论是被禁止的；而在其他的独立作业过程中，又可能需要学生之间互相交流、互相帮助。如此明显不一致的程序和要求很容易让人产生困惑。说明不同的交流要求的一个好办法是，逐步地介绍活动，举出具体的例子并解释清楚每类活动的要求。例如，开学初先向学生介绍独立作业时间不许交流这一程序，待学生适应了之后，再去介绍允许互相交流的独立活动，并向学生说明允许交流的信号。你可以制作一个指示牌，上面写上需要进行交流的常规活动的名称（如小组活动、独立作业、搭档学习），并使用可移动箭头，在箭头上标注“讨论交流”“轻声交谈”“安静作业”。

出现不一致的情况通常出于三方面的原因：第一，制定的程序或规则不合理、不可行或者不恰当。第二，教师没能密切地监督学生，并且只是看到了不当行为的一小部分，导致无法一致地贯彻相关的程序或行为后果。第三，教师可能没有强化灌输这些规则和程序，或者采取相应的惩罚措施。如果你发现自己没能始终如一地贯彻制定的规则和程序，而导致一些问题的出现，可以参考以下几条建议：

（1）重新教授相关程序。花几分钟与学生讨论一下所出现的问题，重申你对遵守该程序的期望与要求，并在之后的教学中不断加以强化。

（2）修改程序或行为后果，然后再将其介绍给学生，并始终如一地加以贯彻执行。

（3）放弃原先的程序或行为后果并重新制定。

值得注意的是，建议（2）和建议（3）不适用于学校层面制定的程序，比如，迟到的学生要领取一张迟到记录单才能进教室。作为学校的一名教职员工，你有义务贯彻学校既定的规则和程序。如果你对某些规则和程序存在异议，可以遵照相应的流程向校方反映你的观点并提出可行的建议。

采用哪一条建议取决于具体的情况，以及该问题在你的课堂管理体系中的重要性。

处理学生的不当行为

不当行为必须及时处理，以防该行为继续影响其他学生。需要你重点关注的一些不当行为包括：不积极参与学习活动，长时间的注意力不集中或者逃避作业，以及故意违反班级规则和教学程序。不积极参与学习活动将导致你无法评价学生的知识掌握情况，也会使学生脱离自己的学习群体；长时间的注意力不集中会让学生的学习和完成作业变得很困难；违背规则、不遵守课堂教学程序则会导致很多问题的出现，这些问题在之前的章节已做过介绍。当出现这些不当行为时，必须直接加以处理。注意不要反应过度，使用冷静、理性的语气或方式会更有效，能够尽可能地避免学生发生反抗行为。以下是处理不当行为的一些建议：

（1）与学生进行眼神交流或者走到学生身边。通过信号（比如，将手指放到唇边、摇头）向学生示意恰当的行为，并一直监督直到学生做出恰当的行为为止。

（2）如果学生没有正确地遵守某个程序，简单地提示一下正确的程序可能会奏效。你可以重新陈述一下该程序，或者问问学生是否记得正确的程序。

（3）当学生在做作业的过程中心不在焉时，要及时给予提醒，让该学生的注意力重新回到作业上，比如，“萨米，请认真写作业”或者“辛西娅，作业任务是完成这一页的所有问题”。过一会儿后，再去检查该学生的作业进展情况，以确保他/她在继续学习。

（4）要求或者命令学生停止不当行为，并加以监督，直到该学生停止不当行为并开始进行有意义的活动为止。

有时候马上对学生课堂中的轻微不当行为做出反应会带来不便，或者会打断教学节奏。如果该行为并不严重，也不太可能影响到其他学生，你可以将该问题先记在心中并继续课堂活动，等到有更合适的时机再去处理。在处理问题时，要告诉学生你看到了他/她刚才的行为，并让该学生去思考恰当的行为应该是什么。

以上罗列的四条建议易于操作，并且不会打断课堂活动，还有助于纠正学生的不当行为。但是，如果一个学生仍然坚持不当行为，则应采取其他一些措施。如果班上的其他学生都在专注地学习，暂时不需要你的指导与关注，你可以趁机与该学生进行简短的交流。但是，如果这样做还不能解决问题，或者不方便进行简短的交谈，那么你要立即制止该学生的行为并给予相应的惩罚。一些老师设置了隔离区（隔离桌或隔离椅），让犯错的学生到该区域进行反思。值得注意的是，以上四条建议适用于轻微的不当行为，处理更严重的破坏性行为的措施在第九章和第十章中会有详细的介绍。

营造积极的课堂氛围

本章重点强调通过有效监督学生的行为，始终如一地贯彻班级规则和教学程序，以及及时地通过干预来维持课堂节奏及学生的参与，来保持学生的恰当行为。接下来我们将重点讨论营造积极的课堂氛围，避免过于关注学生的不当行为的重要性。有时候，教师很容易陷入一种误区，只看到学生行为中的过失和不足，而忽视其表现良好的一面，比如，不会因为 29 名学生都在认真学习而感到欣慰，却会因为一名学生上课心不在焉而充满抱怨。

阿瑟老师教四年级的体育，他的课堂组织得很糟糕。虽然大多数学生一开始都很积极地参与课堂活动，但是他们似乎无法根据阿瑟老师的指令快速做出反应。“大家都竖起耳朵认真听我讲。”当听到学生在队伍中交谈时，阿瑟老师就会大声呵斥他们。另外，哪怕是轻微的违规行为，比如，稍稍注意力不集中，阿瑟老师就会惩罚该学生围绕操场跑几圈，似乎每时每刻都有三四名学生在围绕操场跑步。学生表现良好，阿瑟老师也不会给予积极的反馈，而一旦出现违规行为，他就会给予批评和惩罚。虽然学生慢慢地适应了阿瑟老师的苛刻要求，但是他们对他的体育课一点都不感兴趣。

【思考】与搭档一起讨论以下几个问题：阿瑟老师所采取的教学措施带来

了什么样的结果？学生会如何看待他的一些举措？怎样去改善这种情况？

虽然不好的表现不应该被忽视——学生需要具体的、纠正性的反馈，来知道自己的哪些行为需要改善——但是，营造积极的学习氛围非常重要，学生渴望这样的课堂。在积极的课堂氛围中，他们会渴望学习、渴望遇到问题能够得到帮助、渴望付出努力能够得到支持与鼓励。教师可以通过对学生提出积极的期望和要求、表扬良好的表现、适当的时候给予额外的奖励等措施来创建一个积极的学习环境。

表达教师期望的方式有很多种，可以采取直接的方式，也可以采取间接的方式（详尽的信息请参考本书第二章 Good & Brophy，2008 部分的介绍）。以下是一些可供借鉴的措施：

- 制定恰当的教学目标并与学生讨论，以便学生了解具体的教学要求。
- 接受学生在学习新知识过程中的不完美表现。
- 相信学生能够出色地完成任务。
- 相信学生的能力。
- 鼓励学生相信自己，激发他们的学习热情和自信。
- 拒绝接受学生为自己糟糕的表现找借口。
- 对学生的努力与成功给予赞扬。
- 避免采用比较性评价，尤其是对于能力较低的学生，这会让他们误认为自己无法实现目标。

传达积极的期望和要求可以为学生尝试新的任务、实现新的目标奠定良好的基础。当学生感受到老师的信任时，他们更愿意去努力尝试。

恰当的赞美能为学习创造积极的氛围。这种方法使用得当，教师的奖励可以使学生感到振奋、倍受鼓舞。最有力的赞美既要能够让学生知道自己哪方面的表现是值得表扬的，也要让学生感受到老师对他们良好表现的认可。换句话说，有效的表扬必须能够给予学生具体的反馈与真诚的肯定，也可以在不影响学生积极性的前提下，提供些改善建议（比如，建设性的批评）。

对于三年级以上的学生来说，当众表扬学生所取得的学业成绩，比表扬他们学习努力更有效果。当老师表扬学生学习努力时，很多高年级的学生就会认为老师其实是在说自己没有能力。当你知道某个学生学习很努力，并想当众表扬他 / 她时，要顺带肯定他 / 她所取得的成绩。比如，“格洛丽亚，你所有的努力没有白费——你的研究项目完成得很棒。观点的组织及语言的详细描述都很出色。”另外，只有当学生做出值得表扬的行为时方可表扬，并且不能轻易给予表扬。因为完成了一个简单的任务便加以表扬，会让其他学生（以及被表扬的学生）觉得老师认为他 / 她没有能力。

私底下给予表扬也是一个不错的赞美方法。可以在学生的作业纸上、试卷上、其他的任务成果上以及学生的笔记本上写些表扬性的评语；还可以通过与学生单独交流、与家长交谈、给家长发通知以及非正式交谈等方式给予表扬。私底下表扬可以避免当众表扬会造成的一些麻烦，便于教师找到更多该学生值得表扬的行为与表现。更多有关如何使用表扬的讨论请参考埃默（Emmer，1988）和布罗菲（Brophy，1981）的相关研究。

通过激励与奖励改善课堂氛围

额外的激励和奖励有助于营造积极的课堂氛围。给予适当的奖励可以增强学生对课堂常规活动的兴趣和热情，让学生关注恰当的行为并远离不当行为，从而改善课堂氛围。此外，学生也会更加积极地回应老师，建立一个相互支持的互动模式。

奖励在某些时候会产生积极的影响，但是在特定的情况下它也会带来负面作用。接下来的章节将介绍不同类型的奖励，以及如何应对奖励可能会给学生的学习动机带来的负面影响。

在使用额外的奖励之前，请考虑可能会对奖励的恰当性及效果产生影响的一些因素。在准备实施奖励之前，请检查一下你们学校或学区的相关政策，因为有时候一些奖励措施是被禁止的，你肯定不希望向承诺了学生进行野炊或者举办舞会作为奖励，最后却发现学校不允许。实施奖励的目的是鼓励学生做出你所期望的行为。奖励太容易获得或者太难获得都会失去激励作用，使用奖励时要重点考虑其可行性。例如，有些奖励需要大量的计划、做记录或者其他的一些准备工作，而有些奖励则不需要怎么准备或者实施起来毫不费力。在实施奖励时，要先从简单的奖励开始，然后根据具体的情况再逐步增加，并要避免使用复杂的奖励系统，以免分散你和学生对课堂的注意力。

最后，要注意你所制定的奖励措施不能只有学业优异的学生才能获得，比如，需要经过激烈的竞争才能获得的奖励，这种奖励体系无法激励那些自认为没有多大成功希望的学生。这一部分及本章末活动中的案例介绍了各种类型的奖励措施。可结合案例中其他教师的观点以及你自身的教学经验，制定一些能够适用于不同教学时期的奖励措施。

表彰奖励

表彰奖励是关注学生的一种手段。个体学生、小组以及整个班级都可以成为表彰奖励的对象。表彰奖励包括：展示学生的作品，当学生获得优异的成绩、取得进步或者有良好的行为表现时颁发荣誉证书，以及给予口头表扬。表彰奖励可以每周或每月组织一次，例如，制定一个班级光荣榜，从所有学生中选出“每周之星”或者“劳动标兵”等。另外，一定要将奖励的标准告诉学生，比如，不迟到早退、认真学习、文明礼貌等。你在描述这些期望的行为时，描述得越具体，学生就越容易表现出你所期望的行为。

有些教师鼓励小组成员之间或者小组之间相互竞争。这些竞争可能很简单且很短暂。比如，在小学一年级的课堂上，老师可能会说：“让我们来比赛，看看哪一桌先准备好。”到了高年级阶段，可能每周、每月或者每学期组织一次比赛，比赛的内容可以是学生的行为表现或者具体的学习任务。如果你希望小组之间进行竞争，那么在创建小组时一定要记住这个事实，即每一小组成员的实力要分配均衡，这样所有的小组才能够获得平等的机会。

活动奖励

活动奖励是指允许学生或者安排学生进行一些特殊的、有趣的活动。有时候，你可以让学生自己选择组织什么活动。如果学生有决定活动的发言权，他们会更加积极地参与。针对个体学生的活动奖励包括：给予学生自由阅读时间、游戏时间、去图书馆、使用计算机，或者任命为班级监督员、游戏队长、小帮手等。

一些班级活动也可以作为奖励，这些活动包括：观看视频、额外的 15 分钟休息、玩游戏、听音乐、举办一个小晚会，或者不布置家庭作业。小组活动奖励必须要依据特定的期望行为；如果小组成员之间相互合作，便能够获得奖励；如果没有相互合作，便会失去部分或者所有的活动时间。因为使用活动奖励的部分目的是营造积极的课堂氛围，所以不要让一两名学生扰乱了其他学生的兴致。对于那些不积极配合的学生，可以让他们参与到活动中，但是如果他们坚持不按活动要求去做，则可以将他们从活动奖励中驱逐出去。在大多数情况下，来自同伴的压力会促使这些学生积极配合，用不着老师使用驱逐的方式。

符号奖励

小学教师会使用各种各样的符号，对学生的作业做出积极的评价，这些符号包括：字母等级、数值分数、笑脸、打钩、五角星以及一些漂亮的贴纸等。在小学阶段，老师积极的评价及书面评论都是令学生感到幸福的来源。尤其是对于低年级的学生来说，在他们完成任务后就应及时地给予奖励并且每天都应如此。低年级阶段的作业通常可以快速地检查完，因此没有理由不及时给予反馈。检查作业（如练习题、写作、数学）的一个有效方式是，让学生完成作业后将作业放到桌子的一角，这样当你在教室走动时便可以检查已完成的作业，并在作业上画一个符号用来奖励那些认真完成作业、答案准确、卷面整洁的学生。

到了高年级阶段，作业更加复杂并且内容也会变多，所以你可以将作业收集起来进行批阅，并将每个学生的成绩记录到成绩册上。除了采用等级打分、数值分数的方式之外，你还可以准备一盒五角星或其他贴纸，或者买一些笑脸贴纸或刻有不同符号的图章。在使用这些奖励时要慷慨，只要学生取得进步或者付出努力就应得到奖励，这样每个学生都能获得奖励。当然，对于表现不好的学生，不应该给予奖励，但是应给予反馈与鼓励来促进该学生改善自己的行为。

除了用于日常的反馈以外，符号奖励还可用于最终的成绩单中。小学阶段的学生，即使是一年级的学生，也渴望取得好成绩。我们经常会听到一些低年级的孩子讨论成绩单上的分数，这一点也不足为奇。然而，大多数一年级或二年级的学生对于平时作业与最终成绩之间的具体关系，还没有清晰的概念，因此，通过成绩单激励低年级的学生努力完成日常作业的方式并不见得有效。但是，到了高年级阶段，学生就更能理解自己平时作业中的努力与每门学科最终成绩之间的关系，因此，将你的评分规则告诉学生是个不错的做法。这样学生就能够理解平时的努力和良好表现，与最终成绩单上的成绩是相挂钩的，从而会更加努力地对待平时的作业。然而，不要指望成绩单上的成绩会成为大多数学生学习动机的主要来源，更重要的还是每天采用符号奖励的方式，对学生的表现做出评价，提供积极的反馈，并采取其他一些奖励措施来激发学生的学习动机。

物质奖励

物质奖励是指给予一些物品来奖励学生。这些物品包括：小零食、一支铅笔或一块橡皮、废弃的教室物品、游戏、玩具、课外书等。在决定使用这些奖励之前，要考虑一下你自己的经济状况以及学校的相关政策。这种奖励方式最好能够惠及班上大多数学生，不要只奖励那些取得优异成绩的学生，当学生取得进步、付出努力、表现良好时也应给予奖励。

谨慎地使用奖励

一些研究者（如 Deci，Koestner，& Ryan，2001）主张谨慎地使用外在奖励，他们指出：在很多情况下，外在奖励的使用会削弱学生参与活动的内在动机，那些可预期的、有形的、与活动表现有关的奖励，会影响学习的过程和质量。总体来说，这些外在的奖励会对学生的内在动机产生负面影响，使得学生无法专注于知识内容的学习，对学生天生的好奇心也是一个挑战，并对学生的能力也提出了很高的要求。通过奖励的方式让学生参与活动，这样做会导致学生产生消极的想法："这一定是个很困难或者很无聊的任务，因为完成之后老师会给予奖励。"或者，学生会认为奖励只是用来规范他们的行为，而不是为了鼓励学习。频繁地使用这类型的奖励可能会导致学生被动学习，并遏制学生的创造性，不利于教师实现促进学生自我监督，加深学生对知识的理解，以及帮助学生理解知识和提高技能的教学目标。

作为教师，必须能够区分用以控制或塑造学生的行为，以及用以对学生的学习表现做出反馈或者促进知识掌握这两类奖励（Reeve，2006）。如果教师的目标是通过奖品或者其他的外在奖励来控制学生的行为，学生可能会遵守特定的标准。然而，他们可能并没有树立自律意识或者真正渴望提升自己的能力，相反，他们这样做可能只是为了获得奖励。

当然，并不是所有的奖励都会产生以上这种负面影响。实际上，与进步、能力、知识掌握有关的奖励，可能会激发学生的内在动机，让学生对自己的能力产生信心（Cameron，2001）。赞美、符号或者奖品应该尽可能地与积极的行为联系起来。此外，信息方面的奖励也很重要，它能够激发学生的内在动机。

当学生对活动已经非常感兴趣时，给予奖励是没有意义的。事实上，研究证明：这样做会减弱学生的学习动机。然而，很多的课堂活动很无聊，尤其是那些需要不断重复，从而去学习、掌握一些技能和知识的活动。当学生的学习动机开始衰退时，可能就需要一些外在的奖励来维持学生的活动参与度。当使用奖励时，这些奖励措施应该能够促进学生的活动参与和自我管理，而不是强调教师对学生行为的控制（Reeve，2006）。例如，在鼓励学生参与活动时，要使用赞美和鼓励的语气，如“你做得很棒”。而不是使用强制命令的口吻，如“按我的要求做，否则就得不到奖励”。

最后，你可以通过告诉学生将要学习的知识和技能的有用性，选择能够维持学生兴趣的教学材料和课堂活动，以及展示你对学习任务的兴趣和热情等方式，来抵消外在奖励对学生内在动机所产生的潜在的负面影响。

本章小结

一旦建立了良好的课堂管理体系，每天都要认真地加以维持。下面介绍的四个指导方针能够帮助你预防并制止学生的不当行为，从而维持良好的学生行为。

（1）认真监督学生的行为及学习进展情况。

（2）始终如一地贯彻制定的规则、程序及行为后果。

（3）及时地处理学生的不当行为。

（4）通过强化学生的恰当行为，维持积极的课堂氛围。

此外，还可以参与学生的互动交流，通过眼神扫视、仔细倾听、在教室中走动等方式加以监督，并在监督的过程中，检查学生的行为是否符合规范以及对知识的掌握情况。

教师始终如一地贯彻制定的规则、程序及行为后果体现在，在特定的活动中对所有学生提出相同的要求。教学程序的执行、奖励及惩罚的实施都要前后保持一致。前后不一致会影响师生关系，并破坏整个课堂管理体系，而保持一致则会促进积极的课堂氛围，在这样的课堂氛围中，学生的恰当行为能够得以强化。课堂奖励包括：表彰奖励（如荣登光荣榜、优先排队）、特殊活动奖励（如额外的休息、教师助手）、符号奖励（如笑脸）以及物质奖励（如课外书、贴画）。可以通过谨慎地使用奖励措施、选择不同的活动给予奖励、使用奖励作为反馈而不是控制学生的行为等方式，来避免给学生的内在动机造成伤害。

当学生出现违纪行为时，采取直接、冷静、合理的方式来应对，能够有效地处理学生的不当行为。应对不当行为的建议包括：使用非言语的暗示，要求学生改变自己的行为，提醒学生遵守行为规范，命令学生立刻停止不当行为，严格加以监督直到学生遵守为止。由此可见，维持有效的课堂管理是一个持续的过程。

拓展阅读

Akin-Little, K. A., Eckert, T. L., Lovett, B. J., & Little, S. G. (2004). Extrinsic reinforcement in the classroom: Bribery or best practice. *School Psychology Review*, *33*, 344-362.

作者对奖励措施的研究历史进行了回顾，特别关注了由学习动机效果引发的讨论。讨论的结果是，奖励措施的负面效应是微乎其微的，这种外在的奖励不能与贿赂学生画等号。作者在文章中还针对如何恰当地使用奖励措施提出了一些建议。

Brophy, J. E. (2004). *Motivating students to learn* (2nd ed.). Mahwah, NJ: Erlbaum.

这本书直接针对教师，可读性非常强，书中提供了许多激励学生主动学习的策略和方法。基于作者对学习动机和有效教学的研究，本书涉及与教师相关的部分文献，概括总结了日常教学用语的研究，并且对于教室布置提供了非常有帮助的案例。

Hansen, J. (2010). Teaching without talking. *Phi Delta Kappan*, *92*(1), 35-40.

在这篇简短的文章中，作者鼓励教师应将注意力放在与学生的非语言交流上。她提供了诸多使用这一交流方式的建议，以促进学生参与到教学中来，进行自主性学习。

Jennings, P. A., & Greenberg, M. T. (2009). The prosocial classroom: Teacher social and emotional competence in relation to students and classroom outcomes. *Review of Educational Research, 79*, 491-525.

作者提出了一个关于教室氛围的新模式，文中强调教师的社会交往和情绪能力在其中扮演的角色的重要性。本文提供了一系列文献综述，以证明学生社会的、情绪的和学术等各方面的发展结果，与有效的课堂管理、良好的师生关系和教师的情绪能力密切相关。

Mueller, C. M., & Dweck, C. S. (1998). Praise for intelligence can undermine children's motivation for performance. *Journal of Personality and Social Psychology, 75*(1), 33-52.

作者通过对一组六名学生的研究发现，学生如果在努力之后得到了积极的反馈，那么，在接下来的学习中他们会更加勤奋努力。这些学生认为，成就的获得与努力是分不开的，于是投入更多精力学习。而如果学生因为高智商而收到积极的反馈，那么他们会继续表现得十分聪明，而不会去选择那些极富挑战的活动，这些学生认为，成就的获得与自身能力有关，因此不会进行进一步的尝试。

Reeve, J. (2006). Extrinsic rewards and inner motivation. In C. Evertson & C. Weinstein (Eds.), *Handbook of research on classroom management: Research, practice, and contemporary issues* (pp. 645-664). Mahwah, NJ: Erlbaum.

作者综合论述了关于激励的研究，特别强调教师应该赋予学生自主学习的权利，而不是一味地监控学生的行为。作者清楚地讲述了关于恰当地使用奖励措施的一些教学方法，除此之外，还为教师提出了许多有价值的建议。

www.apa.org/education/kl2/using-praise.aspx

使用表扬以促进学生学习成绩这一模式是由 APA 任务小组设计的，这个小组隶属于教与学心理协会。目的是为了帮助教师使用表扬的方式，以激励学生集中注意力努力学习，最终促进学生的自主学习。

本章活动

（1）回顾本章开头部分关于怀特老师的案例。并与搭档一起讨论以下几个问题：你会如何评价该班级的课堂监督？这些监督措施带来了哪些结果？你会给怀特老师提供哪些建议？（请围绕如何保持一致性、如何管理学生的不当行为以及如何营造积极的课堂氛围展开讨论。）

（2）请书面回答以下几个问题：你认为什么是“恰当的”行为？请想象一下你自己的班级。当学生都表现良好时，课堂是什么样子的？你认为怎样的走动是可被接受的？你的教育理念会如何影响你对“恰当的”行为的定义？

（3）采访一位在职教师，了解他/她是如何维持学生行为的。谈话的内容要包括：影响该教师使用奖励的学校或学区政策，学校教职员工对相关政策的遵守情况如何影响学校的程序。

（4）回顾第三章和第四章末的检查表，并确定你在主要的教学程序及问责体系中将会使用的奖励措施。提前做好计划，你将能够更好地向学生解释这些奖励措施，并始终如一地加以运用。

（5）阅读案例 8.1 至案例 8.4，并思考你会如何将案例中的奖励措施运用到自己的课堂教学中。从下面的问题入手分析每一个案例。

①教师和学生分别担任什么角色？

②该奖励系统主要采取的是内在奖励还是外在奖励？

③该奖励系统是鼓励合作还是鼓励竞争？

④该奖励系统会形成什么样的课堂环境？

（6）重读案例 8.4，并回顾与可预期的、有形的、与任务相关的奖励有关的研究。伍德曼老师对班上学生的学习及个人行为的要求是什么？

（7）在问题 8.1 中，格林老师在维持自己的课堂管理体系中遇到了问题。请运用本章及前几章的相关知识，诊断她所遇到的问题，并提些建议帮助她改善班上学生的行为。可参考附录部分参考答案中的相关建议。

案例研究

案例 8.1 飞向月球

李老师教二年级，在她的课堂中，她使用了一个叫作“飞向月球”的奖励系统，对学生的行为及学习表现进行反馈。她用蓝色的彩纸装饰了一块大型公告板，公告板上画着一个又大又圆的月亮和一些云彩，公告板的标题是“飞向月球”。每个学生的名字写在一只小的折纸飞船上，刚开始时所有的飞船都排列在公告板的底端。开学初，李老师和学生讨论了使飞船靠近月球的行为规则。讨论的结果是：如果每天能够认真完成作业，并且在教室中、餐厅里或者操场上表现良好，便可以将飞船向月球移近 50 毫米；但如果表现不好（比如，就餐或者上课过程中破坏纪律、课堂上不专心学习或者不交作业），飞船则会远离月球 25 毫米。当某个学生的飞船到达月球后，就在该学生的飞船上画个五角星作为奖励，然后老师会重新给该学生准备一只飞船。有时候，学生会被要求在特定的时间内让飞船抵达月球，从而可以获得一些特殊奖励，比如，某一特权或者一次小派对。每天李老师都会一贯地按照相关的规则和程序，奖励恰当的行为或者惩罚不当的行为，偶尔，她也会因为某个学生特别安静、帮助他人或者学习取得进步而给予奖励。这一奖励措施特别适用于那些有特定的行为问题或学习问题的学生。

案例 8.2 定期反馈

哈莫尼老师教一年级，她在班上不怎么使用奖励及惩罚措施，但是整个班级运行得很顺利。虽然她只是偶尔地当众表扬一下个别学生或小组，但是她通过组织一些有趣的、有节奏的课堂活动，布置使学生感到有成就感的作业，以及及时地批改作业并给予学生积极的反馈等方式，来维持学生的高度参与。当学生出现违纪行为时，她会通过简单的口头指正或者与学生在教室中进行简短交流的方式来处理。另外，她还会经常提醒学生作业完成后应该做些什么。哈莫尼老师还充分利用电话与家长沟通，让家长知道自己孩子的进步情况，尤其是在学生的作业状况不如意时，她会通过电话与家长交流。在开学初的前几个月里，她频繁地与家长进行电话沟通，这对她的教学产生了持久的影响。

案例 8.3 交换筹码

杨老师教三年级，他采取了各种各样的策略（有些简单，有些复杂），用来鼓励班上学生的正确表现。在整个学年中，他使用了一个奖励体系：全班作为一个整体，当整个班级表现良好时，便可以得到一个蓝色筹码；表现不好时，得到一个红色筹码。当每个月蓝色筹码的数量达到指定的目标时，整个班级就会得到奖励或者某一特权。在整个学年中，目标和奖励都会不断升级。每天，只要学生表现良好，就会将蓝色筹码放到一个容器中，比如，当上课的过程中有人来访时表现良好，便可以获得两个蓝色筹码；每天把教室打扫得很干净，可以获得十个蓝色筹码；放学之前能够完成自己的作业，每个学生则可以获得一个蓝色筹码，等等。但是，如果在教室中大吵大闹、将垃圾扔到地上、在去食堂的路上不遵守行为规范，或者出现其他违纪行为，就会将红色筹码放到该容器中。当老师摇动装有筹码的容器时，则是在暗示学生不要大声喧哗或者停止不当的行为，如果警告后还是安静不下来，则向容器中再放一个红色筹码。最后，在快要放学的时候，全班一起数红色筹码的数量，然后再从容器中拿出相同数量的蓝色筹码。

除了采取交换筹码的奖励措施外，杨老师还会当众大声地表扬表现优异的学生。有时候，还会让表现最好或者准备得最好的学生优先排队，将该学生的姓名写到展示板的光荣榜上，以及奖励完成所有作业的学生一个笑脸。

案例 8.4 四年级的筹码奖励制度

在伍德曼老师的班上，每个学生开学第一天便拥有自己的“银行账户”。每天，学生都可以挣 3 美金存到自己的账户：准时到校可以挣得 1 美金、提交当天的所有作业可以挣得1美金、收到不超过1次的行为警告可以挣得1美金。在每天快要放学的时候，伍德曼老师会记录下每位学生挣取的存款金额。在记录期的最后一天，伍德曼老师会在班上组织拍卖会，学生根据自己账户中的存款金额进行出价。在拍卖会上出售的物品包括：父母捐赠的奖品、课外书、笔、免家庭作业的特权、使用计算机的特权、与朋友一起共享比萨午餐，等等。拍卖会上会准备足够的奖品，以确保每个学生都能获奖，没花完的钱则可以攒起来，在六周后的拍卖会上继续使用。

问题 8.1　二年级课堂中的不当行为

格林老师教二年级，她班上的学生似乎从来没有安静过。无论学生是在独立完成作业还是在听讲，教室里总是乱哄哄的。开学初的几天，班上的学生表现良好，也很少出现秩序混乱的情况，几乎所有的学生都很配合并认真学习。然而，渐渐地出现了越来越多不规范的行为：不恰当的交谈、大声说话、吵闹喧哗以及其他一些干扰教学的行为，即使之前很安静的学生，现在也不遵守课堂纪律了。

在格林老师讲课的过程中，学生经常注意力不集中，她只能很困难地结束这节课。有时候，因为学生太难控制，她不得不停止授课，进行纪律整顿。有时候，唯一能够使学生恢复安静的办法就是，将破坏纪律的学生的名字写到展示板上或者要求留校。然而，这个策略也没有奏效多久，因为太多的学生注意力不集中，导致展示板上的名单过长，反而使得那些名字不在展示板上的学生觉得这是一个社交耻辱。

在最近的一次阅读小组活动中，当格林老师在对其中的一个小组进行教学指导时，有三名学生一直在讲话，两名学生在教室里闲逛，还有其他六名学生频繁地去喝水、去卫生间以及看望教室宠物区的小仓鼠。

该班级的课堂管理出现了哪些问题？格林老师该如何做才能让学生更好地配合她的教学？

我的网络教育实验室

请登录网址 www.myeducationlab.com：

（1）进行小测试，检测你对本章内容的掌握情况。

（2）根据个人学习计划来学习本章内容。

（3）加深你对课堂管理策略相关概念及原则的理解。

（4）将本章学到的知识运用于你的教学工作中，以提高教学技能。

第九章

教学沟通的技巧

在本书中，我们已经介绍了课堂管理中预防不当行为及教学方面的问题。然而，并不是所有的问题都可以预防，有时候对课堂中的不当行为进行简单处理根本无法解决问题。本章将会介绍另外一些用以处理这些棘手问题的策略。下面的案例表明了这样一种情况：

哈里斯老师教五年级，在过去的几天中，她班上的两名学生德布拉和黛安娜上课时一直漫不经心，不是和其他同学窃窃私语就是互相交谈，嘲弄邻座的男生，对课堂讨论提不起任何兴趣。一开始，哈里斯老师要求她们不要干扰其他同学，但是并没有效果，于是，她将两人的座位分开。然而，德布拉和黛安娜通过传纸条、大声叫喊对方的方式继续干扰着整个班级。

我们不去猜测哈里斯老师有没有向学生清晰地传达她的期望和要求，以及是否及时地采取措施制止这两位学生的行为。让我们假设她实际上已经采取了相关的预防管理措施，然而这两位学生仍然我行我素，哈里斯老师尝试了所有的办法，都没有效果。那么，她还能采取哪些措施来处理上述情况呢？以下是一些可行的办法：

- 忽略这些问题，让问题自行得到解决。

- 将学生移交给校长处理。
- 联系家长，寻求家长的帮助。
- 给予处罚，比如，课后留校或者其他惩罚措施。

以上每种方法都有其优点和局限性。忽略问题就是对一些违纪行为不给予关注，尤其是在学生故意捣蛋想引起老师注意的情况下，忽视该学生的行为往往能解决问题。然而，这并不意味着是老师的忽视导致了学生的违纪行为，忽视可能会加剧问题的严重性并影响其他学生。移交给校长处理的优势在于：至少在短时间内，它不会耗费老师的上课时间；也可以暂时将捣蛋的学生驱逐出教室，并产生一定的威慑作用。但从长远来看，这样做并不能纠正该学生在课堂中的不规范行为。虽然有时候，移交给校长处理能够有效地阻止严重的违纪行为，但是也很容易导致过度使用，从而损害教师的课堂权威。

联系家长有时候能够取得意想不到的效果，值得一试。但是，有时家长也解决不了问题。毕竟，他们不能陪同孩子一起上课，也无法控制引发孩子不当行为的导火索。要求学生课后留校或者剥夺该学生参加课外活动的权利，也是一种可行的惩罚措施。正如第十章将要介绍的，惩罚可以暂时制止学生的不当行为，并能威慑其他学生。但是，其局限性在于会导致学生对老师产生敌意或者怨恨，也会使得老师和学生陷入“违纪—纠正”的无限循环中，导致师生之间的权力斗争。此外，惩罚本身并不能培养学生的自控能力和责任意识。

因为上述的每种方法都有其局限性，所以你需要采取其他办法来处理问题。但这并不意味着这些方法（例如，忽视问题、移交校长、联系家长、给予惩罚）就可以被取代。而是指沟通策略应该被运用到你的课堂管理体系中，用来处理一些轻微干预无法纠正的问题，并帮助学生学会对自己的行为负责。

除了能够帮助处理对教师或其他学生造成影响的问题行为之外，使用沟通技巧也有利于学生自己解决所遇到的问题。教师通常能够意识到由课堂内部因素和外部因素所造成的学生问题。有时候，教师可以通过做一个好的倾听者，鼓励学生采取其他方式解决问题或者适应艰难的处境等方式来帮助学生。

我们将本章所描述的一系列策略统称为“沟通技巧”，旨在强调这些策略注重如何清晰、有效地与他人沟通，从而去改善他人的行为、思维方式以及诱发问题的情境。沟通还意味着对信息要保持开放的心态，作为教师，要善于倾听，学会理解学生（或家长）的需求和感受。要想成为一名有效的沟通者，需要掌握以下三种相关的技能：

- 坚定的立场：清晰地描述你的要求，坚持纠正学生的不当行为，并防止被学生胁迫或操纵。
- 换位思考：倾听对方的观点，并以维持双方的积极关系以及鼓励进一步讨论的方式做出回应。
- 问题解决：采取双方都满意的方式解决问题；与学生（或家长）商讨，制订改变计划。

以上三条建议来自多个学者的研究成果，其中包括：科特勒（Kottler）的《让你抓狂的学生》（*Students Who Drive You Crazy*）、格拉瑟（Glasser）的《现实疗法》（*Reality Therapy*）、艾伯蒂（Alberti）的《教师的自信》（*Assertiveness*）、朱克（Zukcr）的《掌握自信的技巧》（*Mastering Assertiveness Skills*）以及其他一些著作。本章所提到的沟通技巧只是一个简单的介绍，如果你想了解更多沟通方面的信息，可以阅读以上所介绍的这些书籍，相信对你会很有帮助。

虽然本章中关于坚定的立场、换位思考、问题解决方面的建议主要针对与学生的沟通，但是在与家长或者其他成人沟通时，这些技巧也很有帮助——特别是在召开家长会时。因此，下面将要介绍的沟通技巧可以运用到许多方面，并能够提高处理课堂和学校出现相关情境的效率。

坚定的立场

坚定的立场是指在确保他人不忽视或者侵犯自己利益的基础上，维护自己合法权益的能力。“建设性”一词是指自信的教师不会去嘲笑或者抨击学生。“自信”是一个普遍的特征或属性，可用于各种各样的场合或者作为一套技能运用于特定的情境。有些人在各种各样的场合中都能表现得自信（比如，在工作中、派对上、学校里或与陌生人交往），而有些人在很多社交场合中均缺乏自信。

即使你不够自信，你也可以在教学的过程中学习使用自信的行为。实际上，这样做能够推广到其他的情境中，你也会对你的技能越来越自信。不自信的人，比如，在被要求带领一个团队时会感到极度紧张的人，他们不敢与他人进行沟通或眼神交流；又如，轻易同意他人的无理要求的人，他们无法要求别人尊重他们的权利。这些人感到教学很不自在，维持纪律也存在很大的困难。这类人可以通过多种方式来帮助自己变得自信，比如，阅读培养自信的相关书籍，加强相关技能的练习，当然最好是在令他们感到自在的环境中，直到他们变得更自信。另外，过于自信的教师，回答问题时带着威胁的语气，使用嘲讽和羞辱来操纵学生、恐吓学生，不尊重学生的权利，他们是在运用自己的权威控制学生而非教育学生。这些人可以通过寻找其他释放压力的方式（比如，锻炼、演奏乐器等）来学习管理自己的攻击性行为；也可以寻求专业的帮助，比如，心理咨询辅导中心，或者参加一门课程或研讨会进行自信心的锻炼。一个好的培训项目通常包括：通过认知重构来重塑干扰社交活动的消极思维模式，减少焦虑的练习，情绪管理以及一些技能训练，从而改善行为者的一些不当行为。

坚定的立场包括以下要素：

- 清晰地陈述问题。
- 明确的肢体语言。
- 坚持要求恰当的行为和解决问题的方法。

坚定的立场并不是：

- 充满敌意、胆怯或冷漠。

- 爱争论的。
- 不知变通。

坚定的立场介于充满敌意、傲慢无礼与胆小怕事、无意义的屈服之间。自信的技巧便于你向学生传达，你是在认真地对待教学并且维持积极的课堂环境，在这个环境中，每个人的权利都能够得到尊重。自信并不会限制或阻碍师生之间的相互关心。以下有关坚定的立场的几个方面对教师具有重要的意义。

清晰地陈述问题或要求

学生的不当行为通常会给教师的课堂教学带来一系列问题，如使得教学难以实施，活动节奏减缓，打破有助于课堂顺利进行的班级规则，分散其他学生的注意力。当一个学生固执地坚持自己的不当行为时，作为教师，一定要站在你的立场上，让该学生知道他/她存在的问题。有时候，只需简单地指出问题，学生便能够意识到自己的问题并更好地进行自我监督，从而改变自己的不当行为。教师在表述问题时，要做到以下两点：①明确具体的行为；②描述该行为会产生的影响。例如，下面的例子：

"在读书角大声交谈会干扰其他同学。"

"回答问题之前请举手，这样我才会叫到你。"

"在教室里闲逛会扰乱课堂秩序。"

"辱骂会让对方很难过。"

在表述问题时做到以上两点，即明确具体的行为和描述该行为会产生的影响，你就可以减少学生的防御性行为，并找到一个令人满意的问题解决办法。私底下与学生交谈（比如，在远离其他同学的课桌旁进行交谈，放学后单独交谈或者在"谈话时间"与学生单独交谈），可以避免当众交谈给学生带来的尴尬，也可以减少给教师的权威带来挑战的冲突。然而，有时候你不得不立即做出反应。

值得注意的是，在描述问题时不要给学生或学生的行为贴标签。也就是说，不要指责学生很差劲、粗鲁、烦人，或者行为很轻率、愚蠢等。贴标签的方式不管是针对学生还是学生的行为，都会阻碍学生做出行为改变，因为它表明一个学生的行为是其永久的特征，会导致学生也这样看待自己。另外值得注意的一点是，表述问题时要使用陈述句而不是反问句。质问学生（如“你为什么讲话”“你觉得可以骂人吗”）会引起学生的自我防御、挖苦讽刺或者反抗，从而导致双方出现争论。

肢体语言

自信地面对学生需要从三个方面，通过恰当的肢体语言加以视觉强化。第一，在点名时要与学生进行眼神交流，尤其是在描述问题以及要求学生做出行为改变时。值得注意的是，表示严肃或提要求与表示生气或敌意的眼神是不同的。时不时地避开眼神交流可以缓解紧张的气氛。第二，保持一个警觉的姿势，身体面向学生（但是不要过于靠近，以免使学生感觉受到威胁）。不管是站着还是坐着，都要保持直立的姿势，并面向学生进行交流。第三，面部表情要与讲话内容、语气相匹配（比如，讨论严肃的话题时不要微笑）。

坚持要求恰当的行为

自信的教师能够坚持要求学生做出恰当的行为。学生可能会通过多种方式来推卸责任：不承认自己的行为、为自己辩解以及责备他人（包括教师）。在处理学生的这些小把戏时请记住：可以给学生机会解释，但不要纵容任何借口。虽然有可能是其他原因导致问题的产生，但是该学生必须学会为自己的行为负责。作为教师，你要认真倾听并理解学生的想法，但是如果沟通之后，该学生的行为还是影响你的教学，则必须要求其做出改变。因此，如果学生开始争论或者推卸自己的责任，你一定要避免被学生动摇；不管学生给出什么样的理由，你的底线是要坚决制止该学生的不当行为。

做一名自信的教师意味着，你能以一种吸引学生注意力的方式表达自己的期望与要求，并让学生明白你会实施相应的行为来处理他的不当行为，直到问题解决为止。在提出期望与要求时，不要太严肃或者冒犯学生，保持一点幽默感可以缓解紧张的气氛，礼貌地对待学生也是在为学生树立一个好的榜样。最后，培养令你感到舒适的自信，以及知道他人对你的行为的看法很重要，参与本章末的活动对你也会有帮助。

换位思考

另一个重要的沟通技巧是换位思考。这一技巧是指你能够理解并接受学生的观点，且在必要的时候愿意去听学生解释。换位思考可以帮助你和学生之间保持沟通畅通，这样问题便能够以双方都可接受的方式加以解决。尤其是在学生特别焦虑、饱受压力或者十分沮丧的情况下，这样的沟通方式很有效。作为教师，你要能够帮助学生建设性地处理这些负面情绪，或者至少不要让学生感到更加难过或痛苦。此外，在要求学生改变不当行为时，也可以将换位思考作为解决问题的一部分。在这种情况下，学生可能会反抗并表现出负面情绪，如果教师能够换位思考，便可以缓解学生的这种逆反心态，并让学生愿意接受行为改变的方案。

换位思考能够完善建设性的自信。自信便于教师表达自己的期望与要求，换位思考则是征求或者肯定学生的观点。然而，换位思考并不意味着纵容行为不当的学生为所欲为而无须顾及他人的感受；相反，使用该沟通技巧的目的在于处理问题时理解并考虑学生的观点，从而找到一个令人满意的解决方案。当老师抱着开放的心态去接纳学生的观点时，学生才更愿意做出改变。相反，如果老师不在乎学生的感受，学生可能会做出挑衅的行为，不愿配合教师或承担责任。

比较下面的两个片段：

片段 1

学生：我不会留下的，你没有权利强迫我留下。

教师：放学后你必须留下来，因为你还没有完成作业。

学生：不，我不留下来。

教师：这是命令。如果你现在不珍惜时间，留下来的时间会延长至双倍，这就是规则。

学生（很生气）：我走了。

教师：不许走。

学生：我这就走。（学生气冲冲地离开教室）

在片段1中，教师的反应并没能解决问题。该学生很有可能知道拒绝留在教室里的后果，争吵只是引发了师生之间的对抗，最终学生离开教室，取得了暂时的胜利。

下面是处理同一问题的另外一种方式：

片段2

学生：我不会留下的，你没有权利强迫我留下。

教师：你说得对，我不会强迫你，你自己决定是否留下。

学生：我不留下来。

教师：放学后留下来对你来说有困难，是吗？

学生：我必须马上回家。

教师：也就是说你不能回家晚了。

学生：是的，今天放学后，我们一家人要去别的地方。

教师：这真是两难的处境。那么，你愿意跟我说说你打算怎么解决这个问题吗？

学生：好的。

在片段2中，教师避免了与学生发生争吵，而是去了解学生的想法并展开进一步的交流。面对老师耐心的提问，学生也很明确地表达了自己的想法。值得注意的是，该教师在与学生的对话中一直扮演着倾听者或帮手的角色，而不是站在学生的对立面。另外值得注意的一点是，该教师也没有采取留校惩罚的方式来解决该学生的问题；相反，他/她引导该学生去思考可行的解决办法。当然，这一处理方式也不能保证问题能够解决得令人满意。但是该办法至少提供了解决问题的可能性，并避免了片段1中的冲突。另外，这样做有利于学生自己承担责任，而不是给学生另一个逃避责任的借口。

换位思考有很多优点。它为教师提供了一种处理学生的强烈情绪，且不用代替学生解决问题的方式。同时，该策略有助于安抚学生的不良情绪，防止其出现情绪失控的情况，因为教师没有反复地去刺激学生，从而避免了与学生之间的冲突。

使用换位思考技巧时应考虑的重要一点是要选择合适的时间和地点。如果教师在课堂教学活动中，对学生的所有情绪或者观点都进行换位思考，只会减缓教学节奏并扰乱学生的注意力。这些技巧的使用频率以及使用场合取决于很多因素，包括：合适的时机、你的目标、价值观以及个人能力。但至少，你应该提高这方面的技能，这样你才能够在有助于解决问题的情况下做出移情反应。最后，要想做出有效的回应需要不断地练习及观察，参与本章末的一些活动会对你有所帮助。换位思考包括两个要素：倾听的技巧和信息处理的技巧。

倾听的技巧

倾听的技巧使得教师能够理解并接受学生的感受或想法。从最低层面的含义来说，倾听表示对对方的关注。有时候，教师脸上感兴趣的表情便能够鼓励学生继续发表自己的看法。其他一些非言语的倾听方式还包括：点头示意、与发言者进行眼神交流以及其他鼓励自由讨论的肢体语言等。而口头鼓励则体现在使用“嗯哼”“我明白了”之类的话语。但是有时候，可能需要给学生更多一点鼓励。比如，当学生遭遇拒绝或者挫折需要安慰时，你可以拍拍学生的肩膀或者给他 / 她一个拥抱；还可以通过以下表述方式来鼓励学生展开进一步的讨论，比如，“你能多告诉我一些你的想法吗”“你是怎么想的”“你已经明白了我的观点，现在我想听听你的观点”，等等。

信息处理的技巧

信息处理的技巧便于你去确认或澄清你对学生所传达的信息的看法。阅读下面的对话，并思考哪位教师的反应最有可能促进进一步的讨论。

学生：我不会做这道题。

教师A：你遇到困难了吗？

教师B：加油，努力尝试一下，你可以搞定的。

学生（泪流满面）：我讨厌安杰拉，再也不跟她做朋友了。

教师A：失去朋友是很令人伤心，我理解你的心情。

教师B：不要说气话。她是你最要好的朋友，跟她道个歉你们就可以重归于好了。

在上述两段对话中，教师A的回答更容易令学生接受。在第一段对话中，教师B的回答忽视了学生的情绪，阻碍了进一步的沟通。在第二段对话中，教师B的回答带有评判性，在对情况没有足够了解的基础上，就给学生提出建议，并且没有给学生提供自己解决问题的机会。

你可以通过复述或总结学生发言的方式来处理学生的观点。如果学生给出的信息较多或者表述令人费解，请筛选出你认为最重要的信息并加以阐述。你可以对学生的发言进行简单的阐述，也可以阐述后再进行反问，无论你采取何种方式，学生通常都能够对你理解的正确性做出回应、进行澄清或补充说明。请利用放学后简短的工作讨论会议，讨论下面的对话：

学生：我讨厌学校，学校真没劲。

教师：愿意跟我谈谈吗？

学生：我就是不喜欢学校。

教师：是不是在学校遇到了烦恼？

学生（带着哭腔）：是的，肖恩和比利嘲笑我。

教师（搂着学生的肩膀）：你感到难过是不是因为他们取笑你？

学生：嗯。

教师：你能告诉我他们是怎么嘲笑你的吗？

学生：他们骂我蠢蛋、傻瓜。

教师：被别人这样说确实很伤心。你是不是担心他们真的那样看待你?

学生：是的，我并不愚蠢。

教师：是的，你一点都不愚蠢，我很高兴你没有因为他们的嘲笑而怀疑自己，我也不认为你愚蠢。当别人挖苦或嘲笑你时，你会怎么做，你愿意跟我讲讲吗?

在该案例中，教师站在学生的立场上，通过不同的回答方式一步步地推进与学生的交流，并且帮助学生学习如何处理问题。尽管寄希望于简单的换位思考来解决主要的问题有点不切实际，但是通常它能够缓和学生的负面情绪，使学生以愉快的心情结束交谈。或者，至少能够让学生感受到教师很关心他 / 她，愿意听他 / 她倾诉，这样做便于教师更好地引导学生。

如何在与个体学生互动的情境中，运用换位思考的技巧——倾听的技巧和信息处理的技巧——在上文中已做介绍，这些技巧也同样适用于处理小组活动中的问题。当学生在课堂中表现出偏激的情绪，或者发生行为问题时，使用换位思考的交流技巧，能够有效地防止教师做出防御性的反应。这些技巧也给教师提供了足够的时间去思考其他的解决方案。此外，倾听的技巧和信息处理的技巧在组织小组讨论，以及与家长的沟通中也很有效。

虽然换位思考的技巧在某些情境中很有效，但这些技巧不是处理以下问题的主要手段，比如，行为出格、破坏班级规则、干扰其他学生等。处理这些不当行为需要使用第八章、第十章以及本章其他部分介绍的策略，但是倾听的技巧和信息处理的技巧能够辅助这些策略。

问题解决

问题解决是一个处理和解决冲突的过程。师生之间发生冲突是因为不同的角色有不同的需求，并且每个人都有不同的目标和利益。在同一个班级中，个体的多样化也伴随着一些一致性，个体会发现自己与他人之间存在分歧。如果发生冲突，教师需要利用建设性的办法加以处理，这样教学才能够在一个相互支持的课堂环境中继续顺利进行。一个有效的处理冲突的方式是问题解决过程，教师和学生一起制订解决问题的方案。问题解决过程的步骤包括：①明确问题；②商讨可行的解决方案；③要求学生承诺尝试做出改变。根据具体的情况，问题解决可能还需要找出问题产生的原因，以及明确遵守或不遵守解决方案的后果。一般来说，问题解决仅靠教师的简单干预远远不够，它往往还需要通过问题解决会议，与学生一起商讨解决问题的办法。通常，坚定的立场和换位思考的技巧有利于师生在商讨问题解决方案时达成一致的意见。

问题解决会议一般用于解决学生的长期问题，这些长期问题通过简单的干预无法解决。当学生出现不当行为时，必须要采取措施加以制止，如果纵容学生的不当行为，就会干扰你的教学，影响其他学生的学习，甚至会对该学生整个学年的学习产生不利影响。请思考以下三个案例：

布拉德喜欢成为被关注的焦点。只要你一提问，他就会抢着回答，也不在乎你是否已经叫其他学生。虽然你多次提醒他要注意正确的行为，并试图忽视他的回答，但是，他没有做出任何改变，继续干扰课堂讨论。

艾丽斯和艾丽西亚在每次完成一个项目或任务后都不收拾自己的学习材料、学习用品及学习区域。对于你的提醒，她们会表现得很不耐烦，并坚持认为自己遵守了相关的班级规则。除非你密切地监督她们，否则她们会推脱所有的责任。最近，只要被要求完成某项任务，她们就一直在抱怨。她们这种拖延行为一开始并不足以成为问题，但是长此以往会让你感到很头疼。

特伦斯没能完成最后三道算数作业，即使你在课堂上已经给了大家足够的时间去完成。他对待作业的态度很散漫，课堂作业时间不认真做作业，而是混在其他同学中滥竽充数。上周有两次被老师要求利用休息时间补作业，但他最终还是没有完成，还抱怨浪费了上午的休息时间。在之前的几次评分测试中，他的成绩单上有好几次的分数都不尽如人意，再加上现在又不愿意做作业，要想让他的算数成绩取得令人满意的进步估计不太可能。

上述三个案例介绍了可以使用问题解决的情况。在每个案例中，常规的干预措施都没能改变学生的行为，相反，如果教师继续坚持同样的干预，可能导致师生之间持续的权力斗争，也可能导致学生行为的进一步恶化。

这三个案例明显存在的问题是学生不愿意为自己的行为负责。当学生表现出不当行为时，我们可能需要去考虑制定更为严重的行为后果（比如，惩罚）。事实上，制定什么样的行为后果，可以在问题解决会议上与学生一起商讨。但是，只有当学生承诺改变自己的违纪行为时，惩罚措施才有意义，否则使用惩罚措施只会被认为是一种强制性的行为，而不是该行为的自然后果，惩罚也就起不到应有的作用。另外，也有可能是上述三个案例中的问题本质不够清晰。为什么布拉德不愿意等候老师点名再回答？为什么艾丽斯和艾丽西亚不能遵守简单的清理程序？是不是特伦斯没有理解所教的内容，或者是一些外部的因素导致他不愿意做作业？给学生机会解释自己的情况，可以更好地帮助其解决问题。同时，它还能够促进师生之间更好地理解对方的观点，并防止衍生出其他问题。

问题解决会议包括以下三个步骤。

明确问题

可以在正式讨论之前先说明会议的目的，并让学生发表自己的看法。了解学生的想法可以为下一步的计划提供有用的信息，并便于你去衡量学生的合作水平以及对该问题的认识情况。另外一种组织讨论的方式是你先描述问题，然后让学生发表意见，该方法适用于低年级的学生、语言表达能力有限的学生以及故意回避和掩饰问题的学生。除非该学生很配合，否则你必须要很明确地表达你的担忧。正如前面部分所介绍的，你可以描述学生的不当行为及该行为带来的影响，但不能给学生贴标签。另外，还要向学生强调必须立即停止不当行为，并且要采取措施加以解决。

格拉瑟（Glasser，1975）建议，让学生自己去评价他们的行为是有利还是有害，会产生好的影响还是坏的影响。他认为，如果学生能够意识到并承认自己的行为会产生负面影响，他 / 她才更有可能寻求问题的解决办法并愿意做出改变；但如果学生推卸责任或者看不到自身行为的有害影响，他 /

她就不太可能愿意做出有意义的改变。当遇到这类学生时，可以让他们去思考继续不当行为会产生的后果，这样做能够帮助他们意识到自己的问题。

在会议的初始阶段，学生可能会出现抵触情绪，并试图通过责备他人、发生争论、自我原谅等方式推卸责任。当出现上述行为时，你需要弄清楚该学生是想逃避责任，还是另有难言之隐。如果是后者，你可以通过倾听的技巧及信息处理的技巧给予回应，这样做会让学生感受到你愿意倾听他 / 她的想法，更利于加强你与学生之间的合作；另外，这样做也是在为学生树立良好的行为榜样，鼓励学生在与他人交流的过程中，也要学会倾听并善于处理他人的信息。但是，在问题解决的初始阶段就使用换位思考的技巧会带来一个问题：学生很容易通过找借口、抱怨、争论、自我原谅等方式逃避责任。促使学生参与问题并解决问题是会议的最初目的，为了不偏离此目的，当谈论到主要的行为问题后，你要让学生关注主要的问题。当问题明确并达成一致意见后，会议便可以进入下一个阶段。

商讨可行的解决方案

开始这一讨论阶段的一个方法是让学生提出解决问题的办法。如果学生想不出解决方案，你可以先提供一个建议。如果有可能，最好提出两个甚至更多的建议，这样可以进行比较，然后选择最佳的解决方案。通常，教师只关注如何简单地制止不当的行为，因此提供的解决方案都很消极。虽然关注如何制止不当的行为没有错，但最好能够关注一些积极的措施，以此来促进学生的恰当行为。因此，你要能够接纳学生的观点并提出修改意见。

如果是你提出问题的解决方案，那么你要观察学生的反应，看看他们是否都已理解并接受你的方案。此外，还要评估方案的可行性：该方案是否切实可行？能否有效地解决问题？是否需要其他学生或者教室环境做出改变，这些改变可行吗？该方案容易评估吗？偶尔，有些学生会提出一些解决方案，将需要改变的责任推给教师或其他同学，以此来推卸自己的责任，例如，要求教师设计更加有趣的课堂活动或者叫其他学生回答问题，不要叫他 / 她。对于学生的意见，可以在适当、合理的范围内予以接受，但是绝不允许学生将责任转嫁给他人，除非这就是问题的责任所在。当学生提出建议时，一个合理的回答是："我赞成你的观点，这些改变有助于解决问题，但是我想知道你会做出哪些改变？"在得出大家一致认可的解决方案之后，你便可以进入问题解决的第三步。

要求学生承诺尝试做出改变

在这一步中，教师会要求学生接受问题的解决方案并尝试做出改变，通常在学生做出改变之后会进行评价。承诺可以以口头或者书面的形式呈现，比如，签订合同。有时候，合同上会有正式的边框、密封线、脚注，并有供学生和教师签名的区域、相应的合同条款、是否遵守方案的后果说明等。

如果学生不遵守方案，是否对其实施相应的处罚取决于问题的严重性，以及是第一次讨论该问题还是学生违反了合同规定。有些教师喜欢给学生机会，让他们去纠正自己的行为而不借助于惩罚，其理由是当教师很少使用强制性的措施时，更利于师生之间的长期合作。然而，如果学生并没有做出必要的努力去遵守方案，或者该不当行为很危险或者具有破坏性，需要立即加以制止，可能就需要向学生说明不遵守方案的后果，从而让学生意识到问题的严重性，"你可以在遵守我们的约定和将你的行为告诉校长及你的父母之间做出选择。"

如果方案未能解决问题，那么你可以选择不考虑后果继续贯彻原方案，也可以与学生商讨更改方案，提出一个更可行的解决办法。采取何种办法的一个重要因素是，你是否有足够的时间和精力，通过移交校长、课后留校或者其他一些学校措施来处理问题。为了能够更全面地解决问题，在采取进一步的行动之前，你也可以咨询学校辅导员、副校长或者其他教师的意见。

当问题解决会议没有取得进展时（比如，学生不愿意遵守解决方案或者学生就是不配合），你在得出问题解决的措施不适用于该学生的结论之前，要先评价一下自己的自信及换位思考的技巧是否运用得当。不恰当的自信技巧——怀有敌意的、爱挑剔的或者充满攻击性的行为，或者胆小的、试探性的回应会干扰问题解决的过程。过度自信或者充满敌意的处理方式也会让学生觉得教师是在倚仗自己的权威，从而会阻碍沟通。而过分谦逊、胆小懦弱的处理方式又没有权威性，很容易被学生忽视；学生认为这样的老师不可信，他们不相信这类老师会坚持要求正确的行为，并会遵守制订的方案。

然而，一名自信的教师能够吸引学生的注意力，并能够向学生传达解决问题的强烈意向。换位思考是向学生表示老师愿意倾听他/她的观点，便于教师理清学生的观点并做出回应，且不会影响进一步的讨论。这些技巧在问题解决会议中尤其需要，因为它们便于教师建设性地处理学生的一些辩解行为，也便于教师向学生阐明问题的解决方案，并激发学生承诺做出改变的意愿。

在使用这些技巧时，要有耐心并给它们发挥作用的机会。通常，当某一情况成为一种长期问题，或者当某一不当行为持续很长一段时间时，教师会采用问题解决的策略。出现这类情况时，你不能指望奇迹发生，也许情况会有所改变，但这种改变也只是一个渐进的过程，并且不够彻底。然而，问题解决会议适用于很多情况，应该被纳入到你的课堂管理体系和纪律章程中。关于问题解决的练习参见本章末的本章活动部分。

与家长沟通

作为有效的沟通策略，坚定的立场、换位思考以及问题解决可以运用于与学生的互动中，它们同样适用于与家长的沟通中。在第五章中，我们已经介绍了让家长参与学校活动的相关建议，这些初步措施为家校沟通奠定了良好的基础，能促进教师和家长之间建立良好的合作关系。接下来我们将介绍一些让家长会顺利进行的建议：

- 对家长重新安排他们的时间与你会面表示感谢。另外，要准备并组织好会议，合理地利用家长的时间。
- 家长会上的有些讲话内容可能会触犯一些学习经历曾经不愉快的家长。当谈及敏感话题时，他们可能会表现出愤怒、回避或者抵触的情绪，所以，你要能够意识到家长的反应，比你所说的或所做的更能体现家长的真实感受。

- 不要在家长会上当众批评那些行为或学习上有问题的学生，家长对此会很敏感。要重点关注学生所做的选择，以及如何鼓励学生做出更好的决定。
- 将家长看作队友。因为你们有共同的目标：让孩子获得最好的发展。因此，家长会的重点是找到共同合作的方式。
- 如果有可能，可以将会议的内容打印成纸质文件。文件中可以包含学生作业状况的介绍或者一些行为问题的说明。如果某个学生没有提交作业，可以将作业纸交给该学生的父母，并说明作业的提交日期。
- 客观地描述学生的行为，不要给学生贴标签（比如“芭芭拉喜欢骂人”，而不是“芭芭拉是一个小霸王”）。贴标签容易引起家长的抵触。
- 尊重家长对他们的孩子的认识。通常，父母知道孩子的哪些行为比较典型，或许能够提出其他解决问题的办法。

成功的家长会的秘诀在于事先要做好周密的计划。如果是进行一对一的交谈，那么一定要提前安排好等候区。但如果是所有的家长一起参与，则要事先将椅子以圆形、半圆形的形式摆放，或者围绕圆桌摆放。另外，还要事先确定好需要与家长沟通的问题，并准备能够表达会议主题的相关文件及学生作品。值得注意的是，每个学生的成绩要写在单独的纸上，展示整个班级的成绩单可能会侵犯其他孩子的隐私权。

会议开始时要先表扬学生的一些优点。会议的过程中，要避免只有教师发言、使用缩写或者家长可能无法理解的专业术语等情况，并鼓励家长发表意见并进行提问。如果可能的话，可以让学生参与到整个或者部分会议中来。另外，还要将会议中所提的建议、关注的问题以及行动计划记录下来。在会议结束时，再重申一下各自应当承担的责任。最后，感谢家长对孩子教育的支持与关心。

本章小结

当课堂管理的计划和准备方面的工作未能阻止学生的不当行为时，就有必要就他们的行为问题直接与学生沟通。然而，沟通过程中可能会引发冲突，以下的三个沟通技巧可以帮助解决冲突。第一个沟通技巧——坚定的立场：老师指出学生的问题行为，描述继续不当行为会产生的后果，并敦促学生做出行为改变。使用这种自信的沟通方式，非言语方面的交流应做到镇静、专业且充满自信。

第二个沟通技巧——换位思考：倾听学生的心声，找出导致不当行为的潜在原因。通过这种交流方式，教师能够了解学生的真实感受，促进师生之间展开进一步的交流。这种交流方式要求教师必须具备倾听的技巧（比如，认真聆听、善于提问等）和信息处理的技巧（比如，避免评价学生、归纳总结、善于捕捉信息等）。

第三个沟通技巧——问题解决：师生一起找出问题所在，商讨可行的解决方案，制订改变计划并要求学生承诺做出改变（如签订合同）。问题解决并不总是通过一次商讨就能找到最合适的解决方案，相反，反复地讨论能够帮助教师和学生最终达成一致意见。

这三个沟通技巧也同样有助于教师与学校其他成员的沟通交流，例如家长。在与家长交流时，要将家长看作自己的队友并尊重家长的意见。与家长沟通也是有效的课堂管理的一个重要工具。

拓展阅读

Berger, E. H., & Rojas-Cortez, M. R. (2011). *Parents as partners in education: Families and schools working together* (8th ed.). Englewood Cliffs, NJ: Prentice Hall.

这本手册很实用，可以帮助读者理解家校关系的重要性。书中全面探讨了家校合作，同时对于家长和教师如何合作提出了一些建议。本书讨论的主题包括：离婚家庭、特殊儿童的成长、促进家校协作的发展，以及沟通在家校合作中的重要性。

Greene, J. O., & Burleson, B. R. (Eds.). (2003). *Handbook of communication and social interaction skills*. Mahwah, NJ: Erlbaum.

本文引用资料十分详尽，主要针对以下问题的研究和应用进行了阐述，其中包括：人际之间的冲突、非语言的沟通、印象管理、情绪表达和跨文化交流。

Hill, C. E. (2009). *Helping skills: Facilitating exploration, insight, and action* (3rd ed.). Washington, DC: American Psychological Association

这本教科书构建了一个三级模型，对每一级的辅助性技能进行了阐释，并且强调影响和认识的重要性，关注每一个变化过程中的个人行为。

Jennings, P. A., & Greenberg, M. T. (2009). The prosocial classroom: Teacher social and emotional competence in relation to student and classroom outcomes. *Review of Educational Research*, *79*, 491-525.

作者提出了一个关于教室氛围的新模式，文中强调教师的社会交往和情绪控制能力在其中扮演的角色的重要性。本文提供了一系列文献综述，以证明学生社会的、情绪的和学术等各方面的发展，与有效的课堂管理、良好的师生关系和教师的情绪控制能力密切相关。

Kottler, J. A. (2002). *Students who drive you crazy: Succeeding with resistant, unmotivated, and otherwise difficult young people*. Thousand Oaks, CA: Sage (Corwin Press).

这本书从一线教师、学校中层管理人员、学校领导和学生那里收集了很多案例，并且将实践和理论相结合，帮助读者学习处理各种棘手的人际冲突问题。

www2.scholastic.com/browse/teach.jsp

这个网站为教师提供了很多有益的资源，在搜索引擎中输入“家长会”这个关键词，便能够得到许多关于计划和召开家长会的各种注意事项和技巧。

本章活动

活动9.1 按按钮

每个人都会对自己的个人形象或背景的某些方面感到敏感，比如身高、体重、外表、学识、经历、种族、婚姻状况、社会声望等都会成为不安或担忧的来源。因为教学是一种公开性的活动，再加上学生能够敏锐地捕捉到教师的反应，所以当教师做出反应时，通常会暴露很多个人信息，这时学生就会找到那个正确的“按钮”。请思考会使你感到不安的因素，并与搭档一起讨论以下几个问题：教学的哪个环节会使你感到不安？你会怎么做来减少这种不安带来的负面影响，或者更好地将其转化成积极因素？如果学生在那块领域“按了你的按钮”，你和学生的交流会受何影响？学生的哪些不当行为会让你感到不安？

活动9.2 提高自信技能

该活动提供了练习自信技能的情境。请为下述每个情境准备一个自信的回答，并在处理每个情境时使用以下步骤，直到找到满意的解决方案为止，然后再将这些步骤连贯起来，运用到剩余的情境中，这样你便有了应对下述情境的经验。

- 步骤一：写一份声明，清晰地表述问题，要求尊重每个人的权利。与搭档一起，将各自写好的声明进行比较和讨论。如果你愿意，可以对声明加以修改。
- 步骤二：通过角色扮演来模拟具体的情境，你扮演教师，其他人扮演学生。在角色扮演的过程中，尝试使用适当的肢体语言（包括眼神交流、面部表情等）来支持你的行为干预。
- 步骤三：从观察者那里获取关于你的自信技能使用情况的反馈。运用本章末的“坚定的立场评估量表”评价你自身的表现，并将你自己的评价结果与观察者的评价结果做比较，检查你对自身表现的看法。另外，与观察者讨论你在扮演自信角色时所遇到的矛盾与问题。重复步骤二，直到你对自己的处理方式感到满意为止。

在找到完整的解决方案的过程中，没有必要一直进行角色扮演，因为角色扮演的目的只是让教师练习自信的技能，学生角色的扮演者要尽可能自然地给予回应。

情景 A：斯科特经常在应该完成独立作业的时间，跑去观察教室宠物——一只寄居蟹。他每次去削铅笔、扔垃圾、回小组或者去其他地方时，都要到装有寄居蟹的养鱼缸那儿看一看。因为你在监督整个班级的作业，所以，你只能眼看着斯科特走近养鱼缸。

情景 B：艾莉森和玛丽亚应该将设备收拾好再离开，但是她们就这样将设备散落在健身房里。现在她们正走向门口等待下课。

情景 C：维克托一直不做作业。你用眼神示意他，他却躲开你的眼神，继续与旁边的同学聊天。当你在教室中走动，检查其他学生的作业进展时，他开始折纸飞机。

情景 D：当你下楼时，你听到两个学生在互相对骂。实际上，他们并没有生气，只是互相取闹，但是旁边聚集了一群起哄的学生，你担心他们最终会促使这两名学生互殴。

情景 E：当你开始上课时，你看到达夫妮在吃蛋糕，她的这一行为违反了课堂中禁吃东西的规则。当她发现你注意到她时，她迅速将蛋糕塞进嘴里，并从包装盒中拿出另外一块蛋糕。

情景 F：在时事讨论的过程中，苏珊和克里斯在座位上相互传纸条并大声嬉笑。你注意到班上其他学生的注意力都被这两个学生的古怪举动所吸引，为此你感到很生气。

情景 G：你教四年级，昨天因有事请假让其他老师代课，但班上的学生并不配合代课老师的工作。根据代课老师给你留的便条（相关信息做了备份交给校长），你得知很多学生拒绝做作业，有四五名学生去了卫生间后直到午餐时间才回教室，下午大部分的时间，学生都沉浸在扔纸团大战中。早上上课铃声响起，你走进教室与学生打招呼。

活动9.3 找出符合倾听回应的回答

下面的对话描述了学生（或家长、隔壁班的教师）的一句表述和不同教师的反应。在每段对话中，选择最贴近倾听回应的回答，即哪个回答能够促进进一步的讨论，最能够反映学生的想法和感受，并能够给学生创造机会寻找自己的解决方案？完成之后对照附录部分的参考答案进行检查。

（1）学生：学校糟透了。

A. 不要使用这类语言。

B. 你对学校好像很失望。

C. 开心一点，事情并没有你想的那么糟糕。

D. 持有这种态度对你毫无帮助。

（2）学生：我理解不了代数，为什么我们一定要学习这些知识？

A. 想上大学，就必须要学习这些知识。

B. 坚持学下去，不久之后你便会理解。

C. 你认为这些知识对你来说没有意义吗？

D. 我现在没空回答你这个问题，放学后再说吧。

（3）学生：我不想坐在那些男生旁边。

A. 很抱歉，但是座位已经安排好了。

B. 如果他们干扰你，我可以帮你调换位置。

C. 你有没有跟他们讨论过这个问题？

D. 发生了什么情况？

（4）家长：我的孩子很沮丧，她需要更多的帮助，否则她通不过考试。她说她什么都不懂。

A. 请您继续，她还说了什么？

B. 她上课需要认真听讲。

C. 她只是很焦虑，事实上，她一定可以顺利通过考试，她只需要在考试前多复习一下。

D. 班上大多数学生都认为我的授课非常清楚，是不是家里发生了什么事情？

（5）隔壁班的教师：我班上的学生都快让我崩溃了，最近他们简直不可理喻。

A. 你有没有考虑过对他们更严厉一点？

B. 我知道，隔壁教室里的人都能听到他们的声音。

C. 你听起来很沮丧。

D. 你认为他们很糟糕，你应该来看看我的班级，我班上的学生简直无法无天。

活动9.4 练习换位思考

你需要找个同事来配合参与该活动，两人轮流扮演学生和老师。扮演老师的人需要练习换位思考的技巧，扮演学生的人要尽可能表现自然。我们假设该对话发生在允许换位思考的情境中，并且教师允许学生自己描述问题。当然，这些假设不一定都能够成立。例如，你无法在指导阅读小组活动的过程中处理这些问题，你也不可能总有时间运用这种方式去处理每个学生的问题。在下面的练习中，不要给学生提供解决问题的办法，你要做的是使用倾听的技巧以及信息处理的技巧，鼓励学生分析问题，并思考问题的解决方案。

情景A：特雷莎是一名以英语作为第二语言的学生，她的数学和科学成绩都很棒，但是在写作上存在困难。下课后，她含泪拿着一张得分很低的作文练习前来找你，并带着哭腔说道："我以为我这次作文写得挺好的，可……"

情景B：戴维是一个很聪明的学生，他给你提了一些建议："如果我们不需要做完所有的练习，这节课将会更加有趣。我们可以自己选择做哪个练习吗？"

情景C：当班上的其他学生都在做作业时，巴里合上书本，将作业纸扔在一旁，很厌烦地滑下座位。

情景 D：这是休本周第二次没有提交作业。上周，她有两次“忘记”带作业。之后，你提醒她作业很重要，她却不屑地回应道：“我不在乎。”

情景 E：阿曼德是一名新生，一直以来交不到朋友。最近，他经常和班上更受欢迎的男同学发生争吵并戏弄女同学，目的就是为了吸引大家的注意力。然而，他还是没能够成功地建立自己的社交圈。某天放学后，他跑过来对你说：“我想回到原来的学校。”

活动 9.5 练习解决问题

在以下情景中通过角色扮演的方式来练习问题解决的步骤——明确问题及其后果，商讨并选择一个解决方案，要求学生承诺尝试改变。在学生是首要问题经历者的情况下，让我们假设学生积极地接受了教师初步的倾听回应，为继续讨论以及协助学生找到问题的解决方案奠定了基础。当学生的行为影响到教师的教学或者干扰其他学生的学习时，学生最初可能不愿意参与这种类型的讨论，这时教师将不得不使用自信的技巧来克服这种阻力，让学生参与到讨论中。除了以下的这些情景，你还可以通过活动 9.2 和活动 9.4 中的情景进行进一步的练习。

情景 A：保罗和雷在教室中大吵大闹，故意捣蛋，分散了其他学生的注意力，提醒和惩罚也只能暂时制止他们的行为。于是，你决定找他们面谈。

情景 B：只要不对戴维提要求，他就会很乖巧。然而，一旦提醒他上课时间要好好学习、认真做作业时，他就会变得很挑衅，并坚持认为只要没有影响他人，他就有权利做自己想做的事。

情景 C：露西是个聪明的学生，但是经常晚交作业，而且还经常不做作业。然而，她每次都能顺利地通过测试，如果她能更及时地完成作业并更有条理，她能够很轻易地考到前几名。最近，由于她好几次没有完成作业，你给露西的家长发了一份她的作业进度报告，并要求露西和家长到学校就作业问题与你面谈。露西的妈妈问你是否允许露西补齐没完成的作业，以免她的成绩不及格。

活动 9.6 对话分析

讨论下面的两段对话，这两段对话由本章问题解决部分的案例扩展而来。对话中的教师在多大程度上使用了问题解决的步骤、建设性的自信以及换位思考？这些技巧都使用得当吗？教师还尝试了哪些方法来处理这些问题？这些方法的优势和不足各是什么？

以下两个案例介绍了问题解决会议在问题情境中的使用情况，这些问题情境在前面的章节中已有描述。

对话 9.1：布拉德

教师：布拉德，我要求你留下来是想跟你谈谈你在讨论环节一直存在的一些问题。通常当我提出一个问题，你就会迫不及待地回答，而不是举手等待点名。你承认这一点吗？

布拉德：我承认。

教师：你能告诉我为什么这是个问题吗？

布拉德：我想是因为我这样做，没有给其他同学回答问题的机会。

教师：你说得对。举手回答可以让我知道其他学生是否理解我们正在讨论的内容。

布拉德：如果他们不知道呢？

教师：你是指没有人举手回答吗？

布拉德：是的，这种情况下我可以回答吗？

教师：你有没有想过，也许有些同学需要更多的时间去思考呢？

布拉德：我想是这样的。但是如果我已经知道答案，却要坐着等别人思考，我觉得这样很无聊。

教师：耐心等待是很不容易。但是，我必须让班上的所有学生都能够理解老师所教授的内容并参与到讨论中来。你能想出其他办法来解决这个问题吗？既能让其他同学参与讨论又能让你有发言的机会。

布拉德：我想我可以在发言之前举手。

教师：那太棒了，我很高兴你能这么做。此外，我认为你有很多很棒的想法，肯定有很多机会来回答。那么，你想在讨论中发几次言呢？

布拉德：我不知道（停顿了一下），我想应该三四次吧。

教师：那这样吧，我保证你在每次的讨论中都有四次发言的机会，你觉得怎么样？你举手回答并记住自己回答的次数。如果我没有叫到你，你要耐心等待下次机会，好吗？

布拉德：好的。

教师：我们这周就开始尝试一下，然后再进行讨论，看看问题会不会得到解决，你觉得如何？

布拉德：好的。

对话 9.2：艾丽斯和艾丽西亚

教师：这次找你们谈话是因为我已经多次提醒你们要收拾东西，并保持学习区域的整洁，我想知道你们是怎么看待这个问题的？

艾丽斯：我不知道。

艾丽西亚：我不认为我们做得很糟糕。

教师：你们的这个问题让我很烦恼。你们还记不记得每次我都要提醒你们收拾东西，然后等你们收拾完才能进行下面的活动？

女孩们：嗯。

教师：那么，将学习物品收拾好到底是谁的工作呢？

女孩们：我们的工作。

教师：我们是不是该想个办法来解决这个问题，你们有什么建议吗？

艾丽西亚：以后我会主动收拾。

教师：这是个好办法，还有别的建议吗？

艾丽西亚：我们可以要求其他同学帮忙。

教师：这个想法很有意思，那你知道有谁愿意帮你们收拾吗？

艾丽西亚：我不知道，也许……

教师：你们愿意帮别人收拾、整理东西吗？

艾丽西亚：当然愿意，肯定很有趣。

教师：艾丽斯，你呢？

艾丽斯：我也愿意。

教师：这样吧，我有一个办法，下周你们两个做我的小助手，你们收拾完自己的学习物品后就来帮我，你们觉得如何？

女孩们：太棒了！

教师：好的，那我们就先尝试一下。明天课上，你们收拾好后告诉我，然后我会告诉你们要做什么，可以吗？

女孩们：好的，没问题！

教师：很高兴我们今天商讨出这样的方案，从今天开始我有两名小助手，并且我相信问题一定可以得到解决。

活动 9.7　家长会

思考以下家长会的情景。三人一组进行角色扮演（一人扮演教师，一人扮演家长，一人扮演观察员）以下的情景，并在每个新的情景中轮流扮演不同的角色。角色扮演完后，观察员再围绕所提出的问题，组织小组讨论。

情景 A：查尔斯老师教二年级，她正在与一位学生家长——阿基先生交谈，在这次第一阶段标准测试家长会上，他们正在谈论阿基先生的女儿马娅的学习情况。昨天放学时，查尔斯老师给每位家长发了通知，让家长选择合适的见面时间。阿基先生今天早上提交了家长通知，上面写着合适的见面时间是下午 4:00。因为两名家长要求的是同一个时间，所以阿基先生被安排在了下午 3:40，但是没有收到更改时间的通知。阿基先生今天要参加两个家长会，一个是与查尔斯老师面谈，另一个是与另外一个孩子的老师面谈，时间定在今天下午 4:20。在这段时间里，他将两个孩子托管在儿童托管中心。在将孩子送到托管中心之后，他在 3:55 赶到学校，来参加原定于 4:00 的面谈。

讨论：这种情况可能的结果会是什么？查尔斯老师该如何应付这次面谈？你有什么建议给查尔斯老师，让她为下一次的家长会做好准备？

情景 B：特御老师教五年级，是贾斯汀的班主任。应贾斯汀妈妈的要求，他现在正与贾斯汀的妈妈罗伯特女士交谈。谈话中，贾斯汀的妈妈表露出对她儿子数学和社会科目的成绩下降的担心。她问特御老师，她该如何帮助儿子加强这两门科目的学习，以及班级中是否有什么情况影响了贾斯汀对这两门科目的学习。特御老师事先不知道贾斯汀的妈妈要求面谈的原因，但是在面谈之前，他准备了很多有关贾斯汀的资料：成绩单、贾斯汀的一些课堂作业、班级座位表，并从格雷老师——贾斯汀的数学和社会科目的老师那儿拿了一些贾斯汀的信息资料。

讨论：这次面谈，特御老师准备得如何？哪些方面他没有做好准备？这次面谈之后，特御老师需要采取哪些额外的措施来帮助贾斯汀？特御老师如何做才能最好地代表格雷老师，向贾斯汀的妈妈介绍贾斯汀的数学和社会科目的学习情况？

情景 C：凯莉的妈妈——麦卡恩女士，曾有过一段不愉快的学校经历，在学校环境中也显得局促不安。应老师的要求，她现在正与凯莉的老师——普拉特老师交谈。一直以来，凯莉在阅读方面存在着严重的障碍，普拉特老师想与麦卡恩女士谈谈他们的家庭在阅读方面的情况，以及帮助凯莉克服阅读障碍。此次会谈中，普拉特老师还建议让凯莉参加语言障碍及特殊教育方面的测试。

讨论：普拉特老师该如何做才能让麦卡恩女士感到轻松？在交谈中，普拉特老师需要用到哪些资料？麦卡恩女士在学校中的不安全感会如何影响她对凯莉所采取的措施？

坚定的立场评估量表

在使用以下评估量表时，要注意中间级别代表着最合适的自信程度。在将你自己或者其他教师的行为表现，评定为不坚定或者怀有敌意时，请将最能够反映你判断依据的描述性词汇圈出来。如果该描述无法充分地表达你的观点，你可以在评估量表上写上你的评语。

	不坚定的	坚定的		敌对的
	1	2	3	4　　5
目光接触	老师避免直视学生	老师和学生保持目光交流		老师瞪着学生看，直到学生低下头
	1	2	3	4　　5
肢体语言	老师把脸转过去，肢体紧张，颤抖	老师面对学生，体态保持警惕状，却不具威胁性。肢体语言有助于讲解、陈述内容		老师催促学生，指指点点，向学生威胁性地挥舞拳头
	1	2	3	4　　5
语言表达	对学生表现出顺从、自我贬低，宽恕学生的不良行为表现；请求学生配合；向学生道歉	清楚地陈述自己的观点或坚持制止某种行为；让学生了解自己的感受；能够使用幽默缓解课堂压力		骂学生、给学生贴标签、责怪、威胁、讽刺、长时间地说教
	1	2	3	4　　5
声音特征	颤抖、烦躁、犹豫、含混不清、过于温柔	恰当的音量，自然的声音，抑扬顿挫地强调重点		太大声、叫喊，尖叫
	1	2	3	4　　5
面部表情	不自然地微笑，紧张得痉挛和抽搐	表情和要传递的信息一致		情绪激动，扭曲的、厌恶的、愤怒的表情

第十章

问题行为的管理

本章我们将介绍一些策略，用来处理你可能会遇到的问题行为。虽然前面的章节已经介绍了一些预防措施以及管理不当行为的策略，但是掌握全面的处理办法对课堂管理很有帮助。我们希望你不会遇到很多问题，尤其是一些严重的问题。然而，因为是与学生打交道，所以你必然会遇到一些困境需要去处理，以维持一个良好的学习环境，帮助学生改善自己的行为，并更好地融入到班级群体以及学习中。本章的目的是整合各种各样的管理策略供你选择。因为有一系列的方法可以使用，你将能够更好地根据具体情况选择适合你的策略。另外，准备一些备选方案也很有帮助，以防出现原始方案行不通的情况。

我们希望本章对行为问题的关注，不会被理解为对教师角色的批评。特别要指出的是，这一系列的解决策略应该放在本书其他章节的具体情境中加以考虑。我们一直提倡依靠预防措施来创建一个积极互助的学习环境。然而，即便是在这样的学习环境中，当问题出现时，你也必须要做好处理各种问题的准备。掌握了各种各样的策略，你便可以根据具体的情况调整策略，将教学活动的干扰降至最低，并促进学生的积极行为。

本章的重点是问题行为而不是问题学生。通常只有一小部分学生一直表现出不良行为，严重地出格，以至于被教师认为是情绪失常或者行为失常。少数的学生可能需要你教授他们正确的行为，然而大多数学生只是偶尔会举止不当。我们认为，从长远的角度来看，帮助学生学习如何表现更有意义，而不是认为学生没有能力做出正确的选择。

有时候，学生之所以出现问题行为，是由于家庭或其他方面的压力（比如，父母的虐待、亲人去世、父母失业、身体疾病或者父母离异等）。如果某个学生的行为发生变化，或者在你努力干预后该不当行为仍然没有得到改善时，可以考虑与学生的父母、监护人、学校辅导员或者相关的社会工作者，针对学生的问题展开讨论。有时候，学生以前的老师也可以提供一些额外的信息。在与学生讨论所发生的事情时，要善于使用倾听技巧（见第九章），试着去理解具体的情况。另外，还要懂得换位思考，但是也要让学生明白发泄情绪并不利于解决问题。无论如何，当你发现是学校以外的因素在影响学生的行为时，一定要去弄清楚。

什么是问题行为

问题行为的概念很宽泛。相较于列举所有可能在教室中发生的不当行为，将这些行为进行归类会更容易管理。

非问题行为

开小差、活动转换过程中交头接耳、发呆以及作业过程中偶尔分心等都是一些很常见的行为，根本不能称之为问题行为。因为这些行为都很短暂，且不会影响学习或教学，最好的处理方式就是直接忽略。如果你尝试干预，则会耗费大量的时间和精力，从而影响教学节奏，同时也会破坏积极的课堂氛围。

轻微的问题行为

这一类行为不经常发生，虽然它们违背了课堂程序或规则，但并不会打断课堂活动或严重地干扰课堂学习。具体的例子包括：不经允许就抢答或离开座位、上课时间做些与学习无关的事情、传纸条、吃零食、乱扔垃圾、独立作业或者小组作业时间互相交谈等。这些行为只要持续时间不长并仅限于少数学生，就属于轻微的问题行为。除了以下两种情况，你无须对这类行为过多在意：第一种情况，如果不加干预，该行为可能会持续很久并影响其他学生；第二种情况，如果该行为波及很多学生，不加以干预可能会让学生觉得老师言行不一，并会破坏整个课堂管理体系。此外，如果学生长期出现这类行为，他们的学习很可能会受到不利的影响。

范围和影响有限的问题行为

这一类行为会破坏课堂活动或干扰学习，但只限于个别学生或者少数学生，而且不同学生有各自不同的问题。例如，一名学生长期学习心不在焉，另一名学生很少完成作业，还有一名学生经常不遵守课堂中的讲话或走动规则，或者拒绝做任何作业。这一类行为还包括一些更为严重的违反班级或学校规则的行为，例如，破坏公物或者欺负同学。

正在升级或传播的问题

任何轻微的问题行为变成常态后，都会对整个教学秩序和学习环境构成威胁，这类行为被称为升级行为或传播行为。例如，很多学生随意地在教室里闲逛并谈论一些与学习内容无关的话题，教学活动肯定会受影响。尽管老师一再要求保持安静，学生还是继续交头接耳，这会影响到身边其他同学；顶嘴以及拒绝合作、令人很沮丧，会导致一个糟糕的课堂氛围。频繁地违反行为准则，会导致课堂管理体系以及教学体系的崩溃，并干扰课堂活动的进行。

问题行为管理的目标

在处理问题行为时，必须考虑清楚几类目标。你要去评估你所选择的管理策略可能会带来的短期及长期影响。从短期来看，理想的结果是学生能够停止不当行为并开始做出恰当的行为。从长期来看，重要的是要防止问题再次发生。与此同时，还必须留意你所采取的策略可能会带来的负面影响并采取相应措施。此外，还要考虑这些策略会对个体学生以及整个班级带来什么影响。

独立作业时间，乔尔在与班上的一群学生进行交谈并炫耀自己。

【思考】与搭档一起讨论以下几个问题：如果老师采取以下措施，接下来会发生什么：讽刺挖苦乔尔、站到乔尔身边、要求乔尔做作业、严厉斥责乔尔、忽视乔尔的行为。如果综合使用以上措施又会带来什么结果？

理想的策略要能够维持或立即恢复有序的课堂秩序，并且不会对积极的学习环境产生不利的影响。此外，还要能够防止问题反复发生，并使得学生在之后遇到相同的情况时，能够做出恰当的行为。在真正的课堂实践中，课堂是一个很繁忙的地方，当出现问题时，尤其是在发生紧急状况时，你很少有足够的时间仔细考虑各种选择及其影响，这时候你多么希望能有个“暂停键”，好让事情一件一件地加以处理。然而，不能因为需要做出及时的反应，就不去评估所采取的措施会产生的影响以及寻求其他的解决办法，尤其是在最初的尝试没有取得成效的情况下。因此，拥有一套能够适用于各种问题情况的策略会很有帮助。

管理策略

这一部分介绍了一些有用的策略，用来处理各种各样的课堂行为问题。第一类策略使用起来比较容易，无须老师花费太多时间，主要的优点是相对不引人注目。这一类策略值得推荐的原因是，它们不会过度地关注学生的不当行为，也不会中断正常的教学活动的流程。当我们往下阅读时，会发现有些策略旨在直接、迅速地制止学生的不当行为，然而这些策略往往有更多的负面作用。它们需要花费老师更多的时间，还可能对学生产生意想不到的后果或者干扰教学活动。选择策略的一个基本原则是，该策略要能够迅速地制止学生的不当行为，并且只会产生最小的负面影响。该原则针对轻微的问题行为（通常只需简单的干预即可），而当问题变得严重时，简单的干预可能就无法快速地制止破坏性的行为，因此就需要更耗时或者具有侵入性的干预。另外，不论是针对何种程度的问题行为以及选择何种策略，你都要公平、一致地对待所有学生。

大多数小学都规定了相关的程序，用来处理某些类型的问题，包括一些轻微的问题。例如，学校（或学区）的校规中会有如何处理打架、说脏话、偷窃、破坏公物、无故缺勤等行为的相关规定。因此，作为一名新教师，必须了解哪些规定是有效的并加以遵守。但是，当出现某些特殊的问题，而学校方面没有相关的规定或者教师可以自由地给予回应时，可以借鉴本章所介绍的策略。

我们在这里描述的课堂管理策略具有广泛的应用，但是所罗列的策略并不详尽，想要了解更多关于问题行为的管理策略可以参考以下信息：Emmer 和 Stough（2008），Myles 和 Simpson（1994），Poland 和 McCormick（1999），Shukla-Mehta 和 Albin（2003）。此外，《课堂管理手册》（*Handbook of Classroom Management*）（Evertson & Weinstein，2006）一书中也有很多不错的章节，介绍问题行为的管理策略。

简单干预

1. 使用非语言暗示

可以与行为不当的学生进行眼神交流，并给他 / 她一个信号，如将手指放到唇边、摇头或者打手势，从而让该学生停止不当行为。有时候，轻轻地触碰学生的胳膊或肩膀，就可以让学生意识到你的提醒并安静下来。然而，在你生气或者在学生生气时不要去触碰对方，因为这时候发生触碰很可能会使问题升级。学校或学区的相关政策中通常都有关于肢体接触的规定。为了避免不恰当的肢体接触，在发生肢体接触时要选择合适的情境（比如，当学生取得成功时击掌庆祝，给哭泣的孩子一个拥抱加以安慰），触碰恰当的身体部位（如手、肩膀），选择合适的地点（比如，不要单独和一个学生待在一个关上门的屋子里）。

2. 让活动持续进行

通常，在活动转换的过程中或者在没有明显的关注重点而无所事事的时间里，学生很容易出现不当行为。在等待下一个任务开始的过程中，他们会离开座位、聊天、到处闲逛、相互嬉闹。解决这一问题的办法很明显，即快速地进行活动转换，并减少或消除让学生无所事事的时间。这一策略要求教师提前做好计划，准备好活动所需的材料，并严格按照事先设想好的教学计划实施教学。相反，试图在这些时间里去发现并纠正学生的不当行为往往都是徒劳的，你要做的就是正常地进行下一个活动，并引导学生做出你所期望的行为。

3. 走近学生

当学生表现出不当行为时，可以通过走近学生的方式加以制止。将走近学生与非语言暗示相结合，并在不打断课堂教学的前提下，制止学生的不当行为。另外，在使用这一策略时要一直加以监督（至少要等到该学生开始表现出恰当的行为为止）。

4. 维持团体的注意力

当学生的注意力开始减弱，或者长时间地处于被动的学习状态，并且你注意到很多的学生都心不在焉时，可以采用团体提醒、鼓励个体职责或者高度参与的方式（见第六章），将学生的注意力重新吸引到课堂中。

5. 重新引导学生的行为

当学生心不在焉时，可以提醒他们注意恰当的行为，比如，“每个人现在都应该回答本章的问题”“每个小组都应该讨论本小组的项目计划”“每个人都应该坐在座位上并保持安静，除非你被获准离开座位或者允许讲话”。如果只是一两名学生表现出不当行为，单独对该学生加以引导，一般不会打断整个的教学活动或者影响其他学生的注意力。当众表扬某一小组或者某个学生的恰当行为，对于引导低年级学生的正确表现特别有效。例如，在开始一个新活动时，如果有几个学生一直在交谈，注意力不集中，老师可以表扬那些表现好的学生：“我看到很多同学都安静地坐着并做好了活动的准备，这些同学都很棒，我很感谢那些准备好进行下一个活动的同学。约翰在认真地听讲，多尼亚一直很安静。很好，迪米特里厄斯、理查德以及科比也都准备好了……”在大多数情况下，心不在焉的学生也会很快行动起来。

6. 提供必要的指导

尤其是在独立作业或者小组作业的过程中，如果学生心不在焉，通常是因为没有理解作业内容。这时，你可以检查一下作业任务的难易程度或者问些简单的问题，以了解学生的知识掌握情况，并提供必要的帮助，这样学生才能够独立地完成。如果很多学生都无法继续完成任务，那么就要立刻停止并进行全班指导。下一次在开始独立作业之前，要事先检查一下学生对作业任务的理解情况。

7. 立即制止学生的问题行为

直接要求学生停止不当的行为。直接与学生进行眼神交流，并且要态度坚决（见第九章）。在提出要求时要言简意赅，并在之后加以监督，直到该学生遵守相应的行为规则为止。另外，可以将该策略与重新引导学生的行为这一策略相结合，从而鼓励学生做出你所期望的行为。

8. 给学生一个选择

告诉学生他/她有一次选择的机会：要么选择好好表现，要么选择继续不当行为并准备接受后果。在给学生选择机会时，要向学生描述清楚何谓恰当的行为，因为简单地要求学生正确地表现，并不能清晰地传达恰当行为的真正含义。例如，假设一名学生在完成某个项目后，拒绝打扫活动区，你可以说："你可以选择现在清理，也可以选择休息时间继续待在这里，直到你所在的区域干净为止。"对于一名总是干扰附近同学的学生，你可以说："你可以选择在自己的座位上安静地做作业，也可以选择坐到隔离区域去做作业。"描述行为的后果并将其作为一种选择，这样做的目的是向学生强调要为自己的行为负责。另外，将行为的后果交代清楚会增加学生选择自我调节的机会。

适度干预

这些策略比刚刚描述的简单干预更具对抗性，因此更容易引发学生的反抗。当学生的行为并不具有破坏性时，在使用这些适度干预措施之前，最好使用一些简单的干预措施或者对学生提出警告，这样做便于培养学生的自控能力，并能够节省老师的时间和精力。

1. 取消学生的特权或期望的活动

学生滥用特权会导致特权被取消，必须要通过恰当地表现才能重新获得，这些特权包括：合作完成项目、与朋友坐在一起、未经允许可以在教室中自由走动等。有些老师允许学生在独立活动时间进行安静的交流，如果取消这一特权，可以有效地制止学生之间进行无效的沟通。有些老师允许学生每周在某一天或某几天的一段时间里，组织一些他们所喜欢的活动或者进行自由活动，这类活动所花费的时间，可以有效地减少其他时间里的不当行为。虽然剥夺特权是一种惩罚形式，但是它通常比直接地采用一些严厉的惩罚措施所产生的负面影响要小。

2. 隔离学生或让学生坐在教室的特殊位置

可以将破坏课堂活动的学生移至教室的其他区域，使其远离其他学生。因此，有必要在教室后面放置一张有遮挡的阅读桌，或者至少要放一张桌子，桌子要远离其他学生，以免与隔离区域的学生有任何眼神交流。如果教室中没有合适的区域，则可以让该学生站到教室外的走廊上，前提是你们学校没有明文禁止该做法。

隔离会改变学生之前的行为，因为它剥夺了学生参与活动的特权。只要"被驱逐"的学生在隔离区表现良好，便可以允许他/她重新参与到活动中，这是一个很好的做法。有些老师喜欢让学生自己决定何时回到活动中，例如："如果你觉得你能够遵守我们的班级规则，5分钟后你可以自己回到座位上来。"有些老师会在活动结束后或者与学生简单交谈后，才让学生重新回到座位上。

隔离存在的一个问题是，有些学生会将其看成一种奖励，因为他们认为这样会获得老师更多的关注，同时还能够避免参与自己不喜欢的活动。如果是这样的情况，你就得另外采取措施。还有一个问题是，学生可能会拒绝去隔离区域，通常这只是一个暂时性的问题，只要你态度坚决，忽视学生的抗议并继续你的教学活动，学生最终都会服从。而面对顽固、倔强、不服从的学生，你可以给他/她一个选择，"要么去隔离区域，要么去校长办公室，你自己决定。"

隔离还存在另外一个风险。使用隔离就是在明确地表示某个学生被排除在外，它可能会导致教师、其他学生甚至是被排除在外的学生，潜意识里给这类学生贴标签。如果将这一措施频繁地用于某个特定的学生身上，很可能会导致该学生产生不满和愤怒。因此，一定要提供机会让这类学生充分地参与课堂活动，与此同时，采取其他措施去促进他们的规范行为。

3. 给予处罚

有时候可以让学生重复某一任务，作为不当行为的惩罚。例如，在体育课上，学生可能会被要求围绕操场多跑几圈或做俯卧撑；在数学课上，学生可能要做额外的题目。这一类措施的优点在于，通常可以快速地处理问题，不需要花费老师太多的时间和精力；它的不足之处在于，这一类任务会被定义为一种惩罚，因此学生对待这类任务的态度可能会受到负面的影响。使用惩罚措施的另一个问题是，它们的易操作性很容易导致过度使用，从而影响整个班级的课堂环境。

4. 课后留校

还有一个经常使用的惩罚措施就是让学生课后留校，无论是在就餐时、休息过程中或者放学前后，都可以实施该惩罚措施。因为学生的行为问题和行为后果之间的逻辑关系，因此，这一惩罚措施通常用于处理那些耗费了时间的不当行为（比如，游手好闲、浪费时间、干扰教学或学习的行为）。另外，这一措施还经常用于处理学生反复违反规则和经常不完成作业的情况。在实施课后留校时，老师要在一旁监督，或者学校应专门安排一块区域，有固定的老师加以监督。留校的时间不宜长，尤其是对于那些问题并不严重或者未频繁出现的违纪行为，一般 10~15 分钟就足够。

留校作为一种惩罚的优势在于，大多数学生都不喜欢被留校，所以他们会努力地去避免。同时，在实施留校时一般都会远离班上其他学生，因此不会导致其他学生对该不当行为产生过多关注。另外，它又是一种常见的惩罚措施，所以在实施时不需要过多的解释，也不需要使用不寻常的组织程序。最后，老师还可以利用留校时的一点时间与学生进行交谈，从而制定出改善问题的解决方案。

留校的一个缺点是，它会耗费教师的时间，尤其是在教师必须监督的情况下。即使学校有专门的留校用的教室，教师也要事先写好申请。另外，在留校期间，学生可能会错过放学回家的公交车或校车。另一个缺点是：在短时间内，学生可能通过简单的不露面就可以逃避留校。因此，教师或学校必须要有一个应对方案，比如，留校时间延长一倍。此外，还要做好记录，通常在处理这类学生的问题时，需要花费额外的时间。

5. 移交校长办公室

很多学校都制定了专门处理问题学生的制度体系，即将问题学生移交给校长助理进行处分。有时候，学校的纪律章程中已制定了针对某些特定行为的相关处理条例，比如，打架、破坏公物等，但是当学生出现某些纪律章程中并没有规定的违纪行为时（比如，无礼、粗鲁、不服从管教等），教师则有充分的自由对该学生进行处分。通常，最轻级别的处分是留校或者给予警告，其次是延长留校时间、找家长谈话，对于更严重或者持续的违纪行为，则停课一天或几天。为了公平、合理地处理学生的违纪行为，校长助理在给予处分时必须要有充足的依据，这一点至关重要。因此，在处分之前，通常都需要教师填写一份处分申请表，或者发邮件给校长助理，交代清楚学生的具体行为。

移交校长办公室的优势在于，至少在短期内，它能够有效地控制对其他的干预措施没有反应的学生，并且不会耗费教师太多时间。另外，它也有利于教师去处理一些不适合当众解决的突发问题。其不足之处在于：它的有用性取决于处分是否生效，并且需要频繁的外部支持，况且教师没有最终的决定权。此外，频繁地使用该策略会让校长助理觉得老师没有做好自己的本职工作。在大多数学校中，将移交校长办公室作为处理课堂问题的策略并不是一个明智的选择。

有关纪律处分的另一个值得关注的问题是，在实施处分的过程中可能会存在歧视现象。一些研究表明（cf.Skiba & Rausch，2006），非裔美籍学生相较于白人学生更可能会受到纪律处分，即使是在了解了学生的社会经济地位等因素的条件下，种族所带来的影响也十分明显。此外，研究还表明，教师很可能会因一些很容易被曲解的行为而处分非裔美籍学生，比如，无礼、大吵大嚷等；而白人学生更可能会因违反明确禁止的行为而受到处分，比如，破坏公物、使用淫秽的语言等。还有一些研究者（cf. Gay，2006）在多元文化学校中就学生的纪律行为进行了研究，他们发现非裔美籍学生比来自其他种族或族裔的学生，在交流方式上更加戏剧化、更生动、更具对抗性，因此，老师可能会误以为这些学生的交流方式很粗鲁，并不适合课堂，而试图纠正学生，这或许会导致学生的不满和误解。一个可能的原因是，非裔美籍学生所受到的大量处分中，有一部分源于老师对他们的交流方式所做出的过度反应。事实上，为了避免课堂管理中的无意歧视，教师在实施课堂管理时应充分考虑相关的文化因素。要想了解更多针对异文化的课堂管理（CRCM）方面的信息，请参考 Weinstein，Tomlinson-Clarke，以及 Curran（2004）的相关研究。

我们建议你在使用学校处分这一惩罚措施时要加以节制。你可以先尝试使用其他的低侵入性的干预措施，当问题变得很严重并难以控制时，再移交校长办公室进行处分。如果真要进行处分，请事先思考一下是你对学生的交流方式反应过度，还是学生做了违纪的行为。然而，一旦你提交了处分申请表，那么一定要继续跟进校长助理与学生的沟通情况，确保能够找到一个令人满意的解决方案。

更广泛的干预

当学生对简单的或者适度的干预没有反应时，就需要进行更为广泛的干预，以防止他们的不当行为继续对课堂活动造成破坏，或者干扰他们自身及其他学生的学习。下面介绍的策略可能有助于解决这类问题。这一部分所介绍的策略需要教师投入更多的时间和精力，但在处理特定的学生问题时可能也更有效。

1. 使用问题解决策略

问题解决的相关内容在本书第九章中已做具体介绍，在此就不再赘述。然而，还有其他四个策略，虽然与问题解决有共同之处，但本质上却有很大的不同，我们会在这里分别介绍。

（1）五步干预法。琼斯（Jones，2010）提出了以下五个步骤，用来处理学生的破坏性行为。

步骤 1：使用非语言暗示，提示学生停止不当的行为。

步骤 2：如果提示没有效果，则要求学生遵守相应规则。

步骤 3：如果学生继续不当行为，则让学生自己选择是停止不当行为，还是选择填写问题解决表。

步骤 4：如果该学生仍然我行我素，则将其安排到教室中的某个指定区域，在那里填写问题解决表。

步骤 5：如果该学生拒绝服从第四步的要求，则将其安排到其他地方（如办公室），在那里完成问题解决表。

该五步干预法要求学生填写一个问题解决表（见表 10.1）。最好在开学初就将该干预方法告诉学生，向学生讲清楚填写问题解决表的目的以及如何填写。建议带领全班学生将这一干预措施练习一遍，让学生知道具体的操作程序并提供积极的示范。另外，可以给学生提供一些问题解决表的填写样本，以便学生模仿。

五步干预法的优点在于，它强调学生的责任感以及选择权。此外，渐进地回应使得教师在一开始不会给予过度的干预，从而能够快速地提出问题的解决办法，同时将对正在进行的活动的干扰降至最低。这些步骤简单明了，便于教师一以贯之地加以使用；相应地，该方法的结构性及可预见性也便于学生理解和遵守。

该干预措施的不足之处在于，从第一步可以快速地过渡到第五步，可能需要一些中间策略，避免过度依赖将学生驱逐出教室这一策略。另外，一些学生尤其是低年级的学生，让他们自己写出一份令人满意的问题解决表很困难。此外，有些不当行为（如发生碰撞、破坏学校公物等）并不适合采取渐进的反应，而是需要教师能够立即做出回应。最后，制定干预措施、与学生一起讨论所填写的问题解决表，以及监督方案的落实情况，这些都要求教师至少要投入适当的时间。

表 10.1 问题解决表

承诺对自己的行为负责

姓名＿＿＿＿＿＿＿＿

日期＿＿＿＿＿＿＿＿

商定的规则：

①讲话要有礼貌；

②善待同学；

③遵从老师的要求；

④做好上课准备；

⑤认真对待作业，遇到困难要寻求帮助；

⑥遵守学校规则。

请回答以下问题：

①你违反了哪条规则？＿＿＿＿＿＿＿＿＿＿＿＿＿＿＿＿

②你做了哪些违反这条规则的行为？＿＿＿＿＿＿＿＿＿＿＿＿

③有其他原因导致你做出这一行为吗？老师或同学？＿＿＿＿＿＿＿＿

④你能想出什么方案使自己能够对自己的行为负责并遵守这条班级规则？＿＿＿

⑤老师或其他同学可以怎样帮助你？＿＿＿＿＿＿＿＿＿＿＿＿

＿＿＿＿＿＿会努力遵守上述规则和程序，保证不再出现违纪行为。

（2）使用“反思时间”策略。该策略旨在帮助学生学习自我控制，防止学生因老师的警告和批评而产生的逆反情绪进一步恶化，要求将不顺从的学生安排到其他教师的班级中，给学生时间去重新获得关注，当学生承诺改善自己的问题行为后，再让学生回到原来的班级（Nelson & Carr，2000）。使用该策略需要与邻近班级的教师合作，教师要在自己的班上安排一个远离人流密集区域的座位，这样该学生进入教室时便不会吸引其他学生的注意。进入接受的班级后，问题学生坐到指定的座位上安静等待并思考自己刚才的行为。时机成熟后（如 3~5 分钟后），该班级的老师找学生谈话，并给他 / 她一张行为汇报表进行填写，表格中大致有以下一些内容：你刚才做了什么？回到原班级后应该怎么做？在填写的过程中，接受班级的老师需要问学生是能够自己独立完成，还是需要老师给予指导。当学生填写好表格后，接受班级的老师再将其送回原来的班级。

如果你使用该策略，就需要与其他老师合作。在为反思时间的学生安排好座位后，你们要向各自班上的学生介绍该策略的相关程序及规则。纳尔逊（Nelson）建议，要像对待其他复杂的程序一样对待该任务：向学生解释该策略的目的（比如，帮助学生学习自我控制、减少对学习的干扰）以及会导致“反思时间”的行为。此外，你还需要向学生描述暗示学生开始“反思时间”的信号（比如，给他们一张通行卡），并给学生示范如何离开教室以及进入其他老师的教室。另外，还要向学生展示一个正确填写行为汇报表的样本。如果在同一名学生身上多次使用“反思时间”策略，则意味着有必要与该学生的家长交谈，或者将该学生移交校长办公室，或者予以校内停课（ISS）。

当简单的干预措施无法制止学生的不当行为时，“反思时间”为教师提供了另外一种管理学生不当行为的策略，它能够有效地遏制师生双方在交流过程中所产生的敌对情绪。该策略的另一个优点是，它给学生提供了“平息怒火”的机会，能够让学生意识到自己的问题并想办法寻求问题的解决方案，在这一方面，它类似于其他的问题解决策略。这一策略的局限性在于，它既需要其他教师的合作与承诺，也需要事先做好规划并系统地加以运用，才能够成功地解决学生的问题。

（3）使用现实疗法模型。格拉瑟（1975，1977，www.glasser.com）的现实疗法被广泛地运用于教育实践。该模型的基本特征是，在与个体学生进行交往时，要与学生建立一个相互关心的师生关系，关注学生当下的行为，让学生承担责任，制订行为改变计划，要求学生做出遵守计划的承诺并严格执行。格拉瑟坚信：学生如何选择行为取决于他们对该行为后果的看法。大多数学生会选择恰当的行为，是因为他们认为这些行为会带来理想的结果，同时，他们也会避免那些会导致不良后果的行为。此方案的实施步骤如下：

第一步：与学生建立亲密的关系。如果学生认为老师很关心他们并将他们的利益放在心上，那么在评价以及改变他们的行为时，他们将更有可能遵循老师的指导。老师可以通过多种方式来向学生表示承诺与关心：面带微笑，积极地评价学生的作业，保持友好，对学生所参与的活动、家庭、好恶、兴趣爱好等表示关心。除此之外，还可以通过弘扬学校精神、保持幽默、做一个好的倾听者、花时间与学生讨论他们的担忧等方式，融入到学生群体中。与学生建立关系的最佳时机是在学生出现违纪行为之前，当然，即使是在学生出现了问题行为的情况下也为时不晚。如果教师每天都能够与违纪的学生进行两到三次友好的沟通交流，它将有助于为学生的行为改变创建一个更加积极的环境。

第二步：关注学生当下的行为。当出现问题行为时，格拉瑟建议与该学生进行简短的交流。在交流时，首先要明确问题是什么。为此，教师只需要问清楚学生刚刚做了什么，而不要对其加以责备。即使教师知道到底出了什么问题，也最好让学生自己去回答，听听学生的观点。

第三步：要求学生为自己的行为负责。其含义是指要让学生承认自己的行为，拒绝接受任何借口。承担责任是困难的，尤其是在可以找到借口的情况下，但最终，找借口只是引发问题的学生试图将责任推卸给他人，从而拒绝承担责任的一种形式。当然，很有可能问题不是由某一个人引发的，但是该学生仍然需要为自己的行为负责。

第四步：让学生评估自己的行为。如果学生无法意识到自己的行为问题或者逃避责任，格拉瑟建议可以引导该学生去思考他/她的行为，是否给自己或他人带来帮助或造成伤害。另外，还要指出继续不当行为可能会带来的负面影响。只有当学生意识到自己的行为会带来负面影响，从而改变该行为会带来理想结果的看法时，学生才有可能愿意做出改变。

第五步：制订改变计划。教师和学生一起寻找防止问题再次发生的办法，并制定新的行为标准。该计划可以制订成书面合同的形式。

第六步：要求学生承诺遵守计划。如果学生并不是认真地打算做出改变，这将会阻碍问题行为的改善。因此，有必要向学生交代清楚遵守计划会带来的积极影响，以及不遵守计划会产生的负面效果。该计划在合理的时间内必须是可行的。

第七步：实施计划并跟踪改进。如果计划奏效，那么教师应该对学生的成功以及改变后的理想行为加以肯定。如果计划失效，则要与学生一起商讨并加以修改；但如果该计划的目的可以让学生了解某一行为的消极后果，则应该加以使用。另外，除了课堂中的干预措施之外，格拉瑟还提出了其他一些用于处理问题行为的建议。例如，如果学生继续不当行为，则可以要求其停课；另外，在允许该学生回到班级之前，必须要求其同意遵守改变计划。值得注意的是，只有在多次尝试干预都失败后，方可将学生移交至校长办公室进行处分。

处理个体学生纪律问题的现实疗法具有很多优点。它为教师提供了一套系统的方法，用于处理各种各样的个体问题，并提供了简单且有效的问题处理过程，同时还避免了受判断失误、学生找借口等情况的影响。有关现实疗法积极影响方面的研究证实了这一干预措施适用于处理个体学生的问题行为（Emmer & Aussiker，1990）。

（4）使用“带出教室”策略。“带出教室”策略共分为三个步骤，用于处理学生长期的问题行为，缓解师生之间或同学之间的冲突（Albrecht，2008）。使用这一策略需要在课堂之外有专职教师与学生进行沟通。该策略的实施步骤如下：

第一步：隔离。带班老师将问题学生送到学校中的指定区域，在该区域由专职老师负责监督。将学生送至隔离区域的目的是，让学生远离诱使其产生问题行为的环境，并给学生时间使其冷静下来。

第二步：重新给予指导。待学生冷静下来并能够控制自己的情绪后，专职教师再带领该学生一起完成被中断的课堂活动任务。这样做便于专职教师与该学生建立融洽的关系，并提供重新引导学生认知过程的机会，从而使该学生变得更加理智和配合。

第三步：解决冲突。专职教师在弄清楚问题发生的原因以及产生的结果时，要站在客观的角度，不要带有主观评价。这一过程类似于本书第九章中介绍的问题解决的步骤，以及本章前面部分所介绍的琼斯的五步干预法以及格拉瑟的现实疗法。专职教师和学生一起商讨问题的前因后果，并将解决方案填写到冲突解决的表格上。

完成以上三个步骤后，专职教师再将学生送回教室。"带出教室"这一策略有很多优点：它提供了一个高效、及时的针对具体问题的解决方法，并且便于教师继续整个班级的教学。此外，它还能够及时、有效地缓解冲突而不是加剧冲突。但是，该方法的一个明显的不足之处在于，需要安排专职教师。然而，该教师并没有直接地参与到问题解决的过程中，因此，在制定问题解决方案时，有必要与该教师进行沟通，从而有利于学生遵守解决方案并改善自己的行为。

2. 与家长协商

有时候打电话或者发邮件给家长，能够显著地影响学生的行为，暗示学生在学校之外也要对自己的行为负责。采用这种方法的前提是，你已经与家长沟通好他们所希望的联系方式。当学生在学校中犯了错误时，不能要求家长为孩子在学校中的行为负责，毕竟他们不在现场，这样家长才能够更好地与你沟通交流，切记不要让家长产生抵触情绪。你所要做的是简单地描述情况，耐心地询问家长的意见，并对家长愿意提供建议表示感谢。还要对家长养育孩子的不易表示理解。在与家长沟通的过程中要使用倾听技巧（见第九章），并留意可能会有助于你解决学生问题的有用信息。另外，随手准备好成绩册，便于你在必要时及时地将学生进步的具体信息告诉家长。

除了电话沟通之外，你可能会选择与家长进行面对面的交谈。有时候采用这种方式，但并非总是如此，当要求面谈时问题一般都比较严重，并且其他的学校工作人员（如辅导员或者校长）可能也需要到场。如果你决定面谈，请明确会议的内容并提前做好计划，通知家长以及其他需要参与会议的学校工作人员。

面谈最主要的缺点是需要花费时间和精力，但是，这些努力通常都是值得的。虽然并不是每次面谈都会成功，但很多时候学生的行为会得到改善。面谈的另一个潜在的问题是，需要事先确定好便于家长实施的问题解决策略，因为家长有时候不仅不会做出任何反应，还会纵容学生的行为，有时会反应过度或过度地惩罚学生。随着时间的推移，你会更加了解班上的家长，也能够大致评估你的电话或面谈可能会带来的影响。

3. 与学生签订合同

当学生的不当行为成为长期性的问题，或者某个问题很严重必须立即制止时，可以尝试与学生签订合同。首先，你要与学生一起讨论该问题的本质，并了解学生对该问题的看法。然后，和学生一起商讨合适的解决方案并就采取何种措施达成一致意见。通常情况下，合同上会规定学生所需做出的改变，但它也可能会对老师的行为或活动提出要求。此外，还要向学生明确不遵守合同规定的后果，可以制定一些奖励措施，用来鼓励学生严格遵守合同规定。最后，将问题的解决方案及后果写下来并让学生签名。签订合同也可以与其他的策略一起使用，具体可参考前文所介绍的五步干预法以及现实疗法。

特殊问题

有时候学生会做出很严重的行为，需要采取比前面章节所描述的更为有力的措施加以解决。这些严重的行为包括：粗鲁无礼、长期不做作业、打架、欺凌以及顶撞老师。

虽然思考这些问题让人很不愉快，但是它们是与多达30名学生长时间亲密接触必然会导致的结果。幸运的是，很少有老师会遇到大量的这类问题。不管它们的发生频率如何，当它们发生时知道如何处理都是十分明智的。

在讨论每一类问题之前，我们介绍了一些一般的指导原则，用来处理学生的攻击性行为。可以考虑从两个阶段来处理这类行为：当下的反应以及长期的策略。当问题行为出现时，你的第一反应应该是立即制止该行为，让破坏尽可能地降至最低。因为这类行为通常很令人讨厌或者很危险，并会引起你的担忧或气愤，因此，要小心处理，不要使之恶化。相较于采取强硬的措施，保持冷静并避免过度反应，才更有可能使问题得到圆满解决。你可以告诉学生你的感受，但是要避免与学生发生争吵或者引发冲突，这样便于你更好地处理学生以及他 / 她的行为问题。提前想好应对问题行为的策略，并与有经验的老师沟通交流，能够帮助你更好地应对问题而不是被动地做出反应。

处理问题行为的长远目标是防止问题行为再次发生，并帮助学生学习如何更具建设性地与他人相处。防止问题行为再次发生需要做到以下两点：第一，找出引发问题的原因并加以解决；第二，创建一个积极的课堂环境，制定合理的规则、程序及行为后果，并始终如一地加以贯彻执行。在这样的环境中，攻击性行为很少发生。要想帮助这类学生做出更好的行为，可能需要你在一段时间里给予他们更多的个人关注。当然，这一目标在多大程度上是可行的，会受很多因素的影响，包括你的时间限制以及问题的严重性。在处理那些有慢性问题行为的学生时，你可能需要从学生家长、学校辅导员、特殊教育资源老师或者校长那儿，获取些建议与帮助。另外，还要将学生的行为、你对该行为的反应以及最终的结果记录下来。接下来将介绍一些问题行为的解决措施。

欺凌

欺凌行为是一种反复性的攻击行为，通常由一名或者多名学生欺负一名柔弱的、孤立的学生，导致被欺压的学生更加软弱。发生欺凌行为的目的是获得同伴的认可，通过欺负弱小的方式树立威信。欺凌行为可以采取多种形式：直接的人身攻击（如撞击、推搡）、言语以及非言语的攻击（如辱骂、威胁、恐吓）、人际关系攻击（如排斥、孤立、诽谤）以及网络欺凌。网络欺凌多利用网络技术的匿名性（如电子邮件、社交网络等）攻击、暴露、窃取他人的信息或者不怀好意地怂恿他人。当这些行为发生在学校中或者同学之间时，其结果将会是毁灭性的，甚至是致命的。美国教育部部长阿恩·邓肯（Arne Duncan）在 2010 年的联邦政府首脑会议上，第一次提到了学校中的欺凌现象，他指出，网络欺凌现象尤其危险，与其他的欺凌行为一起构成了学校的安全隐患（U. S. DOE，2010）。在所有的欺凌行为中，男生之间更容易发生人身攻击，女生之间则更容易发生人际关系冲突。

在很多学校及社区中，欺凌行为已被认定为一个很严重的问题。无疑，这种行为与充满尊重与关怀的环境格格不入，并会对受害者以及欺凌者带来严重的、长期的情绪问题。由于这些原因，学校广泛采用一些方案去解决欺凌问题，用于处理欺凌行为的策略也被纳入到学校及社区的纪律章程中。被广泛加以使用的处理系统是奥维斯欺凌预防计划（详细信息请浏览 www.clemson.edu/olweus）。奥维斯欺凌预防计划或者其他系统的处理程序一般包括：制定学校（或社区）的反欺凌政策、规定欺凌行为的后果、让学生识别欺凌行为、训练学生的交流技巧以及对易发生欺凌行为的场所及活动多加监督（Hyman，Bryony，Tabori，Weber，Mahon，& Cohen，2006）。

如果你们学校已经采取了一套特殊方案，防止欺凌行为的发生，那么你会收到一些供课堂使用的材料，并且你也要参加研讨会，学习如何使用该方案。即使你们学校没有采用特定的处理程序，你也可以采取一些行动。首先，作为教师，你要清楚自己承担着保护学生安全的法律责任（cf. U. S. Office for Civil Rights，2010）。老师通常发现不了欺凌行为，因为他们可能不在事发现场（如走廊上、餐厅里、卫生间）。即使发生在教室中，老师也可能注意不到一些微妙的迹象（如打手势、眼神威胁、恐吓信等），除非受害者向老师举报。因此，你要做的一件事就是在活动休息时间，对走廊上、其他非教室区域的学生加以监督，并与其他老师以及楼层管理员合作，对整栋教学楼进行监督，确保学生休息时全程都有老师在一旁监控。

如果你发现某个欺凌行为涉及你班上的学生，那么你需要与受影响的班级讨论该问题。你可以带领学生一起讨论欺凌行为发生的原因及后果，并向学生强调围观者的重要作用，告诉他们你欣赏有勇气帮助受害者的旁观学生，并告诉那些想要通过欺负弱小而树立威信的学生，应该通过一些建设性的方式来获取同伴的肯定。一般来说，在与欺凌者以及受害者单独交流时，可以采用问题解决的处理方式。然而，当欺凌行为涉及肢体接触时，可能就需要将欺凌者移交至校长办公室，依据学校的有关规定给予相应的处分；或者也可以让学校辅导员找这两位学生谈话，商议问题的解决办法并提供改善行为的建议。

学生获得交流的技巧也是一种策略，可有助于预防欺凌行为的发生或者防止问题进一步恶化。让学生对如何正确地互动交流进行角色扮演，这对于小学生来说尤其有必要。帮助学生更有效地沟通和解决冲突，并促进彼此的友谊与合作的交流技巧包括：理解并尊重他人的观点、积极地倾听、共同商讨解决方案、寻求帮助并提供帮助、轮流等待以及妥善处理分歧。对于明显缺乏交流技巧的学生，可以将其交给学校辅导员，他 / 她可能会对这些学生进行团体辅导，帮助他们提高交流技巧；或者可以将交流技巧的训练纳入整个学年所规定的课堂活动中。例如，当学生在进行小组活动或者班级讨论时，会用到各种各样的交流技巧，你可以指定一些小组交流技巧让学生练习。根据班上学生的年龄和技能水平，可以依据不同的场合，重点训练某个或某些技能。

打小报告

虽然打小报告通常不具有破坏性，但当它成为一种普遍的行为时，可能就会产生问题。大多数低年级阶段的老师制定了标准的应对措施，用来处理学生打小报告的行为，并在该类行为出现时加以运用。为了从一开始就防止出现打小报告的行为，你要让学生知道哪些信息他们应该或者不应该告诉你。例如，当某个学生受伤或者处于危险的情况时，必须要让你知道，比如，出现前面章节所介绍的欺凌行为。但如果出现交头接耳或者不认真完成作业等情况，就没必要告诉你，因为当你在教室中走动并且监督得当的情况下，你会注意到这些行为。

如果班上很多学生频繁地向你打小报告，这意味着你可能没有始终如一地、公平地处理学生的不当行为。你可以利用一次简短的教学，让学生明白打小报告与社会责任之间的区别。举一些打小报告的例子，比如：试图找别人的麻烦；试图让别人解决你能够处理的问题；试图替他人寻求帮助，而实际上对方能够独立解决问题。用以说明两者差异的一个办法是在展示板上画一个图表，图表的标题为“打小报告”及“社会责任”，并让学生在相应的标题下方写上具体的例子。例如，在“打小报告”的标题下方可以写“有人骂我”“有人将他/她的数学作业放到了拼写篮里”。在“社会责任”标题下方可以写“有人将我推倒，我的胳膊肘流血了”“有人在卫生间里哭，不愿意出来”。

在思考如何处理学生打小报告的问题时，请记住一点：打小报告的学生通常是为了吸引老师的注意。如果打小报告的学生成功地让你去处理所谓的不当行为，其他学生可能也会效仿。当学生准备打小报告时，提醒该学生当下他/她该做的事情，并让他/她回到座位上，通常能够有效地制止这一行为。

另外，你要去留意学生是否真的需要你的帮助。当学生准备向你打小报告时，你可以建议学生尝试其他办法，并鼓励学生与你交流问题再次出现时该办法所取得的效果。或者你也可以这样回答学生：“我很高兴你知道那个行为不对，如果我看到吉米那样做，我一定会惩罚他。”切记，不要让打小报告的学生与被指控的学生当场对质，以免引发争执。虽然你通常不会因为一名学生的片面之词，就去处罚另一名学生，但亲自了解并核实一下情况会更为谨慎。如果其他学生也向你反映同一个学生的问题，那么你就需要对该学生加以严密的监督。

其他有助于防止打小报告的干预措施还包括：指出打小报告的自然后果（如同学们都会有意避开打小报告的人）；训练学生不通过打小报告来处理问题的策略（如直接忽略）；教授学生具体的问题解决办法，并让学生加以运用（如明确问题、制定目标、制订行动计划、实施计划）。

长期逃避作业

你班上可能会有这样一群学生，他们经常不做作业。有时候，他们只是在开学初不完成作业，但更多时候，他们会由一开始的偶尔逃避作业，逐渐增加次数直到最后发展成一种习惯性的行为。认真地制定一个问责体系，可以有效地制止学生的这种行为（问责体系的相关内容请参考第四章）。然而，即使是在拥有严密的问责体系的班级中，一些学生仍然会逃避作业。

因此，在学生的这种行为变得更严重、无法挽救之前，去加以纠正会更容易，效果也会更好。为了能提前采取行动，你必须要经常性地收集、批改学生的作业并做好记录。一旦发现学生出现逃避作业的行为，要立即与之沟通，找到该学生不做作业的深层次原因，然后再采取适当的措施加以纠正。如果学生仅仅是因为无法完成作业任务而选择逃避，你应该给该学生提供适当的帮助或者更改作业要求。如果学生觉得作业任务太重，则可以考虑将作业分成几个部分，让学生分批完成。比如，可以让学生在规定的时间内（比如，5 分钟或者 10 分钟）先完成第一部分任务，然后进行检查。在每一部分任务结束后，可以给学生几分钟的自由时间，他们可以利用这段时间，完成有限时间内没完成的任务，或者在没有催促的情况下，平稳而有序地继续完成任务。有时候你也可以给学生一个作业任务清单，让他们自己检查作业的完成情况，这将有助于学生进行自我监督并能够增强学生的成就感。

如果学生逃避作业不是因为能力的问题，那么，除了与学生交谈之外，还可以采用以下的处理程序。联系家长，并将情况与家长进行沟通，通常他们会给予你额外的支持，帮助你激励学生。另外，要求学生课后留校将作业做完，这一简单的惩罚措施被证明是有效的。当然，如果学生需要乘公交车回家，而且在要求学生留校之前没有事先跟家长沟通好，则不能使用该程序。任何时候要求学生课后留校都要提前告知家长。此外，在家长愿意配合的情况下，还可以使用另一个程序，即让学生将学校中未完成的作业以及完成作业所需的书本和材料带回家，在家中将作业完成。然而，在使用这一措施时要谨慎，以免学生在学校浪费时间并认为所有的作业都可以带回家完成。

不要因为担心作业屡次受挫会打击学生的积极性，而给予学生过高的作业评价，这样做是在教学生逃避责任。相反，为了激励学生认真做作业，你可以提供一些额外的奖励，用来鼓励那些认真完成作业以及及时完成作业的学生，并制定一个奖励体系（见第八章）鼓励学生尽自己最大努力去完成作业任务。

打架斗殴

相较于教室中，打架斗殴的行为更容易发生在操场上、餐厅里或者学校的其他一些区域。在低年级阶段，你通常能够制止打架行为，以避免不必要的受伤风险（如果因为某些原因你无法直接干预，一定要提醒其他教师以及学校工作人员，以便采取行动）。当发现学生有打架斗殴行为时，首先要给予口头警告，要求其停止。光靠口头警告也许就能制止学生的打架行为，它至少能够让打架的学生知道有老师到场。当警告无法制止时，可以让旁边围观的学生立即去寻求帮助，要告诉该学生具体去哪儿寻求帮助。另外，在保证安全的情况下，你可以将打架的学生分开，并将围观的学生疏散，让他们回到自己的活动或者班级中。没有了围观学生，打架的学生不会顾及面子，你更容易将他们分开，直到帮忙的人到场或让他们待在不同的地方。

你们学校肯定制定了相关程序，用来处理学生的打架斗殴行为，你要严格贯彻执行。但如果问题很严重，则可以将学生移交至校长办公室，校长会打电话告知学生家长，安排面谈并商讨下一步的解决方案。

如果学校将处理打架斗殴行为的责任及权力交给老师，让老师自行斟酌处理，那么你就要认真地思考一下你的处理程序。除非学生只是打闹着玩儿或者该行为能够立即停止，否则在学生放学回家之前，一定要跟家长进行沟通。此外，当出现打架斗殴行为时，最好能够给当事学生时间，让他们冷静下来。如果在你准备处理打架的学生，却找不到其他人帮忙监督班级时，你可以先让打架的学生待在教室里不同的区域或去你的办公室。对于年龄大些的孩子，可以要求其写下打架的缘由使其冷静下来。如果你不知道是什么引发了这一行为，可以向围观的学生了解情况。一旦有机会，一定要和当事学生交谈，听听他们的说法。在交谈时，重点要让当事学生意识到打架行为的不可取并商讨解决问题的办法，而不是再次引发冲突、相互指控或者进行指责。帮助学生理解对方的观点，以便他们能更好地沟通和交流。最后，要跟学生强调合作、友好的重要性以及你的期望，或者可以建议两人先暂时保持一段距离。

“突然间，那儿围了一群老师！”

在接下来的几天中，要多加留意双方是否还有敌意的迹象。如果你发现问题并没有得到实质性的解决，那么就要联系家长、与校长讨论或者再次找学生谈话。

挑战教师权威

要想有效地处理挑战教师权威的行为，就应先试着理解是什么激发了学生的这类行为，并采取能够缓和学生负面情绪的办法加以处理。驱使一个人产生攻击性行为的原因一般来自于对权利、归属感以及尊重的渴望。表现出敌对和好斗情绪的学生，大多是由于某一个或某几方面的需求在他们的生活中没有得到满足。门德勒（Mendler，1997）提出了很多策略用以处理这一类问题。

蔑视老师或者对老师充满敌意，毫无疑问会给老师造成威胁。如果对学生的这种行为放任不管，他们就会肆意妄为，并且其他学生也有可能会效仿。当一个学生当众与你发生冲突时，他 / 她通常会觉得如果让步的话会在同学面前没有面子。处理此类事件的最好办法是保持低调并在私下里加以解决。

如果此类行为发生在课堂中且并不严重，你可以努力以客观的方式加以解决，避免当场与学生发生冲突。比如，你可以对学生说：“这将会浪费课堂时间，过会儿我有时间再与你讨论。”如果该学生不接受你的建议，仍然不依不饶，你可以要求其离开座位，到事先安排好的隔离区域等待你结束课堂教学活动。待该学生冷静下来之后，给班上的其他学生布置一些任务，然后再去与该学生讨论刚才的问题。

在与学生讨论问题时要保持客观态度。记住一点：要主动与学生沟通，而不是被动回应。你应耐心倾听学生的想法并给予积极的回应，但不要与学生发生争吵；将学生的理由或借口与行为本身区分开，并告诉学生他 / 她的行为不可取；清晰地将行为的后果告知学生，并严格加以执行。如果你不确定该如何处理，可以告诉学生你需要一段时间考虑，之后再讨论。但是，你仍然需要执行相应的惩罚。

极端的情况是（当然这种情况很少发生），学生可能会完全不配合，不愿意冷静下来进行讨论，或者干脆摔门离开教室。如果发生上述情况，你可以亲自护送学生离开教室，或者当你在处理一个高年级的或者块头大的学生时，可以让其他学生到办公室寻求帮助。大多数情况下，只要你能够保持冷静并避免与学生发生争执，学生就会慢慢冷静下来。

虽然大规模的校园暴力事件极其罕见，但是近年来，出于对孤立事件的高度关注，很多学校和地区都制定了类似于应对火灾或者自然灾难的应急方案。作为教师，你要去熟悉你们学校有关这方面的规定，并去学习在遇到紧急情况时如何保持冷静，如何迅速地将学生转移到安全地带，以及如何与紧急救援人员取得联系。

最后的提醒：积极地思考与行动

本章所介绍的很多问题行为的管理策略都包含一定形式的惩罚措施，尤其是适度干预和更广泛的干预这两类策略。惩罚的一个不足之处在于，就其本身而言，它并不能够告诉学生什么是正确的行为，所以，它可能无法按照你预想的方式帮助学生改变行为。因此，在使用以上这些措施时，跟学生交代清楚你所期望的行为很重要。也就是说，关注的重点仍然要放在正确行为的教授上。此外，如果一个班级总是以消极的方式去处理学生的行为，这个班级的班级氛围肯定不会很好。因此，经常使用适度干预、更广泛干预措施的老师，应该尝试在整个课堂管理体系中，增加一些奖励措施或者制定一个奖励体系，帮助缓和惩罚措施所带来的负面影响。在纠正了学生的行为之后，给学生提供慷慨的帮助，让他们感受到温暖和关心，并给予挽回错误的机会等，可以让改正错误的学生觉得他们并没有失去所有东西，便于学生恢复正常的表现。

有时候，问题来自于学生没有掌握所学的内容，或者作业任务超出学生的能力范围，作为教师，你要能够意识到这一点。当问题出在学生的能力无法达到学业要求时，你就需要从源头上加以解决，即重新设计一些适合学生水平的课堂活动及作业任务，或者给予学生更多的指导与帮助。此外，在对学生的行为加以干预时，一定要积极地思考与行动。一名有效的课堂管理者能够从各种可行的干预措施中，有选择地加以使用，这些措施的使用有助于教授学生正确的行为，维持良好的课堂氛围，并能够最大化地促进学生的学习。

如果班上有特殊需要的学生出现了行为问题，你可以与特殊教育老师沟通和交流，并听听他们的意见，这对你处理该学生的问题大有帮助。特别值得注意的是，你需要去了解该学生的个别教育计划（IEP）中是否有特殊的训练计划，有时候该计划中会规定与该类学生交流的具体方式，或者提供其他一些有用的策略。即使该学生的个别教育计划中没有具体的训练计划，了解一下该学生的个别教育计划，有助于你更好地与该学生交流和相处。与有特殊需要的学生相处的具体内容，请参见本书第十一章。

本章小结

当出现更严重、持续时间更长或者长期的问题行为时，运用有效的课堂管理策略能够引导学生重新表现出恰当的行为，并教授学生如何做出正确的选择。有助于教师处理轻微问题行为（如抢答问题、注意力不集中等）的策略包括以下一些简单的干预措施：使用非语言暗示、让教学活动持续进行以避免活动之间的过渡时间太长、走近学生、引起小组的注意、重新引导正确的行为、提供必要的指导、给出简单的要求停止的指示、给学生选择的机会。适度干预包括：剥夺学生的特权、孤立学生、给予处罚、留校、移交校长办公室。更广泛的干预措施包括：琼斯（Jones）的五步干预法、“反思时间”策略以及格拉瑟（Glasser）的现实疗法模型。除此之外，还可以召开家长会或者与学生签订合同。

有些特殊的情况需要教师能够立即做出回应。这些情况包括：欺凌、打小报告、长期逃避作业、打架斗殴以及挑战教师权威。在采取措施干预这些行为时，一定要积极地思考与行动。一名有效的课堂管理者能够从各种可行的干预措施中，选择有助于教授学生如何正确表现，以及有利于维持良好课堂氛围的措施。

拓展阅读

Brophy, J. E. (1996). *Teaching problem students*. New York: Guilford Press.

这本书主要针对以下内容提出了自己的观点：教师如何与问题学生相处、如何有效地组织课堂教学。书中涉及的学生问题包括：学习能力低下，具有暴力倾向，蔑视校规校纪，行为冲动和特别害羞。作者从实践和调查出发，提供了许多有用的建议。

Damiani, V. B. (2006). *Crisis prevention and intervention in the classroom: What teachers should know*. Lanham, MD: Rowman & Littlefield.

学校和教师必须学会处理各种时常会发生的极端问题和危机事件，比如，校园暴力、自杀、遭遇自然灾害。本书提供了教师如何帮助学生处理危机的方式和方法，同时对于发生危险情况时，团队如何协作提供了一些建议。

Davis, S. (2004). *Schools where everyone belongs: Practical strategies for reducing bullying*. Wayne, ME: Stop Bullying Now.

本书阐述了有效阻止校园欺凌行为的相关研究，提供了诸多实用的技巧，目的是为了帮助教师将此研究应用于实践。

Emmer, E. T., & Stough, L. M. (2008). Responsive classroom management. In T.

Good (Ed.), *21st century education: A reference handbook* (Vol. 1, pp. 140-148).

这篇文章主要介绍了对学生不当行为进行干预的相关研究。

Harrist, A. W., & Bradley, K. D. (2003). "You can't say you can't play": Intervening in the process of social exclusion in the kindergarten classroom. *Early Childhood Quarterly*, *18*, 185-205.

这篇文章呈现了针对幼儿园学生的干预研究，通过一种不排他的方式习得社会交往的技巧。

Hyman, I., Bryony, K., Tabori, A., Weber, M., Mahon, M., & Cohen, I. (2006). Bullying: Theory, research, and interventions. In C. Evertson & C. Weinstein (Eds.), *Handbook of research on classroom management: Research, practice, and contemporary issues* (pp. 855-884). Mahwah, NJ: Erlbaum.

这一章内容是对校园欺凌行为的综述，主要包括：欺凌者和受害者的性格分析，欺凌行为的成因，影响、旁观者的角色和应采取的对策等。

Mendler, A. (1997). *Power struggles: Successful techniques for educators.* Rochester, NY: Discipline Associates.

这本书简洁易懂，阐述了当学生表现出对抗性行为时，教师应该采取什么措施来解决矛盾。此书还列举了其他诸多问题行为以及相应的解决措施。

Myles, B. S., & Simpson, R. L. (1994). Prevention and management considerations for aggressive and violent children and youth. *Education and Treatment of Children, 17*, 370-384.

暴力行为在形成之前会出现很多预警信号，紧接着会经历不同的阶段。这篇文章阐述了预防暴力行为在前期阶段形成的一些策略，其中一些方法对于非暴力行为也同样奏效。

Sprick, R. (1995). *The teacher's encyclopedia of behavior management: 100 problems/500 plans*. Longmont, CO: Sopris West.

这本书呈现了校园中常见的个人问题以及班级问题，其中包括针对特殊问题进行干预的计划和对策。

cecp.air.org/

这个网站隶属于高效合作与实践中心，其宗旨在于为存在情绪和行为问题的儿童提供服务和帮助。

www.apa.org/education/kl2/bullying.aspx www.clemson.edu/olweus www.nasponline.org/ resources/factsheets/

这个网站就以下问题提出了一些建议和措施，包括预防暴力行为和社交能力训练项目。旨在帮助学生处理一些社交、情绪、心理等方面遇到的问题。

www.apa.org/ed/schools/cpse/activities/class-management.aspx

这个网站为教师提供了一系列应用性很强的策略，目的是帮助教师应对学生的诸多问题，包括学生的情绪问题、行为问题等。

www.cfchildren.org

儿童委员会是一个国际性机构，网站的主页涉及儿童社交、情绪管理和学习能力等方面。该网站涉及一些特别主题，主要包括校园冲突、青少年暴力和读写能力的养成等。“养成尊重的品质”是一个应对校园暴力行为而设的非常有价值的项目。

www.state.ky.us/agencies/behave/homepage.html

“行为之家”主页是一个交互性的网站，旨在突出并强调具有挑战性行为的儿童的与众不同。

www.stopbullyingnow.com

这个网站为减少校园暴力，提供了基于调查和研究的实践策略，其中用PPT展示了关于预防校园暴力的细枝末节。

本章活动

（1）教师对本章中所描述的问题行为的反，应通常会受他们小时候在家庭里或者学校里所观察到的成人模式，以及所接受的训练的影响。回忆你在这方面的一些早期经历，并思考这些经历带给你的影响。这些早期的问题处理模式在多大程度上为你现在的课堂管理提供了积极的指导？当时对你有效的策略现在也同样适用于你所教的学生吗？现在的学生有哪些问题行为或者环境问题是你当时没有经历过的，如吸毒、经济贫困、来自单身家庭、欺凌？你会在哪些方面对你制定的措施加以修改？你的这些措施如何体现你的教育理念？

（2）回顾本章一开始所描述的问题行为类型，并思考每一类问题行为最适合的干预措施。在本章所介绍的众多干预措施中，你是如何选择的？

（3）在以下这三类干预措施中——简单干预、适度干预、更广泛的干预，你最倾向于使用什么措施？有什么措施是你不会加以使用的吗？请说明你喜欢或者不喜欢该措施的理由。这些干预措施是如何体现你的教育理念的？

（4）在以下的问题情景中，请思考用以处理这些问题行为的策略，并为每个情景准备一个备选策略，以防你采取的干预措施不起作用。在选择策略时，要说明你所设想的教学情境（参考答案见附录部分）。

情景1：当你在组织班级讨论时，阿达斯和梅丽莎在座位上讲话并相互传纸条，其他学生有的在交头接耳，有的在发呆。

情景2：德西和布莱斯一直在座位上交谈，他们不愿意学习。当你要求他们打开书本时，他们便与你发生争吵。

情景3：德韦恩试图完成大部分的作业任务，但是在完成作业的过程中他一直在捣乱，戏弄坐在附近的女生，搞得这些女生哈哈大笑，同时他自己也无法集中注意力做作业。此外，他还俏皮地回应你说的所有事情。当你加以制止时，他开心地笑了笑，以过于殷勤的方式回应，引得全班学生哄堂大笑。

情景 4：马克在饮水机边喝水时，有人不小心撞到他，他转过身便朝那位学生身上吐水。然后他又要求站在他桌子旁边的男生走开，并将该男生推倒。从餐厅回教室的路上，马克又与另一名男生发生了口角。

（5）将最有可能令你感到为难或者让你感到不舒服的学生行为罗列出来，这些行为包括：蔑视教师、粗鲁无礼、打架斗殴以及不配合，等等。请事先思考你会如何处理这些问题？

（6）采访一名在职教师，并了解该教师所在的学校是否有处理欺凌行为方面的规定，以及该规定是如何传达给学生及家长的。另外，教师在执行该规定或程序时应承担什么角色？

（7）通过各种媒体（如报纸、电子杂志等），找出最新的有关课堂问题行为的相关报道。与搭档一起讨论引发该问题行为的原因，并思考当类似的问题出现时可以采取哪些措施加以制止，如果事先没准备好应对这类问题，会发生什么情况。

我的网络教育实验室

请登录网址 www.myeducationlab.com：

（1）进行小测试，检测你对本章内容的掌握情况。

（2）根据个人学习计划来学习本章内容。

（3）加深你对课堂管理策略相关概念及原则的理解。

（4）将本章学到的知识运用于你的教学工作中，以提高教学技能。

第十一章

特殊学生群体的管理

到目前为止，尽管我们在书中所讨论的课堂管理的原则方法和指导方针适用于大多数的课堂环境，但具体的课堂管理也会受到学生特点的影响，比如，学生的年龄、性格、兴趣爱好、学习能力、个人目标、文化环境、家庭背景等因素，都会影响他们的课堂表现。在你班上的学生当中，可能会有一部分学习英语的孩子，他们的父母并不说英语，而且他们的家庭文化也很可能会和班级里其他大部分孩子普遍流行的家庭文化有巨大的差异。当你跟这些学生进行眼神交流时，你会明显地看到，他们会对你所传达的一部分文化表示认同和尊重，而对其他一些有差异的文化则产生抵触情绪。因此，有时候，为了满足不同群体的需要，我们有必要及时调整课堂管理的方式和教学指导的方法。在这些学生当中，会给你的课堂带来特殊挑战的是那些在学习上表现很糟糕或是表现很好的学生，在智力或是身体上有障碍的学生，以及那些母语并不是英语的学生。你的课堂可能会包含所有这些类型的学生，从而对你的教学活动构成挑战。当然，要想与这些拥有特殊需求和能力的学生进行有效的沟通，做好教育工作，就需要你下足功夫，做好充分的准备。

本章将会提供有关的信息和建议，并结合前几章所介绍的原则和方法，来帮助你有效地组织和管理好拥有特殊学生群体的课堂。

评估学生的入学成绩

为了搞清楚班级里各个学生在学习需求和能力水平上的差异程度（比如，学生之间的差异化水平），你需要通过多种渠道搜集信息。这些信息通常来源于你的一些测试，对每个学生的切身观察，学生档案的介绍，之前老师的评价，学生的代表性作品，以及标准化统一考试的成绩等。一旦学生被认定为有特殊的需要，你一定要跟从事特殊教育的辅导教师沟通和咨询。而且，最好不要根据单方面的信息而草率地去定位一个学生。因为根据不全面的信息而对一位学生定位较低时，你对他/她的期望值也会随之降低，从而不利于激发他/她的内在潜力。

由于阅读能力、语言艺术以及数学技能在小学课程中占有重要地位，所以当你在对这些孩子进行初始测试时，要重点考查这些课程。而且当你在评估你的学生时，一定要仔细留意他们的学习习惯，比如，他们是否能够遵照指示、集中注意力。此外，当你在给每个学生安排座位、设计教学活动以及进行课堂监督时，需要重点考虑那些学习能力比较弱，以及上课注意力不集中的学生，以便对他们进行特殊的指导和观察。

在了解学生的入学阅读水平以及数学技能水平时，要重点关注那些你没有他们的相关信息的学生，通常，这类学生是从其他学校转学过来的。另外，你还要留意是否存在评估结果上的信息，与学生的实际水平不一致的情况。当遇到此类情况时，你可以通过一对一的方式，让学生进行朗读，检查他们的词汇能力，测试他们的数学技能水平，从而对他们做出一个正确的评估。如果你没有合适的评价体系，可以咨询其他老师或者专业人士，听听他们的意见，让他们帮助你进行选择。

通常，学校的部门主任或者教务人员那儿都有用于课堂评估的材料，这些材料包括记录学生的课堂参与或行为表现的一系列检查表。对于某些学科，学生会建立自己的档案袋，档案袋中记录了学生每学年完成各种任务的表现情况。通过档案袋，老师能够对学生的学习情况有清晰的认识。此外，还可以通过仔细观察学生初次进行课堂作业、参与活动或者小组互动中的表现来了解学生的一些信息。这些观察记录以及搜集的信息能够帮助你准确地判断哪些学生需要复习，哪些学生需要额外的辅导，以及哪些方面需要巩固和强化。

“我是后进生，你呢？”

如果有可能，开学后过段时间再对个别学生进行评估。因为在这类评估测试的过程中，你很难监督到整个班级，并且可能会导致其他学生长时间地处于独立作业的状态中。而推迟测试，你可以先观察学生一段时间，学生也能够更好地了解并适应你。此外，如果要进行个别评估，一定要布置足够的作业任务，保证其他学生有事可做。如果很多学生都需要进行单独评估，你可以将测试分成几天来完成。

识别特殊学生群体

当你在设计课堂教学时，一定要考虑班级学生各门基础学科的整体入学水平，以及个体学生无法达到年级水平的程度。其他一些因素，比如，学生的兴趣爱好、文化背景等也会影响学生的学习，在设计教学活动、制定教学目标时也应加以考虑。

有时候，还可以根据学生的能力水平来组织小组教学、同伴辅导以及合作学习，在组织这几类教学活动时你需要精心地设计和管理。

个体差异的应对策略

在接下来的章节中，我们描述了一些用于应对个体差异的教学策略，并介绍了一些与个体差异有关的管理问题。

团队教学

同一年级的教师通常可以组建成一个教学团队，共同处理不同层次的学生，然后可以根据学生的层次水平将学生重新分配给不同的教师进行指导。这样做有利于教师将班上的学生分成几个同质小组，比纯粹地使用固定的班级教学更利于学生的学习。比如，可以将班上入学评估中阅读成绩得分较低的学生，分配到相应层次水平的阅读指导小组中，小组中的学生来自不同的班级。与此同时，再将班上阅读水平较高的学生，编排成一个独立的小组，由另外一名老师进行教学指导。依据学生的能力水平进行分组教学的方式，比让学生待在原来的班级中接受班级教学的学习模式，更利于学生获得适合自己能力水平的教学。然而，当进行其他活动时，则应让学生参与到混合能力水平的小组中，这一点很重要。

针对异质学生的团队教学策略，可以运用到很多学科的教学中，但最为常见的还是运用于阅读教学和数学教学。如果采用能力分组的教学形式，分组时需要考虑的是，当学生能力差异太大时，就不能简单地将学生分成三个阅读小组和两个数学小组。从理论上讲，虽然一个班级高度异质的问题可以通过创建更多的小组加以解决，但这种做法通常是不切实际的，因为它需要教师做大量的准备工作，并且会减少每个小组学生接受教学指导的时间。因为团队教学需要教师周密的计划及彼此之间的高度配合，因此，做到以下几点很重要。

1. 协调课程安排

团队中的教师要建立能够适合于团队教学的课程表。如果教师事先没有打招呼，擅自背离课程安排，可能会导致其他班级的学生一直处于等待中而无事可做，也会导致所有的教学计划被打乱。

2. 变换教室

因为一些学生需要变换不同的教室，所以有必要让他们知道教室变换过程中的一些程序以及行为规范。在学生变换教室时，教师需要陪同前往，直到学生掌握了具体的路线、看到了目的地后，方可离开。

3. 所需物品

有时候，学生会忘带学习所需的物品。当他们没带学习物品时，可以让他们回自己的班级中去取，但是这样做会浪费宝贵的学习时间，也会打扰两个班级的学生。如果学生每天所要使用的学习材料不同，那么一定要事先通知当天带班的老师需要什么材料，这样他们可以通过张贴所需物品的清单或者在学生准备离开教室时给予提醒等方式，提示学生记得带所需的物品。

4. 规则和程序

来自其他班级的学生可能不知道你对学生的行为要求，因此，在组织教学之前，要先向这些学生介绍一下你们班级的规则，以及小组活动、独立作业中的活动程序。在你第一次与新学生接触时，就要将这些要求告诉他们，然后认真地加以监督，直到他们养成良好的行为习惯。如果有可能，可以与团队中的教师共同协商制定一个统一的行为标准。遵照统一的行为标准，会让规范行为的教授与管理变得更容易。

5. 认真对待作业

除了要求学生遵守活动规则及行为程序之外，还要督促学生对自己的作业负责。然而，与监督自己班级学生的作业相比，在团队教学中监督其他班级学生的作业往往会更困难，因为可使用的奖励、处罚以及要求家长面谈的干预措施可能无法贯彻落实。此外，除了教学时间，你也没有其他的机会对这些学生的作业加以监督。而理想的情况是，你可以批改这些学生的作业并提供额外的指导。以下是让学生对作业认真负责的一些措施：

（1）当你每天与学生见面时，在解散学生之前要先检查一下他们的作业并提供改善建议。

（2）让学生明白你的作业期望与要求以及评分标准。

（3）及时将批改后的作业发放给学生。及时给予反馈是促进学生学习的一个重要因素，因此，不要让作业堆积如山。

（4）要让学生（尤其是低年级的学生）意识到你是在认真地批改他们的作业，并且他们的作业情况最终会反映到成绩单上。

（5）如果有学生开始逃避作业，请及时联系家长。联系家长的事情不要依赖班主任老师，你要自己主动联系。

调整班级教学

有些学科并不适合使用小组教学的形式。有限的教学时间、需要考虑学生的个体差异以及复杂的操作程序，使得小组教学与班级教学相比效率更低下。在教授诸如科学学科或社会学科的课程时，可以将班级教学的模式稍做调整，来满足拥有不同能力水平及兴趣爱好的学生的需求。在变换教学模式时，需要考虑一些简单的调整和注意事项。

1. 教学互动

要努力让所有学生参与到演讲演示、课堂讨论、集体背诵等活动中，可以通过有意识地叫所有学生回答问题的方式，而不仅限于渴望回答问题的学生。有时候，使用姓名卡来随机选择学生回答问题，可以帮助你顾及所有学生。对于有阅读障碍而无法理解教学内容的学生，可以让其复述主要的知识点或者总结其他学生的回答。如果一个学生在某一方面有特殊才能或者对某一主题特别感兴趣，可以鼓励该学生进行一些特殊项目，并将自己的想法向全班学生口头汇报。这些机会能够让学生加深对知识的理解并获得认可。

2. 座位安排

需要密切加以监督或者需要给予更多辅导与帮助的学生，应该被安排在教室的前排（或者是你进行班级教学时通常所站的位置附近）。将这些学生安排在你附近，便于你随时检查他们的知识掌握情况，并对他们的行为及学习进展加以监督。

3. 给予指示

在给予指示时，要保证所有的学生都能集中注意力，如果可以的话，最好能够在给予口头指示的同时，也给予书面指示。此外，如果口头指示过于冗长、繁杂，会导致很多学生记不住，更谈不上去遵守，所以可以将指示分解成几部分进行介绍，并使用一些视觉提示。在你介绍完之后，可以让学生将指示复述一遍，检查他们的掌握情况。确定学生都掌握了指示后，再带领学生进行练习，认真加以监督并提供纠正性的反馈。特别值得注意的是，要不时地去检查不能遵守指示的学生，可以考虑将这类学生安排在你附近，这样你就能够及时地给予他们指导与帮助。

4. 布置作业

在一个高度异质的班级中，如果给整个班级布置相同的作业，对于某些学生来说，作业可能会很简单，而对于另一些学生来说，作业可能就很难。一项作业无法满足所有学生。你可以考虑将作业分为两部分：所有学生都要完成的基础练习，以及分配给部分学生完成或者完成后可获得额外学分的更难的任务。当每个学生完成的作业任务一样时，作业的完成质量和速度会有所不同。在这样的情况下，可以使用评分体系（至少对部分学生使用），该体系强调个人的进步情况而不是同学之间的竞争。给提前完成课堂作业的学生布置的拓展题或者附加题，必须要与作业内容有关，且不会对其他学生造成干扰，所以要避免布置那些对学生很有吸引力的自由活动，以防作业完成速度慢的学生想要放弃或者草率地完成作业。构建相应的体系，让学生在完成拓展活动后，能获得学分、反馈或认可。如果你允许学生完成作业后进行自由阅读活动，那么你要提前准备好相关的阅读材料，这些阅读材料要能够满足不同学生的阅读需求。

补充教学

有时候，只是通过常规课堂上的学习，无法满足学生的学习需求。例如，一个学生的阅读能力或者数学技能很糟糕，即使是班上能力最低小组的学生的水平也远远超过他 / 她，该学生可能无法从小组教学的课堂中获益。或者一个学生会因班上有 25 名或 30 名同伴而感到异常兴奋，该学生无法长时间地专注于学习，这样的学生有可能会渐渐地落后于其他同学，即便是他们拥有平均水平或者高于平均水平的能力。另外，对于母语不是英语的学生来说，他们所需要的帮助也无法在常规的课堂教学活动中得以实现。最后，对于拥有特殊才能的学生，在进行课堂教学时要充分考虑他们的需求，才能够促进他们的全面发展。当出现上述情况时，给学生提供补充教学可以有效地解决问题。我们经常用“抽离”一词来形容补充教学，因为这类学生通常都是从常规的课堂中抽出一段时间，离开自己的班级接受特殊的辅导。在组织你的课堂教学之前，要检查一下班上是否有学生需要接受补充教学，这对于你的教学设计会产生重要的影响。补充教学包括以下几个类型：

- 特殊教育：特殊教育指导通常是在资源室中进行。有学习障碍以及因其他因素干扰学习或难以适应课堂的学生，通常会在一天当中的某段时间要来资源室中接受辅导（一般是辅导阅读或数学，有的两门科目均要接受特殊辅导）。然后这些学生会回到常规的课堂中，进行其他科目的学习。
- 一号项目（Title I）：这是学校建立的特殊项目，主要用来资助家庭经济困难的学生。在这些学生当中，学习能力较弱的学生将会受到特殊教育教师的额外辅导。
- 拓展性项目：为某些特定学科所制定的拓展性项目，通常用以奖励在这一领域有特殊才能的学生。这些项目一般需要社区资源、家长、志愿者以及学校教职员工共同协助举办，举办的时间可以是在学校教学时间或者放学后。
- 英语学习项目（ELL）：这类项目主要针对英语技能不熟练的学生，给这些学生、常规课堂上的老师以及他们的家庭提供支持与帮助。

补充教学对课堂管理带来的主要影响在于，在进行常规教学的过程中需要将学生安排至其他教室。因此，一定要认真地做好课程安排，既要让需要接受补充教学的学生不错过重要的课堂教学，也要保证其他学生的课堂活动不受干扰。如果处理不好学生走进、走出教室的问题，这将会对你的教学产生很大的干扰。

1. 与其他教师协调好时间

虽然学校已经安排了固定的午餐时间以及活动项目，比如，音乐课、艺术课、体育课等，但你还是应该与其他教师共同协商，制定一个尽可能对大家来说都方便的课程安排。如果班上有大量的学生需要离开教室去进行特殊阅读辅导，那么你要与阅读老师商量好，当需要在你班级进行辅导的阅读小组到来时，再让你班上的学生集体离开。如果班上有些学生需要离开去进行一门课（例如，数学）的特殊辅导，在这个时候，你可能就要为教室里剩下的学生安排数学辅导。

2. 保持进度

当课表中既安排了“抽离学生”的课程，也安排了“加入学生”的课程时，保持进度至关重要，这样学生才能在合适的时间赶往他们需要去的地方。另外，你可以在显眼的地方放一个大钟，如果你会忘记看时间，可以让学生提醒你。高年级的学生最终都应该要做到，自己根据课程安排去上课，而不再需要你安排、指导。此外，你还可以张贴一张时间安排表，上面标注学生需要离开教室去接受额外辅导的时间，用来提醒你和学生，或者你也可以设置一个闹钟作为提醒。

3. 为“加入学生”准备临时活动

有时候，该进入下一小组的教学时间已到，你可能还没结束上一小组的教学活动。因此，在教室学习的学生应该有足够的活动，让他们始终有事做。然而，加入的学生有时会早到，除了让他们坐到小组中以外，他们没有其他地方可去。出现这样的情况时，你要想办法制定一个程序，让早到的学生进入课堂时，不会打扰正在进行小组活动或者独立作业的学生。有些教师会让学生找空位子坐下来，然后在一旁等待；另外一些教师会在闲置的小地毯或者桌子上安排一个等候区域，在等候的同时，学生可以先自行预习书本中下一节课将要教授的内容或者进行其他的学习活动。

4. 重新回到教室中的学生

结束教室外的辅导并回到教室后，一些抽离的学生会感到无所事事，对接下来该干什么感到很困惑。为了避免这种情况，你应制定一套惯例，这样学生回到教室后便知道下一步该做什么。可以张贴作业或者给学生准备一个作业清单加以提示。如果学生回来时你正在指导小组学习，那么应该立即停止小组教学，给小组学生布置一些任务，然后再去检查回到教室中的学生是否已开始自己的任务。或者你还可以指定一些学生助手，帮助你给回到教室中的学生介绍作业任务或活动要求。

5. 当补充教学被取消时

有时候，特殊教育教师会因事请假，或者因为某一原因补充教学被取消。当出现这一情况时，在继续常规教学的同时，让那些需要补充教学的学生有事可做很重要。有时可以让这些学生参与到常规的课堂活动中，有时也可以安排一些特殊活动。如果有可能，平时多与其他教师沟通一下，这样便于你了解学生的学习进展情况并布置一些适当的任务，可安排一些自由活动或者拓展活动，以满足不同能力水平的学生的需要。在这段时间里，一定要加强监督并给学生布置一些有意义的任务，这一点很重要，否则就会浪费宝贵的学习时间，学生也会感到无聊或者容易惹是生非。

6. 班级助教

如果你足够幸运，可能会有家长、志愿者、教师助理或者高等院校的师范生前来协助你的教学工作。一些助教可能会协助某一特定学科或者所有学科的教学工作，而另外一些助教可能只是协助你进行物品的管理与分发，以及处理一些行政工作，而不与学生直接接触。如果你的班级有助教老师，为了促进班级教学工作的顺利进行，你需要做好以下几项工作。首先，你要向你的助教老师交代清楚他/她在教学、指导学生学习，以及管教学生方面的职责，并要求该教师在管理整个班级时，要严格遵守你所制定的班级规则。其次，如果你需要离开教室，要告诉学生在你离开的这段时间会由助教老师代替管理，他/她会严格执行班级规则。再次，如果助教老师需要对个别学生或者某个小组进行教学指导，尤其是在你正进行教学活动的情况下，你应该给他们安排一个独立的区域，以免对班上的其他学生造成干扰。最后，还要告诉学生在什么情况下可以去寻求助教老师的帮助。

7. 知识掌握教室

作为补充教学的一种特殊形式，它被广泛地运用于知识掌握教室（CMC），该教室会指定一名或多名教师，至少有一名教师接受过专门的特殊教育训练，这些教师对被认定为需要接受补充教学的学生实施教学指导。学生可以在该教室中接受额外的作业辅导，获取新的学习材料或者完成固定时间内没完成的测试。在很多学区，知识掌握教室中既有普通教育老师，也有特殊教育老师给予学生指导与帮助，但在某些学区，这种模式只是为了给学生提供一些特殊辅导。与资源教室或者独立班级相比，知识掌握教室的优点在于，它能够将有特殊需要的学生有机地整合到常规的课堂中，并且在有特殊需要的学生需要更多的帮助时也能给予其指导与帮助。另外，对于班上其他 30 名学生需要进行教学指导的普通教育教师来说，他们不需要再花费额外的时间，对这些学生进行辅助教学。该教学模式的另一个优点是，当学生感觉到自己需要额外的辅导与帮助时，他们可以由普通教师带领，也可以自行前往知识掌握教室。

在组织这种教学活动之前，要与知识掌握教室中的教师协商一下，确定需要前往该教室的学生的名单、前往时间以及需要携带的材料，这一点很重要。对于低年级的学生来说，给他们每人分发一个任务卡可能会有帮助。任务卡上写上任课老师的名字、学生所在的年级。当学生准备前往知识掌握教室时，你可以在任务卡上简单地备注一下该学生所需的帮助、所要携带的书本的具体页码以及离开教室的时间。然而，知识掌握教室中的教师也有可能会采取其他措施来获取学生的作业信息，这些措施你也可以使用。

当班上有特殊需要的学生需要经常使用知识掌握教室时，你就要提前给他们布置好作业任务（通常要提前一周），以便知识掌握教室的教师做好充足的准备。当学生在知识掌握教室中进行测试时，你需要提前跟该教室的教师交代清楚你需要哪些帮助。因为知识掌握教室中的教师与你的学生是单独地进行指导与交流，所以他 / 她可能会给你的教学或管理的调整，提些宝贵的建议，有利于你更好地对该学生开展教学工作。知识掌握教室中的教师在针对有特殊需要的学生展开教学工作方面，接受过大量的训练，并有着丰富的经验，因此他们的建议能够给你的教学工作带来很大的帮助。另外，知识掌握教室中的教师可能不会主动给你提供意见或建议，所以，当你不知道如何去处理某个特定学生的问题时，应主动向他们咨询。

8. 全纳教育

这一项目旨在帮助有特殊需要的学生，尽可能多地参与常规的教育教学活动。通常，一名特殊教育教师会参与到普通教育教师的工作中，辅助其修改作业要求以及每个学生的个别教育计划（IEPs）中的文字材料，并随班进入课堂提供指导与帮助。特殊教育教师与普通教育教师召开的定期教学规划会议，对于该项目能否取得成功至关重要。只有明确地了解普通教育教师都计划了哪些活动，特殊教育教师才能够知道该如何给学生提供相应的支持与帮助。

有时候，特殊教育教师可能会参与到常规的课堂教学中，在学生完成课堂作业或进行课堂活动时，在现场提供指导与帮助。其他一些时候，他们还会提供调整过的作业任务。特殊教育教师参与课堂的时间、工作职责以及对教学内容的修改程度等，都可以在教学规划会议上商讨确定。本章末的案例 11.1 和案例 11.2 向我们介绍了普通教育教师如何使有特殊需要的学生，适应常规的课堂教学。

个别化教学

针对每个学生进行教学指导，并布置与该学生的入学评估能力相吻合的作业任务，实施与该学生的学习能力、学习动机相一致的教学活动，这种教学模式被称为个别化教学。一些教育工作者认为，个别化教学是针对学生差异的最佳教学模式，因为至少从原则上来讲，它能够满足每个学生的学习需要。然而，个别化教学实施起来并不容易。它需要做到以下几点：

（1）认真并持续地对每个学生的进步做出评价。

（2）合理地分配教学时间，保证每个学生都能拥有足够的与教师互动交流的机会。

（3）准备充足的教学资源，这些资源要能够满足不同能力水平的学生的需要。

（4）要有足够的时间去计划和组织适当的教学活动。

以上四个方面有任何一方面没有做到，都会阻碍个别化教学的实施。因此，在实际的教学工作中，我们应逐步地使用个别化教学，留出足够的时间去开发必要的教学资源。鉴于个别化教学实施时会遇到的这些困难，我们认为用以处理学生差异以及低学业成就的学生的首要策略是调整班级教学、提供辅助教学、实施团队教学。只有当这些策略都无法解决问题时，方可实施个别化教学。

有时候，在实施个别化教学的过程中，教师的指导角色会逐渐丧失，大部分的时间都用来评价学生、布置任务、做记录以及检查作业。如果是这样的一种教学状态，学生很少有机会与教师进行互动，除了完成作业以外没有多大的收获，他们也会因此将学习等同于完成作业。导致教师指导角色丧失的一部分原因是，教师对个别化教学的错误认识，他们认为个别化教学就是一次只能指导一名学生。事实上，如果采取小组教学的形式，并在小组教学的同时对需要额外帮助的学生进行个别指导，就比纯粹地进行个别化教学更加有效。

在你准备实施个别化教学时，要事先预想一下在实施过程中可能会遇到的问题，并采取措施加以解决或者至少要使其影响降至最低。

1. 活动转换

通常，进行独立活动而非小组活动的学生完成任务的速度不一。如果接下来的活动仍然需要学生独立完成，那么在整个教学过程中就需要进行多次活动转换，这会给学生带来困惑并浪费宝贵的课堂时间。在活动转换的过程中，有些学生会不知道接下来该做什么，有些学生会推迟进入下一个活动。这个时候，如果你能够给需要进行活动转换的学生提供指导与帮助，活动转换的效率就会大大提高。你可以将活动任务张贴出来，这样学生便能够知道具体的活动安排。或者，你也可以让学生完成作业后拿给你批改，这样你就能够告诉学生活动转换的要求，并确保学生知道如何开始下一个活动。

2. 学生行为的监督

不同的活动有不同的要求，并且各种各样的活动会同时进行，因此，在个别化教学过程中，监督学生的行为往往很困难。因为教师通常需要指导个别学生，或者在进行个别指导时还要进行其他活动（如对学生的表现进行评价），监督学生的行为变得很复杂。为了克服这些困难，可以考虑采取以下措施：

- 你要对什么时间段学生应该做什么做到心中有数，这样便于你去帮助学生，并防止问题的发生。
- 确保学生知道他们应该做什么以及不同活动中的行为要求。
- 多留意那些在开始活动或结束活动方面有困难的学生，这样便于你及时地为他们提供帮助。不要只专注于帮助一名或几名学生，也不要等到学生放弃任务或者出现问题行为时才提供指导与帮助。
- 在学生进行活动的过程中，要在学生之间多走动，并时不时地检查学生的活动进展情况。此外，要经常性地扫视一下整个教室，看看有没有学生感到困惑或者出现逃避作业的迹象。
- 通常，班上总有那么一小部分学生需要多加监督。如果可能的话，将这些学生安排到便于教师监督并给他们提供帮助的位置。

3. 鼓励学生认真对待作业

使用个别化教学的方式并不能保证学生都能够认真地对待自己的作业，或积极地参与课堂活动。事实上，很多学生会充分地利用个别化教学组织的复杂性，以及教师监督的有限性，来逃避责任或敷衍了事。为了避免这些问题，要事先向学生交代清楚任务及活动的要求。很多老师喜欢在开始组织个别化教学时，带领学生回顾活动或任务的要求，将需要进行的基本活动罗列到展示板上，然后再回顾每个活动要求，或者给学生准备一个活动或任务文件夹，上面罗列出要进行的活动或任务，并核对已完成的任务，这样做可以帮助你和学生跟进活动或作业的进展。设定活动的时间限制能够帮助学生调整自己努力的步伐。

此外，还要频繁地检查学生的作业。因为如果只是简单地让学生完成一项任务，然后再接着进行下一项任务而不给予反馈，他们就会一直犯错，表现也会越来越糟糕。为了避免上述情况，你可以制定一个监督程序，该监督程序应该包括两个部分：阶段性的进度检查与评估以及最终的作业反馈。另外，回顾整体学生的进步情况，并且反思一下作业任务的要求是否合理也很重要。有些老师每周或者每隔一周就会进行一次教学回顾与总结，并会找个别学生进行一次简短的交谈。

4. 与学生签订合同

在实施个别化教学时通常会使用到这一策略。一般来说，合同中会有一份活动或任务清单，清单上罗列了学生需要在特定时间内完成的任务，比如，一天或一周的任务。合同中可能还会明确活动或任务的目标、完成任务所需的材料以及履行合同会得到的相应奖励。与学生签订合同这一策略具有很多优点：它能够很好地向学生传达活动的要求及目标，便于学生提供一些他们认为有趣的或者有助于活动开展的修改建议。除此之外，要求学生在合同上签字，还可以激发学生的学习动机，促使其在规定的时间内完成任务。

其他策略

1. 学生合作：来自同伴的帮助

除了上文介绍的一些方式以外，还可以采用同伴辅导的方式，解决学生之间存在的显著差异以及低学业成绩的学生的问题。同伴辅导的例子如下：

- 学生两人一组，配对阅读。“配对阅读”这一组织形式可以写到合同中。
- 当老师忙于小组教学或个别指导时，可以鼓励需要帮助的学生在打断老师之前，先去寻求其他同学的帮助。可以在班级中任命几名小助手，他们能协助你组织教学活动。
- 每个小组任命一名小组长，他们负责答疑以及分发学习材料和用品。
- 对于经常需要帮助的学生，可以为其安排一个有能力且稳重的学生作为学习助手。该学习助手的职责是回答疑问并给予指导。
- 允许左右两边的学生在进行独立活动时互相帮助。

■ 可以让高年级的学生辅导低年级的学生。

在使用学生助手时，你要意识到这可能会带来教室过于嘈杂、学生注意力不集中、被帮助的学生过度依赖学生助手等问题。此外，并不是所有的学生都会服从这种教学安排或者都能够很好地进行合作。跟学生讲清楚哪些行为是允许的，哪些行为是不允许的，并对有帮助的安排以及学生之间的关系加以细致的监督，可以有效地避免这些负面影响。因为需要对常规的教学模式做些改变，因此逐步向学生介绍一些新的教学安排，有助于监督这些新安排的实施以及实施过程中出现的问题。

2. 小组合作

在很多活动中，使用小组教学的方式能够促进所有学生互相帮助、互相学习，这些小组中的成员拥有不同的能力水平及文化背景。一些研究者［例如，斯莱文（Slavin，1995）和吉利斯（Gillies，2007）］指出：在很多学科中，采用异质合作小组的教学方式，对学业成就高及学业成就低的学生都有利。合作小组的优点在于，它能够提升学生的学业成绩，促进和谐的文化关系，加强学生之间的凝聚力，增强学生的自信心。有关合作小组管理的具体内容请参见第七章。

3. 同伴辅导

同伴辅导是指两名学生实施一对一的辅导与帮助，尤其是在教师无法提供指导的情况下，可以采取这一教学措施。同伴辅导包括两种形式：一种是把能力相同或相近的学生分为一组，以便互相指导；另一种是将能力较高或者掌握了相关知识的学生与能力较低、没有掌握相关知识的学生进行配对。在进行一对一的同伴辅导中，被辅导者能够从中获得很大的帮助，辅导者也能够在计划和实施辅导的过程中有所收获。

为了有效地组织同伴辅导，很多管理方面的问题需要加以重视。首先，要思考实施同伴辅导的时机，可能有些学科或者有些教学内容并不适合同伴辅导。比如，你可能不确定所安排的小导师是否充分地掌握了相关知识并能够提供帮助。

其次，要考虑实施同伴辅导的地点。有些教师会在教室中专门设置一个区域，供学生进行同伴辅导，避免干扰其他的课堂活动或者打扰其他正在进行独立活动的学生。另外一些教师允许学生坐在座位上轻声地进行辅导与交流。

最后，在组织同伴辅导之前，要告诉学生如何进行同伴辅导。比如，如何示范正确的行为，如何提问以了解对方的观点，以及如何进行互动交流。如果你打算长期实施同伴辅导，你还可以在课中或者课后对学生进行简单的训练，而具体实施过程中的一些注意事项及要求，可以在之后进行某个活动时再做详细介绍。

针对特殊需要学生的教学

这一部分主要介绍如何针对有特殊需要的学生开展教学工作，这类学生包括在智力上或是身体上有障碍的学生，以及那些因文化背景因素（比如，语言能力）而影响课堂表现的学生。

针对有身体、智力或情感障碍的学生的研究表明，尽可能让这类学生与普通学生一起进行课堂学习（LRE），有利于这类学生的学习。另外，法律规定特殊教育学生有权参与课堂学习。最终，在专业教师的帮助下，越来越多有特殊需要的学生可以参与常规的课堂学习。然而，满足这些特殊群体的需要将会对教师的整个教学工作带来巨大挑战。幸运的是，相关研究提供了具体的指导方针来帮助教师处理这一问题。这些指导方针旨在促进有特殊需要的学生与同伴的交流和相处，增强他们的自信以及促进他们的学业发展。以下是如何设计教学以满足有特殊需要学生的学习需求的具体建议。

有学习障碍的学生

虽然有关“学习障碍”的定义在学术界还没有达成共识，但是从诸多的定义中可以看到学习障碍的学生所具有的一些共同特点。学习障碍的学生所具有的一个主要特征是，在尽自己最大努力的基础上，仍然在某些学科的学习上存在困难或者成绩很低。该类学生存在的另外一个常见的问题是：学习的无组织性，很快便会忘记前不久刚学习的东西。通常，伴随着以上这些问题，有学习障碍的学生很容易产生挫败感、无助感，并对自己产生负面的认识。

有学习障碍的学生一般能够对积极的、结构良好的教学活动做出回应。然而，即使是进行熟悉的活动流程，他们也可能会忘记某些步骤，需要老师给予更多的耐心及重复的指导。这类学生在掌握活动的提示和要求上比其他学生需要更多的帮助，因此，你可以具体地指出提示和要求，然后让学生大声朗读出来，确保每个人都能掌握。此外，要多去强调正确的行为，而不是纠正他们做错了什么。你可以向他们示范正确的行为，促进他们积极学习，而不是强化他们的消极学习。另外，还要避免使用试误活动，这类活动可能会导致学生花费大量的时间在做错误的事情，还会增加他们的困惑。大量练习对这类学生来说很重要，这是因为他们拥有记忆障碍方面的问题。对于这类学生来说，布置许多短小的练习比布置少量但很长的练习对他们的学习更有帮助。

提供多感官的经验，有助于学习障碍的学生学习，并能够帮助他们解决经验不足方面的问题。但值得注意的是，虽然表扬有利于激发学生的学习动机，但它也可能会阻碍学生独立思考能力的发展。所以，要有节制地给予表扬，在给予表扬时，要向学生具体说明是什么值得表扬。另外，要避免使用笼统的、不具体的表扬，这只会分散学生的注意力，达不到表扬的目的。

学习障碍本身并不会导致行为问题。然而，如果有学习障碍的学生在遇到学习问题时，没有得到有效的干预，往往会导致该学生对自己的学习及糟糕的表现产生严重的挫败感，从而引发一系列的行为问题。除了针对学生具体的学习问题的干预措施以外，有关行为问题的应对策略在本书其他章节中已做介绍。

有情绪障碍或行为障碍的学生

有情绪障碍的学生通常是在情绪程度而非情感类型上与其他学生有所不同，了解此类学生，有助于你更好地对其展开教育工作。一份心理分析报告可以帮助你弄清学生之所以出现情绪问题的原因，并能提供如何与该类学生成功相处的建议，学校心理辅导教师以及特殊教育教师也能帮助你更好地理解和支持这些学生。相关的特殊教育部门可能已经制订了有关行为问题的管理方案，所以熟悉这一管理方案以及知道如何去贯彻执行，可以有效地帮助你解决问题。如果学生的行为问题很严重，那么你就需要调整你的期望：忽视学生的轻微不当行为，强化正确的行为，尽可能地减轻学生的压力，因为一个积极的、包容的、有序的、可预测的课堂环境，更容易让学生感到安全和被接受。

如果班上有脾气暴躁、容易沮丧和愤怒的学生，帮助他们提高自我控制的能力至关重要。学会识别情绪失控之前的行为暗示，这样你就可以进行预防和干预，以防学生情绪失控。面对容易情绪失控的学生，你应从一个不偏不倚的角度看待问题。对于这类学生来说，他们能够做到控制好情绪比积极地参与课堂、认真地完成作业任务更为重要。有时候，当你意识到问题在不断地发展但还没有升级恶化之前，可以让学生暂时调整活动，从而缓解紧张的气氛，如:“可以麻烦你帮我把这个便条送到办公室去吗？”或者:“你可以先去喝点水，然后我们再一起来解决这个问题。”另外，提供一些结构化的选择也很有帮助，尤其是针对那些有强烈的控制需要，以及经常表现出不服从和反对意愿的学生，如:“你是愿意做奇数编号的问题，还是偶数编号的问题？”或者:“你愿意一个人到阅读室里去学习呢，还是你认为坐在座位上也能够集中注意力？”

当学生出现情绪失控的状况时，你可以与校长、学校辅导员、其他老师或者学生家长共同商讨一个处理方案。如果需要将该学生隔离到一个安全的区域，在让他们冷静的过程中，需要有其他人在一旁监督。有情绪障碍或行为障碍的学生通常不知道自己为什么会突然失控，在做出失控的行为之后，他们常常会感到尴尬和懊悔。一般来说，他们也无法理解自己的情绪是如何引发了刚才的行为，也没有学会辨别引发情绪失控的细微变化。学习如何控制冲动以及如何预测并以一种合理的方式调节自己的情绪，往往是这类学生最需要的。

不论学生做出什么样的情绪失控行为，当你和学生都冷静下来之后（通常某一方会先冷静下来），你都要主动地重新与学生建立关系，这一点至关重要。此外，除非是想从每次事件中吸取经验教训，防止问题再次发生，否则不要旧事重提，事过之后，就应该原谅学生的冲动行为。

一个重要的提醒是：当学生情绪失控或是言语、肢体上出现过激的行为时，他/她通常不是针对你个人，虽然表面看上去或者听上去是这样的。如果你深入地去了解这些学生，你的理智会告诉你：你只不过是他们发泄的目标，并不是导致他们感到痛苦或愤怒的根源。然而，理智和情感并不总是一致的。因此，在处理情绪失控或行为偏激的学生时，可以找其他老师倾诉，寻求他们的支持和建议，这对于日后能够继续帮助这类学生很有必要。

有严重社交障碍的学生（自闭症谱系障碍）

在过去的几年中，越来越多的有严重社交障碍的学生被诊断为患有自闭症（ASD），这一症状也被称为广泛性发育障碍（PDD）。该症状的一个轻度的表现形式被称为阿斯伯格综合征（Hodgdon，1995，1999；www.nimh.nih.gov/publicat/ autism.cfm）。患有此症状的大多数孩子在年幼的时候看似特别聪明，他们能够学习、记忆以及陈述事实。然而，随着年龄的增长，可以很明显地感觉到，他们对这些事实的理解能力非常有限，并且不能够准确地概括或运用与这些事实有关的信息。除此之外，另一个很严重的缺陷也变得很明显：他们虽然能够进行言语交流，但是极度缺乏沟通技巧。在与他人沟通交流时，他们通常会站得太近，避免目光接触，以一种机械说教的方式发表长篇大论、喋喋不休，以及谈论一些对方并不感兴趣的问题。

此外，自闭症患者外表看上去呆板、僵硬，做事情也一板一眼。一旦常规的活动程序发生改变或者期望没有得到满足时，他们就会立即表现得烦躁不安。他们还会对声音非常敏感，一点嘈杂声就会使他们感到不适。通常这类患者还伴有学习障碍以及肢体不灵活的问题。强烈的情感可能导致他们做出一些重复的、刻板的动作，比如，一直拍手。

一般来说，这类问题很严重的学生在接受正规的学校教育之前，都要先进行特殊教育。他们会被教授如何去正确地处理自己对稳定程序和可预测环境的强烈需求，以及如何有效地防止自己出现偏激的行为。因为这些学生中大部分人都拥有平均水平以上的智力，所以他们通常能够胜任学校的常规教育，并且能够出色地对智力上的刺激做出反应。然而，由于他们独特的反应和行为模式，在实际的教学过程中，除了他们自身要采用特殊教育过程中所学习到的处理机制以外，更重要的还需要你去理解他们的难处，采取措施帮助他们应对容易引发他们焦虑不安的情况，比如，无法预料的变化、举动或者噪声等。以下这些教学策略可以帮助患有自闭症的学生适应常规的课堂。

- 使用视觉提示。患有自闭症的学生是视觉型学习者，而不是听觉型学习者，所以你可以多借助肢体语言向学生示范具体的活动要求，并尽可能多地使用直观教具，给予视觉提示。
- 避免同时给出听觉提示和视觉提示。因为这些学生通常不能同时处理这两类信息，他们做不到听和看同步进行。
- 简化指令。患有自闭症的学生往往很难记住顺序，尤其是在如何运用指令方面。因此，你可以将指令写给他们，或者在他们书写过程中加以检查，确保正确。记住：一次只能发布一到两个指令。
- 不要硬性要求患有自闭症的学生与你进行眼神交流。对于患有自闭症的学生来说，与别人进行眼神交流是极其困难的，也会使他们感到焦虑不安。因此，你可以尝试用别的方式使他们集中注意力。
- 使用“社会故事”或“社会脚本”技巧，可以有效地帮助患有自闭症的学生适应新的事物、环境以及常规程序的改变，并能够有效地防止其出现焦虑不安。可以在进行一个新的活动之前，将有关内容编写成一个故事或者与学生一起编写，帮助这些学生熟悉新的活动以及更好地适应新的改变。例如，“本周四我不会直接去上数学课，我会和班上同学一起先去礼堂参加会议，会议结束后，我再去上数学课。”
- 充分利用学生的特长及兴趣。患有自闭症的学生通常在某些方面有过人的才能，比如，有些学生很擅长操作计算机或者画画，有些学生对一些特定的事物很感兴趣，比如，地图、天气、火车或者电子产品。当这些学生完成作业后要给予他们奖励，并创造机会让他们发展自己的才能，实现其在班级里的价值。

- 给予这些学生具体的社交反馈以及循序渐进的指示。他们通常不会察言观色，所以你要警惕尴尬情况的发生，并随时做好介入的准备。如果出现了某些你无法处理的社交状况，可以将你看到的情况反馈给特殊教育老师或者学校辅导员。另外，还可以考虑采用“社会脚本”技巧帮助这些学生参与到广泛的同伴交流中。

注意力不集中和患有多动症的学生

注意力不集中和患有多动症的学生通常具有以下几个特点：注意力不集中、注意力持续时间短暂、易冲动、组织能力差、好动等。虽然他们的行为很容易分散注意力，但值得注意的是，他们并不是故意做出这些行为。即使是对于学习动机很强的学生，要想控制自己的这些行为也并不容易，且要经过很长一段时间的努力。一个低调并且有着可预见性和结构的模式，几乎是使得这些学生好好表现的关键。此外，与家长保持密切的沟通很有必要（通常每天都要沟通一次），以确保学校和家庭对于患有多动症的学生的期望和要求能够达成一致。

能够有效地管理注意力不集中和患有多动症的学生的措施包括以下几点：

- 在给予口头指示之前，保证所有的学生都能集中注意力。
- 指示要简洁明了，最好一次只给予一个指示。
- 如果指令包括一系列的步骤，你可以将这些步骤按顺序罗列出来，然后要求学生按照顺序一步一步地去完成。让学生每完成一个步骤便进行备注，可以帮助他们跟踪和了解自己的进展情况。
- 当这类学生开始一项新的任务或活动时，要严密地加以监督，并再次强调一下活动或任务的要求。
- 布置的作业量要适合该学生的注意力持续时间，随着学生注意力的提升，可以逐渐增加作业量。

- 提醒学生准确度比速度更重要，所以他们不需要急于完成任务或回答问题。另外，要向学生强调保持作业整洁和提高准确度的重要性，但不要因为作业不够整洁或正确率很低就轻易采取惩罚措施。如果某个学生的作业正确率很低，要鼓励该学生多加努力。
- 学生完成作业后，要主动将作业收齐，因为这些学生很容易丢三落四，经常会在上交作业之前找不到作业。
- 向学生展示如何使用窗户卡作为框架，帮助他们关注某个具体的区域、问题、行或段落。还可以教学生利用指读法让自己集中注意力。
- 在制定日程安排时，要将容易引起学生兴奋的活动安排到常规的教学活动之后，因为常规的教学活动需要学生注意力高度集中。
- 制订一个方案，允许该类学生每隔一段时间可以走动一下，比如，完成了一部分作业后拿给你检查。
- 找一个干扰很少的地方，让该类学生在那里独立完成作业。
- 准备一些轻松、安全的活动，让他们在活动或者完成任务的过程中得到适当的休息和放松。
- 教授学生放松的技巧，比如，深呼吸、舒展身体等，以缓解他们在长时间活动或考试中的紧张感。
- 如果学生在学校里接受药物治疗，请建立一个提示或程序来帮助他们记住在适当的时候去接受护理，并严密地加以监督，直到该学生不需要提醒为止。
- 向学生表达你对他们在新知识和新技能掌握方面的信心。

有听力障碍的学生

如果对课堂教学活动加以适当调整，有严重听力障碍的学生也能很好地参与到常规的课堂中。如果你的班上有听力障碍的学生，你要定期与听觉障碍方面的专业老师进行沟通和咨询，了解这类学生的需要并学习如何与该类学生沟通、相处。如果学校中有帮助听障儿童学习的辅助设备（如

FM 听觉系统、视频字幕解码器），你可以让该老师给你示范一下具体的使用步骤。

通常，最好安排这类学生坐在教室的中央并靠近前排的位置。在你讲课的过程中要面朝该类学生，并在展示时借助实物投影仪，这样当你板书时他们仍能够看到你的脸。另外，要保持教室明亮，这样该类学生就能通过看你的嘴形和面部表情，来解读你所传达的信息。值得注意的是，不要站在窗户前或门口进行授课，你身后的亮光会使得他们看不清你的脸。

有听力障碍的学生经常会错失重要的信息，只能听到只言片语。对于这类学生来说，理解这些片段式的信息比单纯地去听或者做出回应还要复杂。虽然没听懂，但是他们往往并不愿意让你再重复一遍，所以你要有意识地将重要的信息、指示加以重复，或者用更简洁的话语表达出来。如果可行的话，可以通过书面的形式将重要的信息加以呈现。在学习新词汇时，如果按照常规的方式来教授，他们接受起来可能会很困难。因此，在常规课堂中学习新词汇时，可以寻求听觉专家的支持，帮助这类学生进行词汇的学习。另外，在重新讲解重要的知识时，尤其是针对书面语言作业，可以采取知识掌握的教学模式（这是补充教学的一种特殊形式，在本章前面部分已做介绍）。

在课堂讨论中，这类学生通常需要你复述其他学生的提问或回答，因为他们可能不懂其他学生的唇语。另外，在指导实践练习的过程中，也要时不时地检查他们的理解情况。当他们在做书面作业时，要密切地加以监督。如果课堂中需要做笔记，可以安排一名字迹工整的学生帮忙记录，在记录时要使用复写纸，给需要帮助的学生提供一份，因为有听力障碍的学生无法在记笔记的同时识别唇语。在观看一些在线视频或影片时要使用字幕，因为对于听障的学生来说，他们无法根据视频中人物的陈述及表演来做出判断与理解。此外，你还可以指派特定的学生，给听障的学生提供提示，让他们知道何时应看向老师，也要告诉他们具体的课堂讨论进展情况等。

近年来，越来越多的听障学生在进行常规的课堂学习活动时，都会有专门的口译者陪同。在安排口译者之前，向学校中的听觉专家咨询，对于明确口译者的具体职责很有帮助。口译者可以借助口语或手语的翻译，为老师和听障学生搭建一座沟通的桥梁。通过这样的方式，口译者在老师和学生之间起着信息传递者的作用，但通常他 / 她并不辅助教学。口译者的职责在于为特定的学生提供帮助，协助他们顺利地参与课堂学习。

有视觉障碍的学生

失明或者有严重视觉障碍的学生若得到适当的帮助，也能够很好地参与常规教学。针对这类学生的教学方法和教材的改进建议，应由这些学生的老师填写到他们的视觉评估报告中。以下建议为满足这些学生的需要提供了一些指导。

- 要大声朗读展示在展示板、屏幕或墙壁上的信息。
- 允许这些学生使用录音笔，或者指定学生帮他们做课堂笔记，便于放学回家后父母对他们进行辅导。另外，用大号字体、负像印刷并有鲜明对比度的学习材料看起来会更容易。
- 如果可能的话，可以借助触觉模型并进行动手操作的活动，配合语言描述来组织教学，这是因为有视觉障碍的学生通常看不清你的手势、面部表情以及具体的演示细节。
- 鼓励有视觉障碍的学生寻求帮助。如果你不知道如何去帮助他们，可以直接问他们，不要犹豫该不该与其讨论他们的视力问题。
- 请记住，局部视觉有问题的学生很容易感到疲劳，部分原因是由于他们需要很努力并高度集中注意力，去靠近物品进行感知。频繁地变换关注的焦点可以帮助他们缓解眼部疲劳。
- 让有视觉障碍的学生背对着窗户坐。这是因为物品、发言者、展示板或者其他展示材料背后的光亮若太强，会严重影响他们的视力。
- 如果有需要，可以让这类学生走到展示板前或其他的展示物品前。
- 有视觉障碍的学生可能空间感和方向感都比较弱，并且不善于交流，因此你要帮助他们多与同伴互动交流并适应周边的环境。

英语水平有限的学生

很多学生的母语并不是英语。他们中的一些人掌握了足够的英语语言技能，完全能够胜任使用英语授课的课堂，然而还有一部分人在英语口语、听力、阅读、写作等方面能力欠缺，需要更多的辅导与帮助，才能顺利地参与课堂。

有些学生需要进行双语教学，即具体的学科知识用母语讲解，此外，每天要有特定的时间用来学习英语。其他一些英语能力强的学生也能够从双语教学中获益。这里的双语课堂以英语作为教学语言教授具体的学科知识，但是在必要的时候，老师也能够用该学生的母语加以解释。对于许多学生而言，英语学习就是发生在常规的课堂中，与内容学习同时进行，最好还要有一位有 ESL（非母语英语课程）资质的英语教师辅导，并且每天都会有一部分教学是用英语教授的。

虽然几乎不讲英语的学生大部分时间都会得到双语教师或者以英语作为第二语言的教师的帮助与指导，但是他们也要经常参加体育课、音乐课或者艺术课活动，而双语教师并不会一同前往这些课堂。如果你的班上有略懂或者不会讲英语的学生，下面的这些建议将有助于你更好地与他们沟通交流。

- 跟双语教师或者 ESL 教师沟通，了解一下班上哪些学生懂一点英语，哪些学生一点英语都不懂，这样便于你对学生提出准确、实际的期望与要求。如果你们学校没有双语教师或者 ESL 教师，你要想办法联系这方面的专家，让他 / 她帮助你评估班上学生的英语水平，并给你提些可行的建议。
- 了解这些学生希望怎么称呼自己，并要准确地读出他们的名字。
- 了解这些学生母语中某些词的具体含义。
- 帮助学生学习在你的课堂中需要使用的基本词汇，这些词汇一般是你经常会使用到的教学用语，以及一些与教学内容有关的专业词汇。你可以在上课之前将该节课所要使用的词汇罗列出来，让双语教师或 ESL 教师带领学生进行课前学习。

- 不要依赖别人帮你翻译。你应充分地发挥自己的创造力，轻松、自然地与学生沟通交流，并灵活地使用一些短语、手势、图片等，以帮助你传达想要表达的信息。
- 可以借助视觉教具或演示来强调重要的知识信息，或者也可以通过明确、简洁的词语复述相关信息。
- 这些学生不习惯使用英语，如果他们也不理解你所讲的内容，你可以让双语教师或者 ESL 教师鼓励他们在上你的课时认真听讲，进一步看看他们是否理解或者掌握了某些词汇或短语。
- 可以安排一些外向、热情的学生，与这些学生进行沟通交流，并让他们在这些学生需要你的帮助而又不愿意主动寻求帮助时告知你。
- 给这些学生一个适应英语环境的过程，在他们滔滔不绝地讲英语之前允许他们使用手势或者肢体语言进行交流。
- 不要忽略或者排斥这些学生，要尽可能让他们参与到课堂活动中。例如，可以将他们安排到合作学习小组中，与同伴一起进行合作学习。也许一开始他们无法充分地参与其中，但是与同伴的互动交流，对于他们很好地融入班集体很重要。
- 提供机会让这些学生分享他们的语言和文化。介绍自己国家或民族的服饰、饮食以及一些简单的词汇，有利于他们更好地融入整个班集体中。
- 了解学生在家庭文化和学校文化上的差异，在对待这些差异时要表现出足够的尊重（有关这方面的研究请参考 Weinstein，Tomlinson-Clarke，& Curran，2004）。

家庭经济困难的学生

很多学校有越来越多的学生来自于经济极度贫困的家庭，这需要学校教职员工的理解和调节。对于这类学生来说，他们最需要的是拥有一个让他们感到安全、不受威胁、没有压力的环境，在这样的环境中与老师建立稳固的互相信任的关系。作为教师，你可能是他们愿意来学校的原动力，所以你要让他们理解学校最终会给他们带来什么好处，以及准时出勤、认真学习的意义。除此之外，你还要帮助他们学习如何去应对学校隐性的要求和期待，而遵守这些要求在其他学生眼中则是理所应当的事情。

贫困家庭的孩子第一次来到学校时，他们通常没有“上学技能”，而其他大部分孩子都已掌握这些技能。他们可能会大声喧哗或者对于感知到的威胁会习惯性地用武力保护自己。他们通常对非言语信息更加敏感，并且不擅长口头解释。相反，他们会根据对方的语调、音量、手势、面部表情等做出回应，因为在平时的生活中他们学会了将警觉、敏感作为生存的技能。在要求这类学生遵守你制定的班级规则和教学程序之前，你要先让他们明白最基本的行为要求。

在明确学校规则时，要向学生说明这些规则与他们所居住社区的规则可能会不同，这就好比不同的游戏，规则是不同的（比如，篮球比赛中不可以拦截对手，但是足球比赛允许该行为；在学校中，即使有人骂你，你也不可以去打对方，但是当与邻居家的孩子发生争执时可以采取该方式）。你必须要明确规定每一个具体的步骤，比如：早上第一个到达学校后应该做什么、去哪里；在走廊上不许乱跑；注意排队时的行为规范；能否讲话以及如何讲话（轻声交流还是在耳边窃窃私语）；哪些东西可以或者不可以带到学校；如何处理带到学校中的物品，等等。一下子要掌握这么多新的要求，对于这些学生来说可能会有困难，所以你要不断地给予他们鼓励与支持，提供指导与提示，并帮助他们纠正自己的不当行为。

在贫困地区长大的孩子，他们所接触的文化形式与学校的主流文化传统会有显著的不同。例如，他们可能从小被教导要学会维护自己的面子。因此，当你向他们提出规范和要求时，他们会像自己观察到的大人那样，通过不屑一顾的方式，无视你的训斥或行为纠正。因此，在与这类学生相处时，要特别注意不要过度反应或者当众羞辱，并尽可能地私下里给他们提些规范和要求，这样做能够维护他们的尊严，减少他们的反抗，并且能够显示你对他们的感受的关心。

佩恩（Payne，1998）介绍了一些如何与这类学生相处的实用的办法。因为这类学生通常在教育上处于劣势地位，适用于他们的教学策略必须要具有实用性（cf. Hargis，1997）。下面的这些策略可能有助于你更好地与家庭贫困的学生相处：

- 准备一些多余的学习物品和材料，以防这类学生没有。了解一下学校或学区是否有相关的资金用于购买这些物品，或者有没有社区组织可以提供帮助。
- 教授活动程序时要循序渐进，不可操之过急。鼓励学生在学习具体的步骤时进行自我暗示，以便加强巩固。
- 在介绍学校的规则和要求时，可以采取三步法：①提出要求（即指出他们应该做什么）；②说明理由（即指出为什么要这么做）；③提供策略（即指出如何做）。
- 因为这类学生通常会受家庭问题的牵累，可以帮助他们将担心的事情暂且搁置，之后再去考虑。当然，如果问题需要立刻解决，你就不能这样做了。
- 给这类学生安排一个同伴，鼓励他们一起讨论问题并商讨解决方案。
- 情绪会影响学生的学习，对这类学生来说，恐惧是影响他们学习的一种最常见的情绪。当他们产生强烈的情绪问题时，可以让他们通过写信或画画的方式进行表达，并帮助他们将信或画存放到一个安全的地方或者放到密封的信封里。
- 鼓励积极的自我暗示，这样做有利于增强他们的自我控制能力，比如，“我学习是为了我自己，不是为老师，也不是为父母，而是为我自己”。
- 教他们如何制订目标：让他们将一天的学习计划写下来，并在放学之前检查目标是否达成。
- 允许他们在自己擅长的方面去帮助其他同学。
- 在与家长见面交谈时，要表现出对他 / 她孩子的喜爱和关心，这有利于你和家长之间建立合作、互相支持的家校关系。即使你与家长见面的重点是要讨论孩子的问题，你也仍然需要营造一个愉快、友善的交谈氛围，把交谈的重点放在商讨积极的措施以解决孩子的问题上。

针对低学业成就学生的教学

很多老师觉得他们在针对低学业成就的学生的教学组织上需要帮助。不论你的班上是只有少部分学业成就低的学生，还是很多学生的入学成绩远远低于年级平均水平，你都要特别留意这些学生的学习需求。在针对低学业成就的学生实施教学时，面向整体学生的良好的教学实践显得尤为重要。

给予积极的指导

对于学业成就低的学生来说，如果组织一些结构化的课堂活动，并辅之以密切的监督和积极的指导，他们更容易取得进步。要避免将大量的课堂时间耗费在非结构化的活动或者自由活动上，同样也要避免经常进行自我引导、自我反思的活动。对于低学业成就的学生来说，能够有机会与老师进行课堂互动、回答老师的提问以及得到老师的作业反馈，这一点尤其重要。另外，低学业成就的学生应该被安排在易于老师监督并且提供帮助的位置（Brophy & Evertson，1976；Good & Brophy，2008；Good，Grouws，& Ebmeier，1983）。

组织和调整教学

在教授低学业成就的学生时，将教学活动分解成几个细小的部分或者几个简短的活动，并在每一部分活动结束后，对学生的掌握情况进行评估，这一教学模式更利于他们的课堂学习及课堂表现。要避免设计这样的活动，即在该活动当中学生只是坐在座位上听老师讲解，或者在25~30分钟的时间里只完成一个任务。相反，你可以将每一课的教学活动及作业安排，分解成两个或两个以上的部分来进行，具体的操作方法在第六章中已做介绍。在教授低学业成就的学生时，将教学活动分解成几个小部分来进行，具有很多的优势：因为学生集中注意力的时间有限，采取这种教学模式更利于维持学生的参与度；另外，由于对学生的独立作业或课堂练习进行严密的监督，因此你能快速地了解学生能否顺利地完成任务，这便于适当地调整教学节奏，并给学生提供充分的反馈。

在为低学业成就的学生设计教学方案时，深入讨论材料比快速讨论许多材料更能有效地促进这类学生的学习。另外，还要设计大量的练习和重复，并且你的教学计划要足够灵活，以便重教。然而，这并不意味着低学业成就的学生只能完成一些常规的、重复的、乏味的作业。相反，作业及课堂讨论应该为所有的学生提供机会去思考、创新，组织和运用自己所掌握的知识来解决问题。因此，至少应该给低学业成就的学生更多的机会去运用这些能力，对他们在书面及口头作业中所遇到的问题进行练习和操作。

清晰的沟通对每个人都很重要，尤其是对于低学业成就的学生来说。因此，一定要认真计划如何介绍新的教学内容，与学习主题无关的或者过于复杂的介绍都有可能让学生感到困惑、受挫，并产生不当行为。本书第九章中介绍了一系列如何使交流更清晰易懂的指导方针，强调在进行交流时要注意每次交流所传递的信息量、使用准确的词汇以及借助具体的例子来解释新的概念。另外，要不时地检查学生的理解情况，避免很多指导程序重叠。学生的注意力集中后，再循序渐进地给予指示，并等所有学生都完成了每一步的任务后再进行下一步。

补救教学

为了促进学生的课堂学习，要为所有的学生（尤其是低学业成就的学生）提供学习所需的材料并布置他们能够胜任的任务。因此，低学业成就的学生往往需要补救教学。当开始一个新单元的学习时，你可能会发现有些学生没有相应的必要技能；或者在你上完一节课后，你可能会发现有些学生并没有掌握新的教学内容。以上这两种情况都需要你提供补救教学。在你准备实施补救教学时要重点考虑以下两点：第一，课堂活动计划中要设计补救教学的时间；第二，教学材料要适合需要补救教学的学生，这些教学材料可以从教学主管、资源教师或者其他同事那儿获取。

建立积极的学习态度

即使是在小学低年级阶段，低学业成就的学生也可能会对自己抱有一种消极的自我认识或者对学校抱有抵触态度。而到了高年级阶段，低学业成就的学生通常都至少留过两级，其中有些人可能在低年级阶段就留过级。因为过去学业经常失败的经历，这些学生当中有一部分人会因此变得非常沮丧，遇到困难要么放弃，要么就是做出反抗。他们的这些反应形式具体表现为极端冷漠、害羞、好斗或者故意哗众取宠。尤其是对于低年级阶段的学生来说，他们可能会把课堂活动看得很随性、充满神秘，并没有想过自己应该要好好学习，并在学业上取得成功。

作为低学业成就的学生的老师，你的职责是改善这些学生的自我认识以及学习动机。为了实现这一目标，你可以采取以下措施。首先，要让这些学生做到努力完成作业并且不放弃，这一点很重要，这需要你将作业任务分解成几个小部分并给他们额外的时间，鼓励他们去完成。不过，给他们安排额外的作业时间不能影响他们与班级其他学生一起参与有趣且有意义的课堂活动，将这些学生拒于个人展示、艺术活动、兴趣小组等活动之外，并不利于他们改善自我认识。恰恰相反，你应该给他们布置一些特定时间里他们能够完成的任务。

为了创造能让所有孩子获得成功的机会，你必须铭记一点：一些阅读或数学成绩并不优秀的学生，他们在绘画、信息技术、方法策略等方面有自己独特的才能。因此，你可以尝试调整你的教学方式，创造机会让这些学生充分展示自己的才能。

课堂讨论是学生展示知识的机会，老师的提问和学生的回答都是公开的，因此，你对课堂讨论的组织传达了你对学生的课堂表现的期望。在课堂讨论中，如何对待低学业成就的学生，会影响到他们的活动参与度和取得的成就。耐心等待学生回答问题、在他们回答问题时不要打断、对于错误的回答给予建设性的反馈、帮助他们完善答案等，都是可以用来帮助低学业成就的学生获得学业成功的方法（Brophy & Evertson，1976；Good & Brophy，2008）。

一个充满温暖、支持和包容的课堂环境，有利于低学业成就的学生的学习，但在使用赞美和表扬时要慎重。研究表明，当学生取得优异成绩或者表现良好时，给予具体的赞美和表扬更利于激发学生好好表现的热情。但如果你经常性地给予低学业成就的学生模糊而笼统的表扬，或者即使在他们回答问题错误或作业邋遢、不认真的情况下也给予赞美，这会让他们觉得老师对他们不抱什么期望。因此，在赞美和表扬低学业成就的学生时要谨慎，只有在他们的表现值得赞美时方可进行表扬，并且表扬的内容要具体。

针对高学业成就学生的教学

高学业成就的学生也会给课堂教学带来特殊挑战。要想使这类学生积极参与课堂活动，需要为他们设计适合他们能力水平的教学，并组织足够的活动，以避免他们感到无聊或干扰其他同学。

研究表明，高学业成就的学生更适合挑战性的课堂。有时候，针对低学业成就的学生所设计的活动可以适当降低活动要求，这样即使最终没有取得很大的成功，他们也不会因此感到沮丧。然而，针对高学业成就的学生实施教学时，优秀的教师要能够以更快的教学节奏、变换不同的教学形式并采用不同的教学材料来组织教学。

值得注意的是，并不是所有能力强的学生都能够以同样的方式参与课堂。有些能力强的学生学业成就也高，针对这类学生的教学工作往往会很轻松、愉快。学业成就高的学生通常能够遵守相关的规则和程序，并且能够进行独立自主的学习，他们对学校和学习抱有一种积极的态度。然而，另外一部分能力强的学生的行为表现却截然相反。他们具有高度创造、发散的天才思维，能够另辟蹊径解决你在课堂中所提出的问题，或者也会带来一些行为问题。因此，你一定要注意，别把学生的顺从行为和学习能力相混淆。

在异质课堂中培养和鼓励学生的能力、创造力和发散性思维往往很困难。但若多组织一些开放式的课堂活动，让每个学生都能完成与他 / 她的能力相匹配的活动或任务，这样的课堂更有利于具有发散性思维的学生的发展，并能够避免学生因无聊或因无法胜任活动而沮丧所引发的行为问题。

你可以提供资源和材料，让这些学生去完成一些加分题或额外的项目，可以将项目的各种构想制作成一份文件。你可以在所有的作业及测试中增加一些附加题或加分题，鼓励这些学生尝试完成。如果教室中有计算机，你还可以创建一个主页链接，将与课堂内容有关的拓展信息链接到网页上，供学生自主学习。还可以让这类学生参与到帮助他人的活动中，比如，同伴辅导、同伴心理咨询以及学校改进项目。此外，你还可以鼓励班上能力强的学生多关注时事（时事的选择要符合他们的年龄），并帮助他们将所写的文章予以发表。

能力强的学生可以极大地促进课堂学习氛围，他们在课堂讨论及课堂活动中的积极参与，可以有效地激发其他学生的创造力和发散思维。你对这类特殊群体所做的积极回应，可以让班上所有的学生感觉到他们的各种能力、兴趣和技能，在你的课堂中都可以得到充分的发展。

特殊群体的认定模式

美国联邦政府于 2004 年颁布了针对特殊需求儿童教育的有关法案——《残疾人教育法案》（IDEA，2004）。这一法案提出了两类用以认定学生是否具有接受特殊教育资格的模式：智商—成就差异模式和干预反应模式。每一学区和各州在具体使用哪一类模式上存在差异。智商—成就差异模式是通过标准化的考试，来判断一个学生是否在学习能力（IQ）与学习表现（学业成就）上存在差异。任课老师是学生是否需要参加测试的催化剂，当老师猜测该学生有学习障碍时，他 / 她便可以让该学生参加测试。测试主要由学校的心理学专家组织实施。该模式受到很多批评，主要包括以下几点：用以认定学生是否具有接受特殊教育资格的差异范围是任意的，即使是标准化测试的结果也有可能不可信，另外，在分析导致学生学习困难的原因时，没有考虑教师教学质量的因素。

干预反应模式（RTI）是一个多层级的干预方法，它通过越来越密集和个别化的干预措施，对学习者实施教学（iris. peabody. vanderbilt. edu，Online Dictionary，accessed 1/26/11）。实施干预反应法的依据是，带班教师对学生学习进步情况的分析结果。干预反应模式通常包括一个三层结构：在第一层干预中，带班教师面向所有学生实施符合课程标准的优质教学，并进行评估（如统一筛查），以筛选出未达到学业标准的学生。在第二层干预中，由带班教师或者其他教师（如班级助教）对第一层干预中未达标的学生实施干预，提供补充性教学（个别指导或者小组辅导的形式），并对他们的进步情况加以监督。如果学生在进行了第二层干预后，仍然无法达到学业标准，则要进入第三层干预。在第三层干预中，该学生会接受更为密集的教学指导（带班教师也可以参与这一阶段干预），然后再通过收集到的数据，来分析该学生是否需要接受特殊教育。能否接受特殊教育的资格取决于各社区或各州的政策，以及该学生学习障碍的评估结果（iris.peabody.vanderbilt.edu 网站上有大量关于 RTI 的教学模块）。

对于干预反应模式的批评包括以下几点：没有明确指出多少干预时间、次数和类型才是足够的；任课老师的时间、精力和专业也会成为限制因素，主要是考虑到教师要承担其他的教学责任。特别值得一提的是，在分析学生产生学习障碍的原因时，排除了教师的教学质量（或糟糕的教学环境）这一因素（Kauffman，2008）。

多层级的干预反应模式也被运用于处理学生的课堂行为问题。积极行为的干预与支持（PBIS）也包括一个三层结构：在第一层干预中，所有学生在带班教师高质量的教学指导下学习正确的行为规范。在这一过程中，带班教师对学生的行为加以监督并进行评估，以筛选出未达到行为标准的学生。在第二层干预中，带班教师对未达标的学生进行再次干预，并继续加以监督和评估。经过第二层干预之后，仍未达标的学生则要进入第三层干预，接受额外的帮助与指导。有关 PBIS 的具体信息和建议，请浏览美国教育部特殊教育计划办公室的官方网站，网址为 www.pbis.org。

本章小结

有效的课堂管理者在协调各小组的同时，也能够关注到个体学生。了解每个学生的需求、能力以及性格，可以为教师做出教学选择提供适宜的依据。会对教师的教学选择产生影响的学生特点包括：学生的入学成绩，接受特殊教育的资格以及可供利用的其他教学资源。善于观察并仔细分析学生的入学成绩，你能从中获取额外的信息。

对于班级中的特殊学生群体，需要有针对性地实施专门的课堂管理，这些学生包括：有学习障碍的学生、有情绪障碍或行为障碍的学生、患有自闭症的学生、注意力不集中或患有多动症的学生、有听力障碍的学生、有视觉障碍的学生、英语水平有限的学生、家庭经济困难的学生以及有天赋的学生。支持整个班级及个体学生的一些独特的教学策略包括：团队教学、调整班级教学、个别化教学以及使用合作小组和同伴辅导。另外，当与其他教师进行协作教学时，要协商好日程安排，做到按时下课，并在规则和程序的执行上要达成一致。

有助于学习障碍学生克服学习困难的方法被称作干预反应法（RTI）。干预反应法（RTI）及积极行为的干预与支持法（PBIS）目的是满足个体学生的发展需求。这些干预措施有助于教师提高学生的自控力、维持有序的课堂节奏、促进学生积极参与以及根据实际的教学需要，提供必要的补救与强化。

拓展阅读

Albrecht, S. F. (2008). Time away: A skill-building alternative to discipline. *Preventing School Failure*, *53*(1), 49-55.

这篇文章阐述了一种可以教育学生获得恰当行为的干预方式，即通过三个步骤完成——进入休息时间、重新定位和解决冲突。最后一个阶段包含一个解决问题的工作表。

Buzzell, J. G., & Piazza, R. (1994). *Case studies for teaching special needs and at-risk students.* Albany, NY: Delmar.

这本书由教师撰写，共有 20 名教师亲身经历的与特殊需求学生交往的案例。这些案例涉及学生生理、心理和情感发展等各个方面，并且提供了可供分析和解决问题的诸多基础材料。

Kauffman, J. M. (2008). Special education. In T. Good (Ed.), *21st Century education: A reference handbook* (Vol. 1, pp. 405-413).

作者在文章中阐述了关于特殊教育的历史、术语、责任、挑战和批评。

Kronberg, R., Jackson, L., Sheets, G., & Rogers-Connolly, T. (1995). A toolbox for supporting integrated education. *Teaching Exceptional Children*, *27*(4), 54-58.

常规课堂教学中如果有特殊需求的学生，那么就需要特殊教育人员、常规教育工作者和管理人员一起协作，在关于角色和责任等方面形成新的认识。这篇文章为所有参与人员如何互相协调、合作提供了框架，并且给出了实现这一目标的诸多活动和策略。

Lane, K., Falk, K., & Wehby, J. (2006). Classroom management in special education classrooms and resource rooms. In C. Evertson & C. Weinstein (Eds.), *Handbook of research on classroom management: Research, practice, and contemporary issues* (pp. 439-460). Mahwah, NJ: Erlbaum.

这一章主要讲述了在问题行为中常见的"出局"怪圈，为了预防在特殊教育中出现上述问题，作者基于扎实的研究给出了如下三种策略：第一，有区别地予以强化（例如，目标行为未发生而给予奖励）；第二，做出不同的选择（例如，组织学生偏爱的活动，以此来减轻对完成活动任务的厌烦感）；第三，满足高需要（例如，将学生不太喜欢的任务和偏爱的任务搭配起来）。

Lotan, R. A. (2006). Managing group work in the heterogeneous classroom. In C. Evertson & C. Weinstein (Eds.), *Handbook of research on classroom management: Research, practice, and contemporary issues* (pp. 525-539). Mahwah, NJ: Erlbaum.

这一章探讨了课堂中小组教学的使用，特别是存在多语种的课堂。作者意在强调对教师角色的重新定位，以此为拓展学生的参与提供各种条件。

Sandomierski, T., Kincaid, D., & Algozzine, B. (2007). Response to intervention and positive behavior support: Brothers from different mothers or sisters with different misters? *PBIS Newsletter 4*(*2*). Accessed January 26, 2011, at www.pbis.

org/pbis_newsletter/ volume_4/issue2.aspx

这篇文章通过对比干预反应法和积极行为的干预与支持法的主要因素，对其进行了阐释。

Soodak, L., & McCarthy, M. R. (2006). Classroom management in inclusive settings. In C. Evertson & C. Weinstein (Eds.), *Handbook of research on classroom management: Research, practice, and contemporary issues* (pp. 461-489). Mahwah, NJ: Erlbaum.

作者回顾了在包容性背景中的有效课堂管理研究，并且提供了三种针对不同策略的有用的图表：教师主导型、同伴协调型和自我导向型。每个图表都包括支撑其的各种发现、内涵和研究。

Students with special needs [Special issue]. (1996). *Educational Leadership*, *53*(5), 42-74.

本篇文章主要关于在教育特殊需求学生时遇到的各种挑战，并且针对各个问题都提出了不同的解决方案，比如：通过早期干预项目来预防学习困难的出现；针对英语学习者的教学；用整体分析的方法应对注意力不集中的学生，辨识特殊的天才并让其获得应有的发展。

iris.peabody.vanderbilt.edu

这个网站的主页是范德堡大学皮博迪教育学院彩虹中心，由美国教育部特殊教育项目办公室协办，旨在促进人们对特殊教育者的认识和理解。在这个网站上，可以检索到相关的课程资料、互助训练的模板、案例研究、活动开展等，网站上还有一个在线字典可供查询，以及一个衍生的图书馆资源。

www.ccbd.net

这个网站旨在帮助那些存在行为混乱的儿童，包括针对各种问题的最新资讯和与行为混乱相关联的各项研究。

www.nagc.org

这个网站为天才学生提供了非常丰富的资源链接。

www.nichcy.org

这个网站由国家信息中心设立，主要针对残疾儿童和青少年。本网站的覆盖面很广，涉及学习障碍和行为问题方面等诸多话题。

www.nimh.nih.gov/publicat/autism.cfm

这个网站由国家心理健康机构设立，旨在为自闭症儿童提供关于诊断、治疗等相关方面的信息。

本章活动

（1）与搭档一起回答以下问题：在你的求学经历中，有没有哪些时刻让你觉得自己被孤立、被拒绝、被疏远，或者感觉学校生活很无聊，或者遇到自己无法应对的情况？你是如何克服这些困难的？在你解决这些问题的过程中，你的老师给了你哪些帮助？你会依据什么去辨别与你当初处境类似的学生？你对这些问题的回答反映了你的哪些教育理念？

（2）阅读案例 11.1 和 11.2，这两个案例描述了两位教师在处理有特殊需要学生的时所采取的策略。请找出巴尔托老师和钦老师针对他们各自班级的有特殊需要的学生所采取的十项策略。这些策略又是如何满足班上其他学生的学习需要的？

（3）阅读案例 11.3，并书面回答以下问题。拉斯基老师对她的课堂教学做了哪些调整，来满足全纳学生的学习需要？这些调整会给全纳学生带来怎样的好处？她为什么将学生分配成小组学习的形式？小组学习对全纳学生意味着什么？

（4）问题 11.1 和问题 11.2 描述了小学教师经常会遇到的两种情况。运用本章所介绍的相关知识，思考可以运用于这两类情况的策略。对照附录部分的参考答案检视你的观点。

案例研究

案例 11.1 针对低学业水平学生组织的阅读教学

巴尔托老师教一年级，这是他执教的第二年。巴尔托老师所在的学校是一所城市小学，学校中的大部分学生都是拉丁裔。他的班上共有 26 名学生，这 26 名学生给他的教学带来了各种各样的挑战：阅读水平参差不齐，有些学生英语水平有限，有些学生需要资源教师给予补充教学，还有一名学生被诊断为患有注意力不集中 / 多动症。

在执教的第一年，巴尔托老师将学生分成几个同质小组，运用课程标准所推荐的基础阅读系列材料来组织阅读课的教学。这一学年的前六周他仍然按照这一教学模式组织教学，然而，在整个教学过程中，他只重点关注两名学生。贾森来自阅读水平最高的小组，该小组共有四名学生，他的学习能力高于班级平均水平，但是与同学之间相处得并不融洽。胡安来自阅读水平最低的小组，该小组共有五名学生，开学初，他和家人刚从波多黎各移民到美国，他的英语能力很差。

巴尔托老师对同伴辅导很熟悉，而且他知道很多同事也在自己的班级中采取这一教学形式。在与其他老师以及贾森和胡安的父母讨论了同伴辅导的实施细则后，他打算对这两名学生实施这一教学策略。巴尔托老师希望通过这一措施，增强贾森的人际交往能力并帮助胡安提高阅读能力。

在实施同伴辅导之前，巴尔托老师知道他需要先给贾森和胡安介绍一下阅读的技巧，以及如何在进行阅读小组活动时解读不认识的词汇。至于同伴辅导所需要的其他技能，在开学前六周，巴尔托老师已给学生做过介绍，这些技能包括：相互倾听，共同分享以及解决问题的技巧。除了教授这些技能以外，巴尔托老师还额外安排了时间，带领贾森与胡安进行同伴辅导的练习。经过几次练习后，贾森和胡安渐渐地能够在没有巴尔托老师的帮助下，独立开展同伴辅导。在他们进行同伴辅导的过程中，巴尔托老师会在一旁监督，必要时会加以干预。通过同伴辅导，巴尔托老师看到这两名学生都取得了很大进步。

除了小组教学及同伴辅导之外，巴尔托老师还根据实际的教学需要调整作业，具体的措施有：将课本内容制作成录音带、减少作业量、提供一对一指导、为异质合作小组设计读写活动。巴尔托老师坚信，今年学生的阅读理解能力一定会有所提高。下一学年巴尔托老师打算在全班范围内实施同伴辅导。如果实施全班性的同伴辅导，他应该考虑哪些方面呢？

案例 11.2　听力障碍学生的课堂支持

钦老师教二年级，班上共有 24 名学生，其中有 2 名学生具有严重的听力障碍。博比平时生活中会戴助听器增强其听力，这要求钦老师在上课的过程中要配戴一个调频电源包，这样博比才能听清钦老师的讲话。萨利进行了耳蜗植入手术，但是几乎没有听力。他们两人主要是通过手语与他人沟通交流，博比能够进行一些简单的口头交流。在一天的活动当中，会有一位手语翻译员一直陪同他们，给他们翻译，在老师上课的过程中，他就在一旁负责解读。在进行独立作业时，翻译会站在一旁给他们提供一些不在他们视线范围内的指导与提示。

开学第一周，在博比和萨利全天性地进入课堂学习之前，钦老师将听力障碍的有关内容向全班学生做了介绍，帮助学生加深理解。她邀请一位听力障碍方面的专家，向学生展示调频电源包，让学生亲自感受，并向学生展示了听障者的声音世界。钦老师还向学生介绍了手语翻译在课堂中的作用，并强调上课的过程中所有的学生都要专注于老师，而不是手语翻译。另外，她还在地毯上专门为萨利安排了一个位置，因为在“地毯时间”，萨利需要坐在教室的前排，这样她才能够看到老师和手语翻译。

钦老师私底下学习了一些基本的手语知识，并打算在上课的过程中使用。她还在展示板上方的字母表上，给每个字母贴上相应的手语图示。另外，学校也开展了手语兴趣班，组织手语教学，全校所有的学生每周会学习五个新的手语知识。钦老师发现很多学生能够迅速地掌握手语知识，并开始使用手语与萨利和博比进行交流。

在学习中心时间，钦老师通常会将调频电源包放在博比的课桌中央，还将博比和萨利安排在他们的好朋友身边，以缓解他们的沟通问题。另外，课堂中的很多活动都是以动手操作的形式进行的，便于听障学生学习。在学习新词汇时，钦老师没有运用发音方法教授萨利和博比，虽然博比有部分听力，但是他无法区分“ch”“sh”“th”以及其他的一些发音。此外，钦老师还与博比和萨利的特殊教育老师保持密切的合作，他们每天会有特定的时间，用来接受特殊教育老师的指导，从而帮助他们巩固并强化所学的知识。除此之外，她还经常与博比和萨利的父母保持沟通，便于他们课后帮助自己的孩子加强学校的学习。

钦老师还在教室中准备了一个手语指南，在开始每一新单元的学习时，她都会将词汇表发给学生带回家，不常见的词汇都会配上手语图示，这样便于她自己、手语翻译、特殊教育老师以及学生家长在手语的使用上达成一致，博比和萨利也能够通过口语、手语相结合的方式学习词汇。另外，她还会通过一些教具来帮助博比和萨利学习，比如，数字模型、形状、拼图板等。

案例 11.3　三年级全纳课堂的教学

拉斯基老师教三年级，班上共有 22 名学生，其中有 4 名学生被认定为需要接受特殊教育。她将学生分配成小组的形式，每个小组有 5~6 名学生，并各安排了一名特殊学生。她没有将这 4 名学生单列出来，但是她会经常性地检查他们的学习掌握情况。在班级讨论环节，她经常叫这 4 名学生回答问题，有时候只是让他们重复她刚才所教的内容。她认为这样做能够帮助她了解这些学生有没有跟上教学节奏，并帮助他们树立学习的信心。当学生在做书面作业或者进行考试时，她会主动检查这 4 名学生的完成情况，帮助他们纠正错误，而不是等他们举手求助。根据这 4 名学生的个别化教育计划（IEP）中的建议，拉斯基老师实施小步骤教学，缩短书面作业时间，明确地界定特殊学生群体（身体障碍或是行为障碍），延长作业时间，大声朗读测试要求，允许学生在数学测试中使用计算器以及让学生重复活动或作业要求。这些学生当中有一名学生有行为问题，拉斯基老师则给予他特权，允许他在不打扰他人的情况下适当地进行活动。

在测试以及具体的教学活动中（比如，语言课），邦纳老师——学校特殊教育老师会参与到拉斯基老师的课堂中。邦纳老师主要按照这 4 名学生的个别化教育计划，对他们实施针对性的特殊辅导。有时候，在这 4 名学生学习进展顺利的情况下，她也会去指导和帮助班上的其他学生。通过这种方式，这 4 名学生得到了他们所需要的额外的支持与帮助，并很好地参与了课堂活动。有时候，尤其是在学习了一个新概念之后，邦纳老师会将这 4 名学生当中没有理解该概念的学生带到教室的某个角落，给他 / 她提供额外的指导。

在组织学生坐在地毯上讲故事或实施教学时，拉斯基老师允许这 4 名学生自由选择座位。有行为问题的学生通常会选择坐在最后面，这样他就可以适当地站起来活动，但当该学生过于活跃时，拉斯基老师则会示意或者提醒他注意自己的行为。但如果他的活动干扰到其他同学，拉斯基老师就会给予该学生两个选择：要么控制自己的行为，要么安静地坐回到座位上。她会让该学生自己做选择或者建议他坐到她旁边。他举棋不定，不知道怎么选择，而且他似乎明白他必须要比其他同学更努力地去控制自己的行为。当他选择坐在老师旁边之后，拉斯基老师会不时地留意他，拍拍他的肩膀，给予额外的帮助与提醒，便于他集中注意力。

情景片段

问题 11.1 团队教学

米勒老师和其他两位四年级的老师协助合作，通过团队教学的方式进行数学课的教学。每天午餐之后过一会儿，其他班级的一些学生会来到米勒老师的班上，米勒老师班上的一些学生也会去其他两位老师的班上。米勒老师对这种安排有一些不满，他觉得从学生变换教室、重新组织学习到准备好学习浪费了很多教学时间。有些时候，学生会早到，导致课堂教学活动被打断；还有些时候，有的学生迟迟未到，从而耽搁了其他学生的学习。此外，学生还会经常忘记带当天学习所需的物品。当米勒老师回答学生的提问或者处理问题时，这些学生便在座位上开始闲聊，有的学生甚至在教室中闲逛。当米勒老师准备开始上课时，他无法让这些学生安静下来。米勒老师可以采取哪些措施使团队教学更加顺利地进行?

问题 11.2 异质班级

奥尔蒂斯老师教三年级，她感觉今年所教的班级比以往四年所教的班级更难管理，班上 26 名学生当中，有 7 名学生的阅读能力处于一年级学生的水平，甚至更低。另外，这 7 名学生当中有 5 名学生数学成绩也很糟糕，其他 2 名学生的数学能力处于年级平均水平。班上有 3 名学生的阅读能力和数学能力都很优秀，其他学生则接近于年级平均水平。既要照顾到低学业成就的学生的接受能力，又要满足高学业成就的学生的学习需求，奥尔蒂斯老师为此感到精疲力竭。她决定将学生分成四个阅读小组进行教学。奥尔蒂斯老师可以采取哪些策略来组织她的教学呢?

我的网络教育实验室

请登录网址 www.myeducationlab.com:

（1）进行小测试，检测你对本章内容的掌握情况。

（2）根据个人学习计划来学习本章内容。

（3）加深你对课堂管理策略相关概念及原则的理解。

（4）将本章学到的知识运用于你的教学工作中，以提高教学技能。

附　　录

所选章节活动的参考答案

第二章

活动 1

图 2.3 所展示的教室布置在很多方面可能会给课堂管理带来一定的问题（括号里的内容提供了改善这些问题的建议）。

- 当老师将相关信息展示在主展示板附近的区域时，坐在教室后面并且背对着老师和展示板的学生很难看见所展示的内容，即便是那些面对着展示板的学生，也会因为距离较远而不容易看清展示的内容。而且对于老师来说，在这么远的距离来监督坐在后面的学生也会更困难。（让每个学生面向主展示板而坐，并要想办法确保每个学生都能看到展示的内容。）
- 走廊和通道发生拥堵，尤其是在靠近书架和计算机的地方，以及去厕所和卷笔刀区域的通道上。（确保有足够的空间方便学生在教室中走动。）
- 放在教室中央并靠近学生课桌的小组圆桌，可能会分散坐在其附近的学生的注意力，并且该小组圆桌旁边也没有空间让老师可以坐下来，并能够清楚地看到教室中的每个学生。（将该小组圆桌移到教室的边缘，并确保老师能有一个合适的座位，以便清楚地看到教室中的每个学生。）

- 该教师应该考虑在门附近放置一个矮书柜，以免挡住学习中心的视线。因为书柜的摆放位置比较特殊，要想监督学习中心的情况可能会比较困难。

（将书柜移到一个比较宽敞的位置，比如，图中的卷笔刀区域。）

- 当老师走到个别学生的课桌旁给予指导和帮助时，他/她将很难监管到教室其他区域的学生。

（具体请遵循该清单的前两条建议。）

- 靠近女生厕所的那张单独的课桌可能会带来一些潜在的问题。它会阻塞通往厕所门口和计算机工作台的通道，因此坐在该位置上的学生很容易被往返于这两个区域的人分散注意力，而且该课桌的位置也使得老师很难监管到坐在该位置上的学生。

（将该课桌纳入到整个教室的座位安排当中。）

- 当老师在讲桌前跟其他学生进行交流时，紧靠老师讲桌而坐的学生很容易分散注意力，而且该学生的课桌也远离主要的教学区域。

（将该课桌纳入到整个教室的座位安排中，如果学生需要一个独立的位置来暂时性地专注于课堂学习，可以使用小组圆桌。）

- 计算机工作台的摆放位置也可能会分散学生的注意力，因为在使用计算机时，学生们很容易被往返于厕所的人所打扰。而且把计算机摆放在该区域，由于离厕所和饮水机比较近，如果有水流入计算机工作台，还存在着一定的触电风险。

（将计算机工作台移动到一个更加宽敞并且有网络接口的位置。）

- 将书架放在饮水机和水池的中间容易导致书本被弄湿、毁坏。

（将书架移到一个更合适的位置，比如，图中放废纸篓的区域。）

第三章

活动 4

史密斯老师可以实施的一些程序步骤包括如下：

- 进入教室（比如，迅速安排好上课的材料和座位）。
- 日常的课前热身活动（也就是在她处理一些行政工作，比如，记录学生的出勤情况时，给学生所布置的一些活动任务）。
- 介绍小组注意信号，以提醒整个班级学生将注意力集中在她身上。
- 介绍教学日程安排（也就是提前知道当天的教学计划）。
- 分发作业纸（比如，控制分发的时间、安排小助手分发）。
- 介绍寻求帮助的要求（向学生们介绍寻求帮助的方式、时间以及地点）。
- 介绍卷笔刀、废纸篓、卫生间以及饮水机的使用要求。
- 介绍上课过程中的听讲要求。
- 介绍遵守指示的要求。
- 介绍获取所需材料的程序和要求。

第四章

活动 4

问题诊断

安布罗斯老师所带班级的学生对于作业的截止日期、作业要求以及完成情况的持续的疑惑表明，尽管安布罗斯老师为学生计划了很多的教学活动，但是他可能并没有将活动的要求解释清楚，也没有经常性地去检查学生的理解情况。另外，学生既没有收到有关他们的进步以及作业质量的有效反馈，也没有收到有关作业完成与否的明确的奖励或惩罚。让学生保管自己的作业直到第二天才上交，可能会导致一些学生到了第二天找不到自己的作业，进而推迟了对于学生作业完成得正确与否的反馈。

改善建议

安布罗斯老师可以尝试通过以下方法来改善他目前的状况：

- 除了将作业张贴到展示板上之外，还应将每一项作业任务认真、详细地解释清楚。鼓励学生每人准备一本作业本，或者通过其他方式记录某些特定学科的作业任务。安布罗斯老师也可以在一份文件夹中记录下每天所布置的作业任务，以便一些有需要的学生或是因缺席而没有完成相关作业任务的学生查阅。当将几天的作业任务都张贴到展示板上时，一定要标记清楚，否则很容易让学生疑惑不清。

- 在给予指导意见和解释时，安布罗斯老师要能够留意学生困惑或者走神的一些信号；也要能够与学生一起温习相关的例题、练习或者疑难问题，使用标准的标题格式，并尽可能地遵守一贯的程序，以避免不断地重复解释或者给予新的指导。
- 安布罗斯老师应该让学生在他的指导下开始完成作业任务。他可以先通过口头方式带领学生做一小部分练习，然后进行提问以检查他们的理解情况，直到确定学生可以独立完成为止。
- 他应该多在教室里巡视，以监管学生的作业进展情况，而不是一直待在自己的讲桌旁处理一些文书工作。另外，还要向学生说明只有在自己尝试解决问题但仍然无法解决的情况下才可以向他寻求帮助，并且一次只允许一名学生求助。当很多学生需要帮助时，他应该再次在教室中进行巡视，而不是让学生一个一个过来寻求帮助。
- 当作业完成后，安布罗斯老师应该将学生的作业都核对一遍并收集起来。如果作业比较复杂且不能立马核对，则应该先检查一下学生的作业完成进度，并将还没有完成的作业返还给学生，让他们继续完成。每天留出一到两次时间用来回顾每个学生的作业进步情况很有帮助，通过这种方式，可以让学生知道他们需要对自己的作业认真负责，也便于安布罗斯老师更加容易地判断出学生在完成作业的过程中所遇到的问题。另外，他也能够辨别出哪些学生在学习上遇到了困难，需要额外的帮助，以免其远远地落后于其他学生。而对于未能提交作业的学生，应该及时给予帮助和指导。
- 安布罗斯老师可以鼓励学生通过记录自己在某些特定学科上的作业成绩来合理地设定自己的目标。他也可以通过鼓励学生设立提高整个班级作业完成效率和班级整体平均水平的目标，来增强学生的学习积极性，并给予相应的表扬或特殊活动作为奖励。

第五章

活动 1

史蒂文斯老师在整个介绍程序的过程中，综合使用了多种类型的教师权威。官僚型权威体现在介绍完活动程序后学生没能按照程序执行，以致不得不再次强调，但是在学生第二次成功地按照程序进行活动转换后，史蒂文斯老师对学生给予了表扬；专业型权威体现在她很明确地向学生解释了活动转换的程序（比如，活动转换过程中应该做什么，不应该做什么，以及活动转换的时间限制）；魅力型权威体现在与学生之间进行积极的互动以及清晰的沟通方面。在开学初，史蒂文斯老师也会依赖传统的教师权威来帮助她建立一些有效程序。

介绍完该程序之后，史蒂文斯老师将能够继续加以练习，并在必要的时候及时提供反馈，以帮助班上学生在其他任务和西班牙语课（或者“地毯时间”活动）之间快速地进行转换。快速地转换有助于消除学生的破坏性行为以及注意力分散的情况，同时也能够有效地增加课堂教学时间。

第六章

活动 4

以下描述中符合或者违背库宁（Kounin）理念的教学行为有：

午餐过后，当凯斯老师正准备开始上课时，有两名学生在互相交换笔记，他用眼神示意他们停下来，于是这两名学生迅速拿出上课材料。（**明察秋毫**）“首先，让我们来完成章节末的几道练习题，请大家准备好有标题的作业纸。”当学生准备拿出作业纸时，凯斯老师突然叫道：“哎呀！我忘了告诉大家明天需要带野餐费，有多少人想去野餐呢？”（**教学节奏不流畅**）简单地讨论之后，学生这才有空拿出作业纸。凯斯老师接着说道：“我们来口头完成这些练习，但是我希望大家将答案写到作业纸上。作为今天课堂作业的一部分，我会到大家的座位上一一检查。（**鼓励高度参与和个体职责**）谁能回答第一个问题？会的人请举手。蒂龙，你会吗？”

凯斯老师叫了很多学生回答问题，有些学生是自愿举手回答，有些学生是老师随意点名回答。（**团体提醒**）当练习进行到差不多一半时，突然有一名学生走进教室，他说自己刚来这所学校，并被分配到这个班级。凯斯老师便停止练习，回到自己的讲桌旁，坐下来对这位学生说道：“请你到我这边来，我来给你准备些书本。（**未能做到一心多用**）我希望学校办公室以后不要在上课期间安排学生插班。不过话说回来，你来自哪里？你今天穿的衬衫很不错！”（**教学节奏不流畅**）

处理好该学生的事情后，凯斯老师给他安排了座位，然后离开讲桌对全班学生说道：“我们刚刚讲到哪里了？哦，对了，我们讲到了第七问。金和李去哪儿了？我并没有允许他们离开。”（**未能做到明察秋毫**）

过了几分钟后，凯斯老师中止了练习，并对学生说道：“下面，让我们来讨论一下本周四将要进行的考试。希望大家都已弄清楚了考试的内容，并知道如何去做准备。”稍做停顿后，他又补充道：“我差点忘了。请大家将刚才的练习题打开，把接下来的问题都看一下，我要给大家补充一个刚刚遗漏的重要的知识点。”补充知识点结束后，凯斯老师又回到刚刚正在讨论的考试话题，（**教学节奏减缓**）“我们刚刚讨论到哪里了？哦，对了，接下来，我要给大家讲解几道与考试题型相似的题目。”说完，他便转身在展示板上开始写题目，然后停顿了一会儿说道：“好吧，我可不想提前泄露考试的内容。”

然后就没有继续讨论与考试有关的话题，而是转向了另外一个话题。（**教学节奏不流畅**）“我们明天将会观看一个视频，在此之前请大家耐心等待。刚刚在午餐时间，我在一位老师的网页上看到了该视频，据这位老师说，她班上的学生认为这是迄今为止他们看过的最有意思的视频之一。”（**团体提醒**）

活动 5

问题诊断

尽管莱克老师设计了有趣的课堂展示，但是班上的学生在接下来的活动中看上去很吃力。莱克老师的教学出现问题的很大一部分原因在于，其教学指导不清晰，活动顺序安排不合理以及活动方向不明确。学生糟糕的测试表现表明，他们对前几周所讲的相关内容并没有真正理解。20 分钟的讲解过程包含了一系列教学指导不清晰的迹象，包括：不按顺序展示信息，总是回头补充之前所遗漏的知识点，插入一些无关信息，以及在没有任何提示的情况下从一个话题转移到另一个话题。另外，所布置的作业并不能有效地促进内容教学活动，在布置作业之前也没有检查学生的内容掌握情况，并且作业要求也模糊不清。

改善建议

如果莱克老师能够专注于以下几个方面，她的课堂教学将会取得更大的成功。

- 系统性地展示信息。莱克老师应该事先计划好上课的顺序，并严格遵守这一教学顺序；向学生解释清楚主要的学习目标；把握好上课的节奏，以便有足够的时间将主要的教学内容讲授完；使用学生熟悉的表述方式详细地讲解，避免学生对所讲的内容理解不清。
- 带领学生回顾完成作业的程序和要求，特别要向学生交代清楚作业的要求，并给出明确的指导方向。对于复杂的作业任务，要一步一步地给予指导，并且当有学生表示不能理解时，应该要求学生将之前的指导和提示再重复一遍。
- 在内容教学活动中，应多列举一些例题，并且要时不时地检查学生的理解情况，然后再根据学生的掌握情况，适时地调整教学指导方式。
- 仔细考虑每节课上应向学生展示多少信息。少展示一些信息并留有充足的时间去检查学生的课堂作业完成情况，然后再布置家庭作业，这种方式也许更利于学生的学习。
- 复杂的内容应分解成几个细小的部分来逐一讲解，而且要在学生掌握了基本的内容之后，再去介绍一些新的概念。
- 如果在讲解和讨论之后仍然有一部分学生不能够理解，莱克老师可以将这些学生安排至一个小组里面，单独给他们重新讲解并解答疑问。如果一两名学生在学习上一直存在困难，则可以将他们安排到离莱克老师的讲桌比较近的位置，以便更好地给予指导。

- 在课堂中的独立作业时间，莱克老师应该多在教室里走动，检查学生的作业进展情况，并确保学生是在按照要求完成作业。

第七章

活动 5

案例 5.2

① 请思考詹姆斯老师所采取的教学程序和策略反映了本章的哪些概念？这些相关的程序和策略都有哪些作用？

教室环境的布置

课桌以小组的形式摆放，并向学生解释了课桌以该形式摆放的目的，还告诉学生整个学年中座位的安排会有所变动，清晰而明确地传达了自己的期望和要求，并预示了之后将会进行的活动任务。

学生物品的存储：事先在每一小组桌上放置了一个黄色文件夹，用来存储学生的相关资料，直到学生拥有了自己的三孔活页夹为止，并且每一类资料都用不同的颜色进行了编码。事先的组织和准备使得课堂时间能够得到最大化的利用，颜色编码能够有效地减少学生的困惑。

程序和流程

交流要求：举手发言，詹姆斯老师告诉学生回答问题之前要举手，并加以练习和强化；提醒学生在小组交流时要控制合适的音量：她亲自示范并带领学生将交流的要求回顾了一遍。首次强调课堂程序时，便让学生意识到遵守相关要求的重要性，及时给予反馈，促进学生的配合，并提供建议帮助小组成员进行有效的沟通交流。

走动要求：只要不是在讲课的过程中，如果需要削铅笔或者拿取学习材料，可以不用征得同意自行前往，只要不打扰其他同学即可；每一小组中编号为 4 的学生到教室后面的一摞书本那里领取课本，减少了学生分心的机会以及不必要的走动。

活动转换要求：将相关的学习资料放回文件夹中；完成测试后将试卷翻

过来放到桌上；提前宣布第二天会重新安排座位。让学生为下一个任务做好准备，知道学生何时完成任务。

吸引小组注意的信号

吸引学生的注意，使得全班学生都能将注意力集中于老师的信号上。

合作学习小组的创建

最初由学生自己选择座位，但告诉学生教师还会重新安排；观察几天后再分配座位；将小组成员名单写下来；由两人一组逐步扩大小组规模。明确地告诉学生如何分配小组，提前考虑好小组成员的分配，先让学生两人一组进行练习，再逐步扩大小组规模。

促进小组成员之间的相互依赖

小组角色：将小组成员进行编号，并指定各自的任务：帮助新同学报到、注册，介绍活动程序，分发物品；在进行复杂的任务之前，带领学生回顾各自的职责。每个学生都有机会参与小组活动，避免出现少数学生主导活动、有学生退缩等情况。

共同的责任：向学生解释小组合作学习的好处；要求学生帮助新的小组成员；必须合作解决问题；在完成独立作业时可互相帮助。布置能够促进小组合作的任务，在独立作业过程中继续加强小组成员之间的联系。

个体职责

提出期望和要求：学会与小组成员合作相处；小组任务完成后，每一小组选择代表，汇报本小组的活动成果，让所有的小组成员都有汇报的机会。

分配小组任务：要求每位小组成员都要有自己的三孔活页夹，记录每天的活动参与情况，并独立参与测试；展示自己在小组活动中所做的贡献；课堂中未完成的小组任务作为家庭作业。三孔活页夹 / 测试 / 所负责的任务，要求学生能够展示自己的学习情况。

小组任务

首次小组任务：登记班级名单，介绍课堂规则和教学程序，进行诊断测试，介绍评分规则；就美国五年级学生观看电视这一问题展开讨论和分析；两人一组合作解决问题，利于强化期望和要求，介绍规则和程序；所布置的小组任务适合学生的年龄，促进学生之间相互帮助，便于制订下一步的活动计划。

小组合作技能

人际交往能力：鼓励学生要学会分享，相互帮助，善于倾听，互相鼓励以及共同努力。只是提及这些要求，并没有着重介绍或强调这些技能的重要性。

解释能力：在第三天的内容教学活动中让学生练习了这一技能，但是没有详细地介绍，为之后的教学奠定了良好的基础。

团队领导能力：该案例中未提及。

学生作业及行为的监管

即使是在记录学生的出勤，也会监管各小组的任务完成情况；在学生进行诊断测试的过程中会在一旁加以监管；统计课本数量有助于强化期望与要求，更好地了解学生，意识到潜在的问题。

小组干预

提问举手发言的学生，强调遵守程序的重要性。

小组任务目标及学生参与

让学生留意公告栏上五颜六色的海报，每张海报介绍了数学在实际生活中的运用，并组织学生展开讨论；帮助学生学习如何进行合作学习；向学生介绍勇于尝试的重要性；让学生进行估算，向同伴解释自己的解决方案，并鼓励学生从错误中吸取教训，不要因为不了解某方面的知识而难为情；介绍本学年中主要的教学主题，帮助学生适应新的学习环境。

② 本章所介绍的哪些程序和策略在詹姆斯老师开学前三天的教学活动中没有体现？你会介绍这些程序和策略吗？请说明理由。

詹姆斯老师没有教授学生吸引小组注意力的信号。她的个人魅力也许能够吸引学生的注意力，但是仍然需要借助其他一些方式。班上的学生之前没有小组合作学习的经历，一直在座位上交谈，并且没有控制讲话音量，但是詹姆斯老师并没有将何时该停止交流、继续上课的信号教授给学生。如果她能够在开学第一天便教授学生相关的信号，并在第二天和第三天加以强化，将有助于课堂的顺利进行。另外，在开学前三天詹姆斯老师并没有明确地教授学生小组合作的技能，只是简单地提示学生人际交往能力和解释能力在小组合作学习中的重要性。有关小组合作技能的具体的指导、练习和反馈，对于她所创建的学习环境来说很重要，但是没有必要被塞进已经安排得很满的头三天的教学活动中。此外，虽然詹姆斯老师在头三天已经对很多方面做了介绍，但是她仍然需要在之后的教学中，加强这些方面的指导、练习和反馈，从而创建她所期望的课堂环境。

③ 詹姆斯老师教五年级的数学课。如果是教授低年级的学生或者教授不同的课程内容，她所采取的教学程序和策略需要做哪些改变？

教学程序和策略应根据所教年级及科目而定。

第八章

活动 7

问题 8.1

问题诊断

格林老师没能向学生传达并强化她对课堂行为的期望和要求，也没有制定相应的规则和程序，来处理这些不规范的课堂行为。很显然，当学生第一次出现问题行为时，她并没有加以制止，从而导致开学初原本良好的课堂秩序演变成难以控制的局面。如今，即使是当初表现很好的学生也开始出现不当行为，她的威慑也不再起作用。

改善建议

格林老师应事先考虑好她对学生期望的一般的行为要求，以及在特定的活动中学生应遵守的程序，然后再根据实际的需要制定新的规则和程序，并对先前已制定但失去作用的规则和程序，加以强调以及重新说明。例如，她可以留出特定的时间让学生去喝水、上卫生间、削铅笔或者参观班级宠物。

另外，她应该选择一个时间——可以是周一或者学校假期结束后返校的第一天——向学生介绍或者复习相关的规则和程序。她还应该向学生说明提出这些行为要求的原因。对于一些复杂的行为要求，可以让学生进行练习，以便对学生的行为——尤其是一些重要的行为做出反馈。当然，还要提醒学生何时可以轻声交流。因为学生还没有掌握良好的课堂交流技巧，因此需要给他们停止交流或者允许交流的视觉提示，用来提醒他们何时应该安静地学习，何时可以进行课堂讨论。她可以通过提醒学生注意课堂讨论的音量，来帮助他们了解何时可以轻声交流，何时不可以进行交流，并鼓励学生加强自我监督。

格林老师还应带领学生一起回顾小组合作的程序。她可以采取以下这些做法：

- 缩短独立作业的时间，并在指导小组的过程中，不时地监管其他学生的情况。
- 设定一个时间限制，让学生知道何时该完成任务，从而帮助学生调整自己的活动节奏。
- 提前告诉学生哪些作业任务会被检查以及何时检查，并提醒他们在“圆圈阅读时间”会提问一些有关作业任务的问题。
- 让上一小组的学生先完成一至两道例题，确保他们了解了自己的作业任务之后，再去指导下一小组。
- 在指导阅读小组的同时，也要监管阅读小组之外的学生的行为，确保学生都能够维持恰当的行为。
- 在让某一小组的学生进行独立作业之后，要先去检查其他正在进行独立作业的学生的作业完成情况，并给予必要的帮助，然后再去指导下一小组。

向学生介绍完相关的规则和程序之后，格林老师接下来需要做好以下几点：

- 监督整个班级，以防不当行为的发生，并维持学生的恰当行为。
- 确保学生有足够的任务可做，并能够理解所布置的任务以及有能力完成这些任务。学生还应该知道当他们完成指定的任务后可以做什么。

- 控制好走动及活动的时间。
- 提示学生调整自己的活动内容，例如，“接下来请大家完成问题 2 至问题 5，请安静地完成，不许交流”或者“已检查过作业的同学可以去听力中心自由学习”。
- 当学生取得进步或者优异的成绩，表现出所期望的行为时，要经常性地给予表扬，可以贴一个五角星、画一个笑脸、展示优秀的作品、拍拍学生的后背、给以微笑，等等。
- 确保依据学生的不当行为制定相应的惩罚措施，并始终如一地贯彻执行，且要将行为的积极后果与消极后果告诉学生。

第九章

活动 9.3

（1）B

（2）C

（3）D

（4）A

（5）C

第十章

活动 4

可以采取以下策略来处理所提供的情景中的问题行为：

情景 1：假设该情况不常发生，并且班上的学生总体上都在认真地参与讨论，这时可以尝试走到阿达斯、梅丽莎以及那些正在交头接耳的学生身边，通过这种方式来制止他们的不当行为。如果该方式不起作用，可以采用维持团体注意力的方式，重新引导学生的行为。

情景 2：假设简单的干预无法制止德西和布莱斯的不当行为，可以尝试将他俩分开（即将两人分隔至教室的不同区域）。如果这样做也不起作用，可以给予相应的惩罚或者剥夺特权。

情景 3：如果德韦恩的这些行为只是为了获得关注，你可以尝试通过让其担任班级小帮手、教学助手等方式给予关注，但同时要给他一个选择的机会（例如，“让其他的同学好好做作业，或者你一个人坐到别处去完成作业”）。如果这种方式没有效果，则可以使用问题解决策略（见第九章），帮助德韦恩克制他的哗众取宠的行为，使其能够正确表现。

情景 4：当出现该情景中的小插曲时，可以采用循序渐进的方式一步步加以解决。针对马克向别人身上吐水这一行为，可以给予简单的提示，要求其停止该行为并给予相应的惩罚（如进行清理，向对方道歉）；针对将他人推倒这一行为，可以将马克隔离，与其讨论发生该行为的前因后果，剥夺他的特权（如失去与同伴互动的机会），并要求其向对方道歉（注意，当学校政策中有禁止发生推搡行为的规定时，则需要将马克移交至校长办公室，校长办公室通常会给予马克停课处分）。针对马克与人吵架的行为，可以使用“反思时间”策略（将他带出教室，给他时间使其冷静下来），并与家长交谈（将马克的行为告知家长，与家长一起分析马克出现该行为的潜在原因以，及可采取的预防措施，并商讨实施相应的惩罚）。

第十一章

活动 4

问题 11.1

以下这些方法有助于团队教学更加顺利地进行：

- 为了能够更好地计划每一单元的教学，并促进团队教师间的相互合作，每位教师都要严格遵守所制定的课程安排；让学生帮助留意活动时间；将学生需要离开的时间张贴出来，并罗列出学生离开时所需携带的学习物品；如果有必要，可以使用定时器。
- 尽可能地使用既定的流程开始以及结束一节课，并多加监管，确保学生能够遵守这些流程。
- 将活动转换过程中的行为要求明确地告诉学生，包括讲话的音量、铅笔刀的使用要求、进出教室以及做好上课准备的程序，等等。

- 如果早到的学生会对课堂教学构成问题，可以事先设置一个等候区域，让这些学生安静地等待，而不是中断教学。
- 在等待晚到的学生时，可以先带领学生进行一个简短的回顾。确保学生知道回到自己的班级后应该做什么。如果在讲课的过程中有学生回到教室，这时应该停止授课，给教室中的学生布置一些简单的任务，然后再去检查回到教室中的学生，确保他们都已进入学习状态。

问题 11.2

以下是给奥尔蒂斯老师的一些具体建议：

- 每天，要先布置所有学生都能够完成的基础练习，然后再布置适合不同学生能力水平的补充练习——为掌握了相关知识的学生布置一些拓展题，为仍未理解所教内容的学生布置一些复习题或练习题。
- 弄清楚班上是否有学生需要特殊帮助，例如，需要接受特殊教育、资源教师的辅导，或者进行双语教学。
- 在阅读课和数学课上采用小组教学的形式（数学课暂时采用该教学形式，之后再做改变）。在分配小组时要做到灵活多变，根据学生取得的成绩和进步，适时地调整小组成员。
- 考虑是否可以与其他教师合作进行团队教学，这样可以将同等水平的学生分配到一个小组，进行基本技能的教学。
- 考虑在某些特定的活动或作业任务中采用同伴辅导。
- 与其他教师共享教学材料，以便获取一些你所教年级以外的补充材料。
- 将学习能力较低的学生安排至便于你指导的位置，这样你在整个课堂教学过程中也能够给予他们监管与帮助。
- 确保让所有学生都参与到课堂讨论及集体背诵的活动中。选择不同能力水平的学生回答问题。
- 向全班学生说明作业的要求后，首先要检查能力水平较低的学生，确保他们能够理解作业要求并开始做作业。如果超过两名或三名学生需要进一步的指导和说明，则应立即对这些学生进行小组指导。

- 在教授能力水平较低的学生时，可以将作业任务以及课堂讲解分解成细小的部分来进行，并要时不时地检查学生的理解情况。遵守第十一章中所描述的针对低学业成就的学生的基本技能教学方面的建议。
- 考虑在一些活动和长期项目中，使用异质合作小组。
- 考虑实施支持性学习，补救教学或者进一步丰富方案。

参考文献

Akin-Little, K. A., Eckert, T. L., Lovett, B. J., & Little, S. G. (2004). Extrinsic reinforcement in the classroom: Bribery or best practice. *School Psychology Review, 33*, 344-362.

Alberti, R. L. (Ed.). (1977). *Assertiveness: Innovations, applications, issues*. San Luis Obispo, CA: Impact.

Albrecht, S. F. (2008). Time away: A skill-building alternative to discipline. *Preventing School Failure 53*(1), 49-55.

Battistich, V., Solomon, D., Watson, M., & Schaps, E. (1997). Caring school communities. *Educational Psychologist*, *32*, 137-151.

Berger, E. H., & Rojas-Cortez, M. R. (2011). *Parents as partners in education: Families and schools working together* (8th ed.). Englewood Cliffs, NJ: Prentice Hall.

Bitter, G. G., & Legacy, J. (2008). *Using technology in the classroom* (7th ed.). New York: Pearson Education.

Borich, G. (2006). *Effective teaching methods* (6th ed.). Upper Saddle River, NJ: Prentice Hall.

Brophy, J. (1981). Teacher praise: A functional analysis. *Review of Educational Research*, *51*, 5-32.

Brophy, J. E. (1996). *Teaching problem students*. New York: Guilford Press.

Brophy, J. E. (2000). Teaching. In H. J. Walberg (Series Ed.), *Educational practices*. Brussels, Belgium: International Academy of Education.

Brophy, J. E. (2004). *Motivating students to learn* (2nd ed.). Mahwah, NJ: Erlbaum.

Brophy, J. E. (2006). History of research on classroom management. In C. Evertson & C. Weinstein (Eds.), *Handbook of research on classroom management: Research, practice, and contemporary issues* (pp. 17-43). Mahwah, NJ: Erlbaum.

Brophy, J. E. (2009). Connecting with the big picture. *Educational Psychologist, 44*, 147-157.

Brophy, J. E., & Evertson, C. M. (1976). *Learning from teaching: A developmental perspective*. Boston: Allyn & Bacon.

Burns, M. (1995). The 8 most important lessons I've learned about organizing my teaching year. *Instructor, 105*(2), 86-88.

Butin, D. (2000). *Classrooms*. Washington, DC: National Center for Educational Facilities (ERIC Report No. ED446421). Available at www. edfacilities. org/ir/irpubs. html

Buzzell, J. G., & Piazza, R. (1994). *Case studies for teaching special needs and at-risk students*. Albany, NY: Delmar.

Cameron, J. (2001). Negative effects of reward on intrinsic motivation—a limited phenomenon: Comment on Deci, Koestner, and Ryan (2001). *Review of Educational Research, 71*, 29-42.

Carifio, J., & Carey, T. (2009). A critical examination of current minimum grading policy recommendations, *High School Journal, 93*(1), 23-37.

Castle, K., & Rogers, K. (1994). Rule-creating in a constructivist classroom community. *Childhood Education, 70* (2), 77-80.

Cohen, E. G. (1994). Restructuring the classroom: Conditions for productive small groups. *Review of Educational Research, 64*, 1-36.

Cohen, E. G. (1998). Making cooperative learning equitable. *Educational Leadership, 56*, 18-21.

Damiani, V. B. (2006). *Crisis prevention and intervention in the classroom: What teachers should know*. Lanham, MD: Rowman & Littlefield.

Davis, (2004). *Schools where everyone belongs: Practical strategies for reducing bullying*. Wayne, ME: Stop Bullying Now.

Deci, E. L., Koestner, R., & Ryan, R. M. (2001). Extrinsic rewards and intrinsic motivation in education: Reconsidered once again. *Review of Educational Research, 72*, 1-27.

Delgado-Gaitan, C. (2004). *Involving Latino families in schools: Raising student achievement through home-school partnerships*. Thousand Oaks, CA: Corwin Press.

Diller, D. (2008). *Designing classrooms for literacy: Spaces and places*. Portland, ME: Stenhouse.

Doyle, W. (1986). Classroom organization and management. In M. Wittrock (Ed.), *Handbook of research on teaching* (3rd ed., pp. 392-431). New York: Macmillan.

Doyle, W. (2006). Ecological approaches to classroom management. In C. Evertson &

C. Weinstein (Eds.), *Handbook of research on classroom management: Research, practice, and contemporary issues* (pp. 97-125). Mahwah, NJ: Erlbaum.

Drummond, K. V., & Stipek, D. (2004). Low-income parents' beliefs about their role in children's academic learning. *Elementary School Journal, 104*(3), 197-213.

Emmer, E. T. (1988). Praise and the instructional process. *Journal of Classroom Interaction, 23*, 32-39.

Emmer, E. T., & Aussiker, A. (1990). School and classroom discipline programs: How well do they work? In O. Moles (Ed.), *Student discipline strategies: Research and practice* (pp. 129-165). Albany, NY: SUNY Press.

Emmer, E. T., & Gerwels, M. C. (2002). Cooperative learning in elementary classrooms: Teaching practices and lesson characteristics. *Elementary School Journal, 103*, 75-91.

Emmer, E. T., & Stough, L. (2008). Responsive classroom management. In T. Good (Ed.), *21st Century education: A reference handbook* (Vol. 1., pp. 140-148). Los Angeles: Sage.

Erwin, J. C. (2003). Giving students what they need. *Educational Leadership, 61*(1), 19-23.

Evertson, C. M. (2010). *Creating conditions for learning: A comprehensive program for creating an effective learning environment* (8th ed.). Nashville, TN: Vanderbilt University, Peabody College.

Evertson, C. M., & Poole, I. R. (2004a). *Effective room arrangement*. Nashville, TN: Vanderbilt University, Peabody College, IRIS Center. Available at iris. peabody. vanderbilt.edu

Evertson, C. M., & Poole, I. R. (2004b). *Fostering student accountability for classroom work*. Nashville, TN: Vanderbilt University, Peabody College, IRIS Center. Available at iris.peabody.vanderbilt.edu

Evertson, C. M., & Poole, I. R. (2004c). *Norms and expectations*. Nashville, TN: Vanderbilt University, Peabody College, IRIS Center. Available at iris. peabody. vanderbilt.edu

Evertson, C. M., & Poole, I. R. (2008). Proactive classroom management. In T. Good (Ed.), *21st Century education: A reference handbook*. Thousand Oaks, CA: Sage.

Evertson, C. M., & Weinstein, C. S. (Eds.). (2006). *Handbook of research on classroom management: Research, practice, and contemporary issues*. Mahwah, NJ: Erlbaum.

Fenning, P. A., & Bohanon, H. (2006). Schoolwide discipline policies: An analysis of discipline codes of conduct. In C. Evertson & C. Weinstein (Eds.), *Handbook of research on classroom management: Research, practice, and contemporary issues* (pp. 1021-1039). Mahwah, NJ: Erlbaum.

Finders, M., & Lewis, C. (1994). Why some parents don't come to school. *Educational Leadership, 51*, 50-54.

Fraser, B. J., & Walberg, H. J. (Eds.). (1991). *Educational environments: Evaluation, antecedents and consequences*. Oxford, England: Pergamon.

Fuchs, D., Fuchs, L. S., Mathes, P. G., & Simmons, D. G. (1997). Peer-assisted learning strategies: Making classrooms more responsive to diversity. *American Educational Research Journal, 34*(1), 174-206.

Gavin, K. M., & Greenfield, D. B. (1998). A comparison of levels of involvement for parents with at-risk African American kindergarten children in classrooms with high versus low teacher encouragement. *Journal of Black Psychology, 24*, 403-417.

Gay, G. (2006). Connections between classroom management and culturally responsive teaching. In C. Evertson & C. Weinstein (Eds.), *Handbook of research on classroom management: Research, practice, and contemporary issues* (pp. 343-370). Mahwah, NJ: Erlbaum.

Gillies, R. M. (2007). *Cooperative learning: Integrating theory and practice*. Los Angeles: Sage.

Glasser, W. (1975). *Reality therapy: A new approach to psychiatry*. New York: Harper & Row.

Glasser, W. (1977). 10 steps to good discipline. *Today's Education*, *66*, 60-63.

Good, T. L., & Brophy, J. E. (2008). *Looking in classrooms* (10th ed.). Boston: Allyn & Bacon.

Good, T. L., Grouws, D., & Ebmeier, H. (1983). *Active mathematics teaching*. New York: Longman.

Greene, J. O., & Burleson, B. R. (Eds.). (2003). *Handbook of communication and social interaction skills*. Mahwah, NJ: Erlbaum.

Hansen, J. (2010). Teaching without talking. *Phi Delta Kappan, 92*(1), 35-40.

Hargis, C. H. (1997). *Teaching low achieving and disadvantaged students* (2nd ed.). Springfield, IL: Charles C. Thomas.

Harrist, A. W., & Bradley, K. D. (2003). "You can't say you can't play": Intervening in the process of social exclusion in the kindergarten classroom. *Early Childhood Quarterly, 18,* 185-205.

Hattie, J. (2009). *Visible learning: A synthesis of over 800 meta-analyses relating to achievement*. New York: Routledge.

Hill, C. E. (2009). *Helping skills: Facilitating exploration, insight, and action* (3rd ed.). Washington, DC: American Psychological Association.

Hodgdon, L. A. (1995). *Visual strategies for improving communication: Practical supports for school and home* (Vol. 1). Troy, MI: Quirk Roberts.

Hodgdon, L. A. (1999). *Solving behavior problems in autism* (Vol. 2). Troy, MI: Quirk Roberts.

Hoover-Dempsey, K. V., Walker, J. M. T., Sandler, H. M., Whetsel, D. R., Green, C. L., Wilkins, A. S., & Clossen, K. (2005). Why do parents become involved? Research findings and implications. *Elementary School Journal*, *106*, 105-130.

Hoy, A. W., & Weinstein, C. S. (2006). Students' and teachers' knowledge, beliefs, and perceptions about classroom management. In C. M. Evertson & C. S. Weinstein (Eds.), *Handbook of research on classroom management: Research, practice, and contemporary issues*. Mahwah, NJ: Erlbaum.

Huffman, H., Jernstedt, G., Reed, V., Reber, E., Burns, M., Oostenink, R., et al. (2003). Optimizing the design of computer classrooms: The physical environment. *Educational Technology, 43*(4), 913.

Hyman, I., Bryony, K., Tabori, A., Weber, M., Mahon, M., & Cohen, I. (2006). Bullying: Theory, research, and interventions. In C. Evertson & C. Weinstein (Eds.), *Handbook of research on classroom management: Research, practice, and contemporary issues* (pp. 855-884). Mahwah, NJ: Erlbaum.

Jackson, P. (1968). *Life in classrooms*. New York: Holt, Rinehart & Winston.

Jennings, P. A., & Greenberg, M. T. (2009). The prosocial classroom: Teacher social and emotional competence in relation to student and classroom outcomes. *Review of Educational Research, 79*, 491-525.

Jeynes, W. H. (2005). A meta-analysis of the relation of parental involvement to urban elementary school student academic achievement. *Urban Education, 40*, 237-269.

Johnson, D. W., & Johnson, F. P. (2005). *Joining together: Group theory and group skills* (9th ed.). Boston: Allyn & Bacon.

Johnson, D. W., & Johnson, R. T. (1994). *Learning together and alone: Cooperative, competitive, and individualistic learning* (4th ed.). Boston: Allyn & Bacon.

Jones, R. A. (1995). *The child-school interface: Environment and behavior.* London: Cassell.

Jones, V. F., & Jones, L. S. (2010). *Comprehensive classroom management: Creating communities of support and solving problems* (9th ed.). Boston: Pearson.

Kauffman, J. M. (2008). Special education. In T. Good (Ed.), *21st Century education: A reference handbook* (Vol. 1., pp. 405-413). Thousand Oaks, CA: Sage.

Kottler, J. A. (2002). *Students who drive you crazy: Succeeding with resistant, unmotivated, and otherwise difficult young people*. Thousand Oaks, CA: Sage/ Corwin Press.

Kounin, J. S. (1970). *Discipline and group management in classrooms*. New York: Holt, Rinehart & Winston.

Kounin, J. S., & Gump, P. (1974). Signal systems of lesson settings and the task related behavior of preschool children. *Journal of Educational Psychology*, *66*, 554-562.

Kronberg, R., Jackson, L., Sheets, G., & Rogers-Connolly, T. (1995). A toolbox for supporting integrated education. *Teaching Exceptional Children, 27*(4), 54-58.

Kuhn, D. (2007, June). How to produce a high-achieving child. *Phi Delta Kappan, 88*(10), 757-763.

Lane, K., Falk, K., & Wehby, J. (2006). Classroom management in special education classrooms and resource rooms. In C. Evertson & C. Weinstein (Eds.), *Handbook of research on classroom management: Research, practice, and contemporary issues* (pp. 439-460). Mahwah, NJ: Erlbaum.

Le Maistre, C., & Paré, A. (2010). Whatever it takes: How beginning teachers learn to survive. *Teaching and Teacher Educationy, 26*, 559-564.

Leahy, S., Lyon, C., Thompson, M., & Wiliam, D. (2005, November). Classroom assessment: Minute by minute, day by day. *Educational Leadership, 63*(3), 19-24.

Lotan, R. A. (2006). Managing group work in the heterogeneous classroom. In C. Evertson & C. Weinstein (Eds.), *Handbook of research on classroom management: Research, practice, and contemporary issues* (pp. 525-539). Mahwah, NJ: Erlbaum.

McNally, J., I' Anson, J., Whewell, C., & Wilson, G. (2005). "They think that swearing is okay": First lessons in behaviour management. *Journal of Education for Teaching, 3*(3), 169-185.

Meager, J. (1996). Classroom design that works every time. *Instructor, 106*, 70-73.

Mendler, A. (1997). *Power struggles: Successful techniques for educators*. Rochester, NY: Discipline Associates.

Mergendoller, J. R., Markham, T., Revitz, J., & Larmer, J. (2006). Pervasive management of project-based learning. In C. Evertson & C. Weinstein (Eds.), *Handbook of research on classroom management: Research, practice, and contemporary issues* (pp. 583-615). Mahwah, NJ: Erlbaum.

Mueller, C. M., & Dweck, C. S. (1998). Praise for intelligence can undermine children's motivation for performance. *Journal of Personality and Social Psychology, 75*(1), 33-52.

Myles, B. S., & Simpson, R. L. (1994). Prevention and management considerations for aggressive and violent children and youth. *Education and Treatment of Children, 17*, 370-384.

Nastasi, B. K., & Clements, D. H. (1991). Research on cooperative learning: Implications for practice. *School Psychology Review, 20,* 110-131.

Nelson, J. R., & Carr, B. A. (2000). *The think time strategy for schools.* Longmont, CO: Sopris West.

Pace, J. L. (2003). Revisiting classroom authority: Theory and ideology meets practice. *Teachers College Record, 105*, 1559-1585.

Payne, R. K. (1998). *A framework for understanding poverty*. Highlands, TX: RFT.

Pianta, R. C. (2006). Classroom management and relationships between children and teachers: Implications for research and practice. In C. Evertson & C. Weinstein (Eds.), *Handbook of research on classroom management: Research, practice, and contemporary issues* (pp. 685- 709). Mahwah, NJ: Erlbaum.

Poland, S., & McCormick, J. S. (1999). *Coping with crisis: Lessons learned*. Longmont, CO: Sopris West.

Price, K. M., & Nelson, K. L. (2007). *Planning effective instruction* (3rd ed.). Belmont, CA: Thomson Wadsworth.

Randolph, C. H., & Evertson, C. M. (1995). Managing for learning: Rules, roles, and meanings in a writing class. *Journal of Classroom Interaction, 30*(2), 17-25.

Reeve, J. (2006). Extrinsic rewards and inner motivation. In C. Evertson & C. Weinstein (Eds.), *Handbook of research on classroom management: Research, practice, and contemporary issues* (pp. 645-664). Mahwah, NJ: Erlbaum.

Renninger, K. A. (2009). Interest and identity development. *Educational Psychologist, 44*, 105-118.

Ryan, R. M., & Deci, E. L. (2000). Self-determination theory and the facilitation of intrinsic motivation, social development, and well-being. *American Psychologist, 55*, 68-78.

Sandomierski, T., Kincaid, D., & Algozzine, B. (2007). Response to intervention and positive behavior support: Brothers from different mothers or sisters with different misters? *PBIS News-letter, 4*(2). Accessed January 26, 2011, at www. pbis. org/ pbis_newsletter/volume_4/issue2. aspx

Schussler, D. L., Poole, I. R., Whitlock, T. W., & Evertson, C. M. (2007). Layers and links: Learning to juggle ‘one more thing’ in the classroom. *Teaching and Teacher Education, 23*, 572-585.

Seiter, E. (2005). *The Internet playground: Children's access, entertainment, and mis-education*. New York: Peter Lang.

Shores, E., & Grace, C. (2005). *The portfolio book: A step-by-step guide for teachers*. Upper Saddle River, NJ: Merrill/Prentice Hall.

Shukla-Mehta, S., & Albin, R. W. (2003). Twelve practical strategies to prevent behavioral escalation in classroom settings. *Preventing School Failure, 47*, 156-172.

Simon, H. A. (1957). *Models of man: Social and rational*. New York: Wiley.

Skiba, R. J., & Rausch, M. K. (2006). Zero tolerance, suspension, and expulsion: Questions of equity and effectiveness. In C. Evertson & C. Weinstein (Eds.), *Handbook of research on classroom management: Research, practice, and contem-*

porary issues (pp. 1063-1089). Mahwah, NJ: Erlbaum.

Skinner, E. A., & Belmont, M. (1993). Motivation in the classroom: Reciprocal effects of teacher behavior and student engagement across the school year. *Journal of Educational Psychology, 85*, 571-581.

Slavin, R. E. (1995). *Cooperative learning: Theory, research, and practice* (2nd ed.). Boston: Allyn & Bacon.

Soodak, L., & McCarthy, M. R. (2006). Classroom management in inclusive settings. In C. Evertson & C. Weinstein (Eds.), *Handbook of research on classroom management: Research, practice, and contemporary issues* (pp. 461-489). Mahwah, NJ: Erlbaum.

Spady, W. G., & Mitchell, D. E. (1979). Authority and the management of classroom activities. In D. L. Duke (Ed.), *Classroom management: The 78th yearbook of the National Society for the Study of Education* (pp. 75-115). Chicago: University of Chicago Press.

Sprick, R. (1995). *The teacher's encyclopedia of behavior management: 100 problems/500 plans*. Longmont, CO: Sopris West.

Students with special needs [Special issue]. (1996). *Educational Leadership, 53*(5), 42-74.

U. S. Department of Education. (2010, August). The myths about bullying: Secretary Arne Duncan's remarks at the bullying prevention summit. Accessed January 26, 2011, at www.ed.gov/news/ speeches/myths-about-bullying-secretary-arne-duncans-remarks-bullying-prevention-summit

U. S. Office for Civil Rights. (2010, October 26). Dear colleague letter. Accessed January 26, 2011, at www2.ed. gov/about/offices/list/ocr/let-ters/colleague-201010.html

Walker, J. M. T., & Hoover-Dempsey, K. V. (2006). Why research on parental involvement is important to classroom management. In C. Evertson & C. Weinstein (Eds.), *Handbook of research on classroom management: Research, practice, and contemporary issues* (pp. 665- 684). Mahwah, NJ: Erlbaum.

Walker, J. M. T., & Hoover-Dempsey, K. V. (2008). Parent involvement. In T. L. Good (Ed.), *21st Century education: A reference handbook* (Vol. 2, pp. 382-391). Los Angeles: Sage.

Wang, M. C., Haertel, G. D., & Walberg, H. J. (1993). Toward a knowledge base for school learning. *Review of Educational Research, 63*, 249-294.

Weinstein, C. S., & David, T. G. (Eds.). (1987). *Spaces for children: The built environment and child development*. New York: Plenum Press.

Weinstein, C. S., Tomlinson-Clarke, S., & Curran, M. (2004). Toward a conception of culturally responsive classroom management. *Journal of Teacher Education, 55*(1), 25-38.

Wiggins, G., & McTighe, J. (2005). *Understanding by design* (Expanded 2nd ed.). Alexandria, VA: ASCD.

Wiske, M. S. (1994). How teaching for understanding changes the rules in the classroom. *Educational Leadership, 51*(5), 19-21.

Zuker, E. (1983). *Mastering assertiveness skills: Power and positive influence at work*. New York: AMACON.